山田鋭夫

さまざまな資本主義

比較資本主義分析

藤原書店

さまざまな資本主義
目 次

第1章　なぜ資本主義を比較するか　9
1　比較ということ　9
2　「資本主義」か「市場経済」か　11
3　パフォーマンス比較からシステム比較へ　14
4　比較分析の奥にあるもの　18

第2章　資本主義はどう比較されてきたか　24
――段階論と類型論――

1　さまざまな資本主義への視点　24
2　19世紀ドイツの段階論　26
3　日本および欧米における段階論と類型論　29
　　日本資本主義論争と大塚／宇野理論
　　戦後欧米における収斂論と多様性論
　　現代における収斂論と多様性論
4　資本主義の多様性と歴史的変遷　35

第3章　現代資本主義をどう比較するか　38
――方法としてのレギュラシオン理論（1）――

1　レギュラシオンの30年　38
　　官庁エコノミストの挫折と挑戦
　　アグリエッタとボワイエ
2　第一世代から第二世代へ　43
　　ヴィンテージ・レギュラシオンを超えて
　　レギュラシオン学派
3　歴史的制度的マクロ経済学　47
　　資本主義と社会的調整
　　五つの基礎概念
4　経済的社会的動態の時間的空間的可変性　53

第4章　フォーディズム型資本主義とその帰結　57
――方法としてのレギュラシオン理論（2）――

1　フォーディズムの持続的成長　57

　　　　　　　大量生産－大量消費
　　　　　　　インデックス賃金－テーラー主義
　　　　2　フォーディズムの構造的危機　62
　　　　3　アフター・フォーディズム　63
　　　　　　　フォーディズムの世界的帰結
　　　　　　　国民的軌道の分岐
　　　　4　レギュラシオン理論における方法的反省　69
　　　　　　　マルクス派および新古典派への批判
　　　　　　　フォーディズムの非標準化
　　　　　　　制度階層性とその逆転

第5章　グローバリズムと金融主導型資本主義　77
　　　　────現代アメリカ経済論────
　　　　1　グローバリズムと新たな成長モデル　77
　　　　　　　グローバリズムとは何か
　　　　　　　資本主義の変容と新たな成長諸モデル
　　　　2　即応型資本主義の優越　82
　　　　　　　国民的軌道再論
　　　　　　　即応型資本主義
　　　　　　　国民的賃金本位制から国際的金融本位制へ
　　　　3　金融主導型資本主義　91
　　　　　　　経済の金融化
　　　　　　　金融主導型の成長体制
　　　　　　　金融主導型の調整様式
　　　　4　グローバリズムの帰結　99

第6章　二つの資本主義──資本主義多様性論の出発点　103
　　　　1　アルベールとドーア　103
　　　　　　　資本主義多様性論の多様性
　　　　　　　アングロサクソン型 対 ライン型
　　　　　　　株式市場資本主義 対 福祉資本主義
　　　　2　VOC アプローチ　112
　　　　　　　自由な市場経済 対 コーディネートされた市場経済
　　　　　　　比較制度優位
　　　　　　　VOC の要点
　　　　3　VOC の問題点　118

  4 VOC の補正 120
    CMEs の細分化
    MMEs および EMEs の設定
    自由な市場経済 対 社会的市場経済

第7章　さまざまな資本主義——二分法を超えて 130

  1 三つの福祉国家 130
    比較福祉国家論
    エスピン゠アンデルセンを超えて
  2 四つの資本主義 136
    ボワイエの方法的反省
    調整様式の多様性
  3 アマーブルの方法的基盤 142
    社会的イノベーション・生産システム
    アマーブルの方法と手続き
  4 五つの資本主義 146
    さまざまな制度補完性
    5 類型の資本主義

第8章　資本原理と社会原理——類型論から動態論へ 155

  1 資本原理と社会原理の対抗と補完 155
    アマーブル的座標軸の意味するもの
    資本主義の社会的調整
  2 社会的調整の多様性 159
    社会原理の支配的編成形態
    四つの「社会」
  3 比較分析という手法 163
    20 世紀前半の歴史学から
    戦後の社会科学から
  4 比較分析から動態分析へ 168
    近現代史の趨勢転換
    多様性と構造変化

第9章　比較のなかの日本資本主義　　178
　　　　——企業主義の盛衰——

　　1　労使妥協と雇用保障　　178
　　　　　「企業主義」という見方
　　　　　雇用をめぐる労使妥協
　　　　　雇用妥協形成の背景
　　　　　能力主義と成長主義
　　2　金融妥協と経営保障　　190
　　　　　メインバンクと株式持合い
　　　　　企業存続をめぐる妥協
　　3　輸出主導型成長体制　　194
　　4　企業主義の危機と新しい社会原理　　198
　　　　　デフレ不況の構図
　　　　　新しい社会原理を求めて

第10章　日本資本主義へのレギュラシオン・
　　　　　　アプローチ ——補論として　　209

　　1　高度成長日本はフォーディズムであったか　　209
　　　　　フォーディズム論争
　　　　　ポスト・フォーディズム論争
　　2　経済大国日本はどう調整されたか　　213
　　　　　日本資本主義の独自性
　　　　　輸出主導型成長と連続的構造変化
　　　　　企業主義的レギュラシオンと階層的市場ー企業ネクサス
　　3　長期停滞日本はどういう危機にあったか　　221
　　　　　資本主義の1990年代的変容と日本
　　　　　調整様式の不整合化と構造変化の失速
　　4　危機からの出口はどこにあるか　　226

あとがき　　230
参考文献　　232
人名索引　　262
事項索引　　266
図表一覧　　272

装丁　作間順子

さまざまな資本主義

比較資本主義分析

第1章　なぜ資本主義を比較するか

　資本主義を比較する。経済社会を比較する。経済システムを比較する。——こうしたさまざまな資本主義の比較分析という学問分野を主題化し，比較のなかから現代に生きる新しい社会＝歴史認識を汲みとることが本書の課題である。冒頭のこの章では本書全体への序説として，比較資本主義分析という学的分野を大まかに画定し，その意味と可能性について展望しておきたい。

1　比較ということ

　経済社会の比較は経済学の歴史とともに古いテーマであり，アダム・スミス『国富論』以来，さまざまな経済社会の比較を論じない経済学はないといってよい。とりわけ今日，崩壊した社会主義国がいわゆる市場経済へと移行し，またグローバリゼーションの進展によって世界各国が市場的均一化に向かうかのような言説が流布しているなか，事態の真相を見きわめるためにも，自覚的に比較論的な視座や方法に立った経済社会分析が格別に要請されている。あたかもそれを象徴するかのように，経済システムの「ワン・ベスト・ウェイ」論やそれへの収斂論に対抗して，「資本主義の多様性」論や「比較経済システム」論が新鮮な装いのもとに多彩に花咲きはじめた。

　そのあたりの詳細については以下の諸章で追って検討するつもりであるが，はじめにこの章では，本書の主題である「比較資本主義分析」comparative analysis of capitalism とでも呼びうる問題領域に焦点を定め，何をどう比較するのか，そして比較分析という手法はどういう意味と可能性を秘めているのかについて，簡潔に展望しておきたい。比較資本主義分析ないし比較資本主義論という名称自体はまだ確立されたものとは言いきれないが，これはしばしば資本主義多様性論として展開されてきた研究分野に相当する。

さて上来,比較資本主義分析のみならず,比較経済システム論という語も使ったが,そもそも何と何を比較するのか。ひとくちに比較研究といっても,実はまことに多様な視角や呼称が存在する。上記以外にごく大まかに見わたしても,比較経済体制論,比較制度分析,比較歴史分析,比較経済史,比較福祉国家論,比較社会主義経済論,比較経済発展論などが思い浮かぼうし,さらには比較政治経済学,比較政治学,比較社会学,比較文化論などの学問分野も存在する。若干の限定化が必要であろう。

以下,本書にいう「比較」とは経済社会——そしてとりわけ資本主義——をめぐる国別の比較であり,さらにはいくつかの国をグループ化(クラスター化)して得られる類型間の比較である。その際,たんなる定量的比較(例えば各種経済指標の比較)ならば,全世界各国を一堂に集めて単純な統計的比較をすることにも一定の意味があろうが,少しでも定性的な比較をしようとする場合には,あまりに経済社会構造のちがう諸国を比較しても意味がない。例えば日本とナミビアを,あるいはアメリカとブータンを質的に比較する場合を考えてみてほしい。あまりにかけ離れた諸国間では意味ある比較はむしろ成立せず,ある程度共通の基準を当てはめうる諸国間でこそ意味ある比較が成立する。異なるがゆえに比較が意味をもつのだが,逆に,異なりすぎると比較は意味をなさない。とするならば,世界各国の国別比較は,まずは比較的同質な——あえて段階論的用語を使えば発展段階や発展水準がよく似た——国別グループ内でのそれから着手すべきだということになろう[1]。かつてアナール派創設の歴史家マルク・ブロックが「比較がなされるための条件」として,「観察される諸事実間の一定の類似性」と「それらが生み出された状況間の一定の相違性」の二つを挙げていたのも(Bloch 1928: 訳 5-6),これに通じることだろう。

そういう観点から世界各国を大分類するならば,多様な分類がありうるとはいえ,(1) いわゆる先進資本主義諸国(あるいは主要 OECD 諸国[2]),(2) 移行経済諸国(旧ないし残存の社会主義諸国),そして (3) 開発途上諸国(これ自体がまことに多様であって,第三世界・第四世界とか,アジア・アフリカ・ラテンアメリカとか,さまざまな分類が必要かもしれない)への3区分については,ほぼ共通の了解が得られるはずである。であるならば比較分析は,まずは (1) 比較資本主義分析, (2) 比較移行経済分析(かつての比較社会主義論),

(3) 比較途上経済分析（比較経済発展論）への三分から出発するのが妥当であろう。事実，実際の研究もそのように分かれてなされることが多い[3]。

ところで，比較経済体制論という名称は，かつてはすぐれて資本主義体制と社会主義体制の比較という含意をもっていた。しかし今日，旧社会主義の市場経済（というより資本主義）への移行とともに，比較資本主義分析というニュアンスを強めざるをえなくなっている。もっとも，中先進資本主義への移行に乗り遅れた移行経済国は，発展途上国と同一グループを形成し，比較途上経済分析の対象となるかもしれない。なお，比較経済体制も比較経済システムも英語表現は同じ 'comparative economic systems' であろうが，比較経済システム論というときには，日本でははじめから，比較資本主義論と事実上同じことが意味されていることが多い。という脈絡を踏まえて本書では，比較資本主義，比較経済システム，比較経済体制の語は互換的なものとして扱う。「経済体制」「経済システム」を積極的に規定すれば，現代では「資本主義」であろうからである。

2 「資本主義」か「市場経済」か

本書では以下，主として「資本主義」capitalism という用語をつかう。これは，世上しばしば用いられる「市場経済」market economy とほぼ同じ対象を指しているとひとまず言えるが，何よりも対象への見方を異にする（見方の相違は対象の相違を生むこともある）。どちらも，何よりもまず，近代以降に成立した特定の歴史的個体ないし体制としての経済社会を指している[4]。多くの場合，1国レベルでのまとまりをもった経済社会（国民経済）である。

しかし市場経済の語が，近代経済社会を多分に市場関係のみで特徴づけようとするのに対して，資本主義の方は市場関係と賃労働関係の双方において把握しようとする（以下，**図表1-1** 参照）。市場関係以外に賃労働関係の観点を保持するということは，経済社会をたんに自由平等な諸個人の合理的選択の場とみるのでなく，社会関係における非対称性や政治的要素・権力関係をも見すえるということである。また，ニュートン物理学の世界にも似た無時間的な普遍法則の世界としてみるのでなく，一定の不可逆的な歴史的時間のうちに不確実な未来に向かって進んでいくものとみることを意味する。加えて市場経済の語

図表 1-1　市場経済と資本主義——概念的内包の相違

	市場経済	資本主義
市場の概念	1. 需給調節という純経済的抽象物	1. 社会諸関係のネクサス
	2. 平等者間の水平的コーディネーション	2. 水平的関係（企業間競争）と垂直的関係（資本／労働ネクサス）の双方
	3. 理想的には自己均衡的	3. 不均斉な資本蓄積の伝播
各種領域の結合	4. 経済領域が完全に切断されうるという理想（純粋経済）	4. 経済・社会・政治の相互依存は本質的なこと
進化の性質	5.「自然均衡」という暗黙の考え方	5. 蓄積法則と社会・経済諸関係の変化
	6. せいぜい物理運動的時間	6. 歴史的時間という考え方
一様性／多様性	7. パレート最適という理想……加えてベンチマーキングや競争による多様性の縮減	7. 歴史諸段階の継起と各種資本主義ブランドの共存

出所：Boyer（2007:5）

には，ともすると経済領域が他の社会領域から独立して存立するかのような背後仮説が潜みがちであるが，資本主義というときには，そのような経済領域ないし市場領域の排他的独立性は含意されていない。経済を中心としつつも，政治・社会など，他の領域との相互関連を視野におさめようとする。さらにまた，市場経済の語は最適への収斂という思考回路をとることによって世界を一様なものと理解しがちであるが，資本主義という場合には，とりわけ近年においては，時間的にも空間的にも多様な経済社会のあり方が表象されている。

　もちろん「市場経済」「資本主義」の用法には個人差があり，すべてがこのように整理しきれるものではないし，これらの用語はつねに以上のように使用されるべきだと言いたいのでもない[5]。しかしわれわれとしては，上述の含意をこめて「資本主義」の語を重用する（山田 2007a）。「資本主義社会」「資本主義経済」という場合も同じである[6]。

　もう少し現実の経済問題に即したところで補足すれば，近年における旧社会主義経済の移行問題，マクロ政策のもつ成長効果の減退，金融自由化後の経済

危機の頻発といった諸事象に対して，経済学は何と回答したのだろうか。市場経済アプローチと資本主義アプローチでは，もちろん回答が異なる。例えばソ連型経済の市場経済への移行が抱える困難について，市場経済アプローチは人びとの非合理性，悪い政府，陳腐な社会的価値観の支配などによって説明するが，資本主義アプローチによれば，ひとつの経済体制の建設は長期の時間を要する一大転換なのであって，複合的な諸要因の作用によって一直線には進まない性質のものだという。いうところの「よき」マクロ経済政策が必ずしも経済成長に結びついていない点については，市場経済アプローチは労働市場・製品市場・資本市場の自由化が不完全なせいだとし，資本主義アプローチは，バラバラの改革をやっても新しい整合性のあるレジームは出てこないからだという。金融危機が繰りかえし頻発するのは，市場経済アプローチによれば自由化が不完全であるがゆえとされるが，資本主義アプローチは，市場の完全なる自由化はむしろ制度秩序を破壊してしまうと主張する（Boyer 2007: 7）。

つまり「市場経済」か「資本主義」かは，経済社会全体の表象の相違であるにとどまらず，否まさにそうであるがゆえに，現代の経済社会問題の分析と処方箋の相違を規定しているのである。また「資本主義」は「市場経済」よりも広範な領域を対象範囲として包括しうる。すなわち資本主義というとき，そこにはいわゆる市場経済のみならず，社会的制度，政治・国家，さらには価値観や文化までも含まれているし，さらには先に指摘したように，物理学的無限運動の世界として経済社会を捉えるのでなく，個性を帯びた歴史的時間のなかで経済社会を見ることが含意されている。経済領域の独立性なるものを仮定してそのなかでの法則認識に甘んじるのでなく，経済と他の社会領域との相互依存性のなかで社会＝歴史を認識しようとするのが，資本主義アプローチである。狭く限定した世界で緻密な――そして多分に演繹的な――法則認識を目指すのが市場経済アプローチだとすれば，われわれは現代の経済社会を理解するために，そのような方法はとらない。幾分かの茫漠さは残るかもしれないが，われわれはできるかぎり，経済社会の全体的認識を目指す。すなわち資本主義アプローチに立脚する。

そして，このとき主要に頼るべきは「比較分析」という手法なのである。現実の経済社会に即しつつ，また経済・政治・社会・文化の多面的連関を最大限

見すえつつ，なおかつ一定の法則や原理に到達しようとするとき，最も有効な手立てが比較分析という方法である．市場経済アプローチにとって比較はあまり意義をあたえられていないが，資本主義アプローチにとっては，比較は不可欠なのである．資本主義アプローチにあっては，比較を通して，そして比較を通してこそ，理論が一般化され豊富化されてゆく．繰りかえすが，「資本主義」という，簡単には演繹的法則化を許さない対象の分析を志すからこそ，「比較」がきわめて重要な手段となるのである．この点，レギュラシオン理論の彫琢に腐心してきたボワイエの発言は，きわめて示唆的である．

「伝統的経済理論〔市場経済アプローチ〕が概念の徹底的な精密化と公理の追求を通して発展してきたのに対して，レギュラシオン・アプローチ〔資本主義アプローチのひとつ〕は，いかなる理論も当初は，その時間的空間的な妥当領域がきわめて限定されていることを指摘してきた．その結果，基礎的諸概念を豊富化していく点において，また，各々の歴史的時代に対してある単一の資本主義的構図を診断しようとする誘惑を克服する点において，国際比較というものはまことに助けになったのである」(Boyer 2007: 19 強調は引用者)．

3 パフォーマンス比較からシステム比較へ

比較資本主義分析の当面の対象である主要 OECD 諸国の比較をめぐって，その何を比較すべきかに関して，研究上の関心は歴史的に変化してきた．最も原初的な，そしてきわめて妥当な出発点は，経済パフォーマンスの比較であろう．かつて青木昌彦が「実物的局面に関する比較経済体制論の代表的な方法は，統計的手法に基づくものであろう」(青木編 1977: 3) と述べたとおり，各種経済パフォーマンスの国別統計は比較資本主義分析の第一歩である．代表的な指標としては，GDP，1 人当たり GDP，生産性，経済成長率などがある．この意味で例えば Maddison (1982, 1991) のうちには，先進資本主義国に関する各種統計が提示されており，それはいわば最初の比較資本主義分析としての意味をもつ．

と同時に，比較資本主義論として重要なことは，それらのパフォーマンス比較から何らかのタイプやトレンドを抽出することであろう．ごく一例のみ挙げれば，しばしば問われているのは，生産性水準や生活水準（1 人当たり GDP）

は，工業化諸国において収斂傾向にあるのか分岐傾向にあるのかといった問いである。これにかかわって Abramovitz（1986）は，1870-1979 年の先進 16 工業国の生産性水準について，その変動係数の低下つまり収斂化を検出した。Baumol（1986）は同じ対象について，生産性上昇率が当初の生産性水準と逆相関していること，換言すれば，やはり生産性水準の収斂化傾向を摘出したが，これに対しては直ちに De Long（1988）が，そのような明確な傾向は見出しえないと反論した。

　他方，生活水準についていえば，Baumol, Blackman and Wolff（1989: Ch.5）は，1830-1913 年のヨーロッパ諸国について 1 人当たり GNP の変動係数を計測している。それによれば 1 人当たり GNP の各国間関係は観察条件のいかんで変化し，確定的な方向を見出しえないという。生産性であれ生活水準であれ，一般にこれらの計量的比較は，対象とする国や時期の範囲をどうとるかによって，収斂化が検出されたり発散化が検出されたりしており，普遍妥当的な歴史法則としての収斂化ないし多様化のトレンドは論定されていないのである。

　加えて，制度的に大きく異なった諸国間でもよく似た長期マクロ・パフォーマンスが観察されており[7]，このことは諸国の定量的類似から定性的類似を推測することの危険性を示唆している。要するに計量的比較は，それだけでは諸国の類型化についても長期トレンドについても，あまり多くを語るものではない。というわけで，比較経済論の関心は定性的比較へと重点を移すことになり，いわゆるシステム比較へと移行する[8]。ここに「システム」とは，広くは「メカニズム」（レギュラシオン的用語でいえば「蓄積体制」に近い）と「制度」（同じく「制度諸形態」「調整様式」に相当[9]）を包含していようが，事実上は制度ないし制度構造に力点が置かれる。比較資本主義分析は，近年における制度経済学の復活・革新と手をたずさえて展開されてきた。つまり一国の資本主義ないし国民経済が，すぐれて諸制度の集合として，有機的に絡みあった諸制度の総体として表象されたうえで，各国の相互比較と類型化が試みられてきたのである[10]。

　そのさい決定的な役割を果たしたのは「制度補完性」institutional complementarity という新しい認識である。すなわち，ある領域のある制度の存在・機能が他の領域の他の制度の存在・機能によって強化されるとき，二つ

の制度の間には補完性があるといい（Hall and Soskice eds. 2001: 訳 20; Amable 2003: 訳 84），こうした制度補完性の存在によって資本主義は安定的かつ成長促進的となるという。戦後日本における長期雇用制度（労働領域）とメインバンク制度（金融領域）の補完性は，しばしば引き合いに出される例である（青木 1995）。ということは，特定の時期，特定の国において有効な制度とは，その国民が自由かつアトランダムに選択できるものではなく，相互補完的に作用しあう1個の「システム」に統合されて存在するということである。このシステムは，しばしば「制度的枠組み」「制度構造」とも呼ばれているが，いずれにしても比較資本主義分析はシステム比較ないし制度構造比較へと分け入ることになった。

そういう視角からする代表的な研究潮流としては，比較制度分析（Aoki 2001），資本主義の多様性（VOC: varieties of capitalism）アプローチ（Hall and Soskice eds. 2001），ガバナンス・アプローチ（Crouch and Streeck eds. 1997），レギュラシオン・アプローチ（Amable 2003; Boyer 2004a）などがある。本書では最終的に，レギュラシオン・アプローチにもとづく比較分析（第7章）とそれがもつ意味（第8章）に焦点を当てるつもりである。しかし一般に比較資本主義分析は，レギュラシオン・アプローチでなく VOC アプローチによって先導されてきた観があることも否めない。このアプローチは，明確な方法意識に立ってきわめて単純明快な資本主義類型論を提起し，かつその類型化を「比較制度優位」という概念へと連結させて，グローバリズム的現代における各国の国際競争力やモデル的存続可能性の問題について大きな示唆をあたえた。事実，今日における比較資本主義分析は，この VOC の議論とそれへの批判を中心に展開されているといってもよい。それゆえ，レギュラシオン的比較分析に先んじて，この VOC 的比較分析についてもくわしく立ち入りたい（第6章）。

さきに定性比較は「制度」と「システム」の比較だと述べたが，システムの構成単位をなすものとして重視すべき制度領域は何かについて，あらかじめ触れておく。例えば Boyer（2004a）はレギュラシオン理論の基本に従って，賃労働関係（労使関係，労働編成），競争（企業間関係），貨幣・金融（金融システム），国家，国際的編入という5領域からなる制度諸形態を重視する。同じレギュラシオン派ではあるが第二世代の Amable（2003）にあっては，製品市

図表 1-2　制度領域別の代表的分類と主要なパフォーマンス効果

制度領域	代表的なタイプ分類	主要なパフォーマンス効果
金融システム	銀行ベース／市場ベース	投資パターン；コーポレート・ガバナンス
コーポレート・ガバナンス	インサイダー／アウトサイダー；株主／利害関係者	企業戦略；所得分配；技能；投資；イノベーション
企業間関係	距離を置いた関係／義務的関係	協調と競争；コーポレート・ガバナンス；イノベーション
労使関係	紛争的／多元主義的／コーポラティズム的	内部労働市場的フレキシビリティ 対 外部労働市場的フレキシビリティ；賃金レベル；失業
技能形成	国家／団体／市場／企業	所得分配；労働編成；イノベーション；労使関係；企業戦略
労働編成	フォーディズム／フレキシブル・スペシャリゼーション／多品種高品質生産	企業戦略；労使関係
福祉国家	自由主義／保守主義／社会民主主義	労働市場参加率；貯蓄・投資パターン；労働組合組織
イノベーション	急進的／漸進的	労働編成；企業戦略；雇用

出所：Jackson and Deeg（2006:13）

場（企業間関係），労働市場，金融システム，福祉国家，それに教育・訓練制度（技能形成）の五つに区分されたうえで，それらにおける各種制度が比較される。またVOCアプローチは，コーポレート・ガバナンス（金融），労使関係，教育・訓練制度，企業間関係の4領域を重視する（Hall and Soskice eds. 2001）。共通して重視されている制度領域は，賃労働関係，企業間関係，金融システムであり，これに論者によって福祉，教育，国家などが加わる。その他諸文献を含めて，各種研究から総合的に明らかになってきた制度領域とそこでの代表的な制度タイプは，**図表 1-2**のように整理されよう。

4　比較分析の奥にあるもの

　さきの第2節で，政治・経済・社会などが相互関連しあう「資本主義」を理解しようとする場合，「比較」という手法は格別に重要な意義をもつと述べた。もちろん，比較は絶対的なものでも自己完結的なものでもない。だから比較を野放しにしてはならないが，しかし逆に比較をすり抜けてもならない。さまざまな資本主義を比較することによって，さしあたり共通の要素と特殊な要素が析出されるのであり，そこから資本主義そのものや各国資本主義のより深い理解へと至るであろう。比較を通して共通性と異質性を知り，類型を知り，そして資本主義の根底にあるものを探り当ててこそ，変化・変容をみる視点も開けてくるのではないか。これとちがって「市場経済」として対象を設定する場合，分析対象ははじめから脱国民経済的な抽象的理論空間という性格をもち，それゆえ比較でなく「演繹」が大きな役割を演ずる。そのような市場経済アプローチが経済学のあるべき姿かについて今は問わないが，われわれが選びとる資本主義アプローチは「比較」という手法ぬきには成立しない。比較を通して「帰納」するという操作を含まざるをえない。

　とはいっても，資本主義アプローチはつねに「比較」を意識してきたわけではない。少なくとも同時代的・共時的な各国比較のうえに理論化が指向されてきたわけではない。資本主義論における「比較」アプローチと対照的なそれは，「典型国」アプローチであろう。あるいは「先進国」アプローチといってもよい。同時代のなかで最も先進的で強大な資本主義国を取りあげ，これを資本主義の典型として位置づけ分析するという手法である。多くの諸国を分析しなくても，あるいはそれらを比較しなくても，1個の典型的先進国を分析すれば，そこから資本主義や現代資本主義の理論的理解に到達することができる，という前提がそこにはある。その背後には，各国の相違は発展段階の相違であって，いまの中後進国もやがて先進国と同じものとなるだろうという，段階論的発想ないし収斂論的発想が横たわっていることが多い。

　この点で最も有名な例は，資本主義アプローチの巨人カール・マルクスその人にある。19世紀中葉，彼は『資本論』を書くに当たってイギリスを主要な例証国として設定した。当時，資本主義の典型国はイギリスであり，いわばイ

ギリス分析を通して資本主義一般の分析を果たそうというわけである。いわく，「この著作で私が研究しなければならないのは，資本主義的生産様式であり，これに対応する生産関係と交易関係である。その典型的な場所は，今日までのところでは，イギリスである。これこそは，イギリスが私の理論的展開の主要な例解として役立つことの理由である」(Marx 1867: 訳 (1) 23 強調は引用者)。ただし，イギリスを対象とするとはいえ，それは他国（例えばドイツ）にとって他人事ではまったくない。「産業の発展のより高い国〔イギリス〕は，その発展のより低い国〔ドイツ〕に，ただこの国自身の未来の姿を示しているだけである」(ibid.)。イギリスとドイツの比較がなされているともいえるが，それは先進－後進という段階論的な比較であり，しかもドイツはやがてイギリスに接近するものとして，収斂論的枠組みにおいてのみ問題となっている。ドイツの未来はイギリスにありという形で，典型国イギリスの分析こそ核心的課題に据えられている[11]。

　西欧を中心に産業資本主義が興隆しはじめ，しかもいわゆる資本主義国が数的にも限定されていた 19 世紀中葉という時代にあっては，このような「典型国」アプローチはむしろ積極的意味をもったと評価すべきかもしれない。当時のイギリスを「後進」ドイツと比較したところで，何ほどの資本主義理解に到達しえたか。マルクス以後，とりわけ 20 世紀に入ってからも，今度は「典型国＝アメリカ」という設定のもとに，独占資本主義や現代資本主義がさまざまに議論されてきたことは，記憶に新しい。それらは間違いだったというわけではない。典型国アプローチは特定の時代状況のなかで，さらにいえばある意味で時代を超えて，きわめて有効な方法である。だがこれと並んで，「比較」アプローチという手法も大いに活用されて然るべきであり，状況によっては比較アプローチの方が有効な時代もありうる，と言いたいのである。

　とりわけ 21 世紀初頭の今日，旧社会主義諸国が資本主義化し，また発展途上経済から中進的資本主義へと展開を遂げている国も多数あり，そしてアメリカを支配項としつつも米欧亜の三極経済圏が語られるなかで，資本主義は多様な相貌を呈していることは誰の眼にも明らかである。資本主義の拡大とともに資本主義は多様化している。ここにおいて典型国アプローチのみに依拠することは，資本主義を誤って理論化することになる。仮に現代の典型国がアメリカ

だとして，アメリカは残り世界の「未来の姿」を示しているのか。すでに19世紀にしてから，マルクスの予測に反して，イギリスはドイツの，そして残り世界の「未来の姿」を示しはしなかった。まして21世紀の現代，スウェーデンの未来，ドイツの未来，日本の未来は，現在のアメリカのうちに見ることができるのか。否，である。

だとすれば，われわれの資本主義認識は「比較」を通して獲得するほかない。比較がすべてではないにしても，比較を欠かすことはできないのである。ここに比較という手法の効用は，第一次的には彼我の異同の確認であるが，実はそれに尽きない可能性を秘めている。この点，かつて「比較経済史」を提起したとき，大塚久雄が語った言葉があらためて思い起こされてよい。「比較ということは歴史学における研究方法の付録といった程度のことではなくて，事実の確認のために不可欠な重要な方法的操作」である。なぜならば，「比較してみるや否や，一見われわれの目につき易い生まの史実のその奥底にいっそう大切な事実がひそんでいて，それがいまやわれわれの目にはっきりと見えてくる」からである，と（大塚 1980；著作集第 11 巻：63　強調は引用者）。資本主義の「比較」を通してこそ資本主義の「奥底」に到達しうるのである。

資本主義の「奥底」には何があるのか。資本主義の根底的な運動原理とは何なのか。それについては本書後論で立ち入るつもりであるが，ここではもう一度「市場経済」と「資本主義」の相違にかかわらせながら，一言しておきたい。市場経済の理論は需要・供給・価格の理論に代表されるように，文字どおり「市場」という領域に対象を限定して，その機能法則を解こうとするものである。通例にいう「市場の論理」であり，その市場の支配項は「資本的なもの」といってもよい。これに対して資本主義の理論は，一方にそのような「資本的なもの」を内蔵しつつも，さきに経済・政治・社会の相互連関において捉える見方だと述べたように，これとは異質なものをも対象とするものである。さしあたりこれを「社会的なもの」といっておくと，「資本主義」はそのような資本的なものと社会的なものとの複合を予感させる概念である。

ところで純粋に資本的なもののみならば，かなり世界的な普遍妥当性をもちうることもありえ，各国別特殊性の余地が小さいかもしれない（例えば資本を典型的に体現している「金融」という領域は国際的に共通化されやすい）。そ

の意味で「比較」の余地も相対的に小さいかもしれない。これに対して社会的なものの方は，政治・労働・教育・社会保障・文化のいずれであれ，安易なる国際的共通化を許さない。社会的なものは世界的にまことに多様なのである。したがって「市場経済」でなく，資本的なものと社会的なものの複合的総体としての「資本主義」をあくまでも対象としようとするかぎり[12]，多様性ゆえの比較，そして比較を通しての「奥底」（原理）の解明は絶対に避けて通れない。「比較資本主義分析」とはそういった問題圏のうえに立つ。

1) といっても，このことは発展段階論的に同質な諸国の比較のみが有効だという意味ではない。仮に段階論的には異質でも別の面での同質性ないし共通性に立脚した比較ももちろん意味をもつ。例えば（東）アジアという地理的文化的共通項のうえに立った日中韓台などの比較分析の場合を想起されたい。
2) OECD: Organization for Economic Cooperation and Development（経済協力開発機構）。社会主義諸国や途上国問題などに対応するため，1961年，欧米諸国を中心に設立された（本部はパリ）。現在では，日本（加盟1964年），韓国（同1996年），さらには社会主義崩壊後のいくつかの中東欧諸国も含めて30ヵ国からなり（2007年現在），経済成長，途上国開発，貿易拡大を共通の目的にしている。一言でいえば世界の「先進国クラブ」である。本書で「主要OECD諸国」というときは，そのなかでも中心をなすヨーロッパ（特にいわゆる西欧），北米，アジア（特に日本），それに大洋州諸国を中心とした20ヵ国前後を指すことが多い。
3) 比較資本主義論の場合はこれから見るように，主要OECD諸国間の比較が中心をなす。比較移行経済論の文献では，移行後のマクロ経済指標，制度化指標，民主化指標などの比較のなかから，中欧型／CIS型／アジア型（Chavance 2002）や，中欧・バルト型／CIS・南東欧型／東アジア型（中兼2002）といった類型化がなされている。ついでながら，かつての社会主義諸国をめぐる比較分析をタイトルでも表しているものとして，例えば『五つの共産主義』（Martinet 1971），『比較社会主義経済論』（岩田1971）などが思い出されよう。前者はソ連，ユーゴスラヴィア，中国，チェコスロヴァキア，キューバを扱ったものである。もうひとつ，比較途上経済論の領域では，途上諸国自体の異質性が高く，信頼できる資料分析にもとづいた総体的な類型化はあまり見られないが，地理的・地政学的条件の共通性に立脚して，アジア型／アフリカ型／中南米型などといった分類がなされることがある。比較分析はさしあたりこれら3領域に分離されざるをえないとはいえ，比較分析の方法をめぐっては3領域間でいま少し相互交流があってもよい（Yamada 2006）。
4) もっとも，そうだからといって，資本主義や市場経済が歴史的個体ないし体制総体原理としてでなく，局部的ないし部分的な運動原理として歴史貫通的に存在したことを否定するものではない。近代資本主義社会は，部分的であった資本原理が何らかの理由で経済社会の全面を覆い，その中心的かつ支配的な原理となったものと見ること

ができよう。この点，いっそうくわしくは本書第8章を参照。
5) 早い話，本書第6章で主要に検討するVOCアプローチの場合，「自由な市場経済」「コーディネートされた市場経済」という基礎概念を用いているが，そこでの「市場経済」は，われわれのいう「資本主義」にほとんど近い。
6) 少なくとも日本において「市場経済」とは距離をおき，むしろこれに対抗する概念内容において使われている用語のひとつに，「市場社会」market society がある。例えば佐伯啓思は「ここで『市場経済』と呼ばずに，あえて『市場社会』と呼んだ理由は，この『構造変化』は，ただ『経済』の内部のものではなく，『社会』の全体的な変化に関連付けて理解されるべきものだと思うからに他ならない」（佐伯 1991: ii），「本書の主要な関心は，狭い意味での『市場経済』ではなく，あくまで『市場社会』にある。グローバル化や大競争という市場経済の高度な段階が，ただ『経済システム』の問題と見なされているのではなく，『社会』におけるコンフリクトや位相転換をもたらす運動だと捉えられている。すなわち，市場経済システムの作動を問うているのではなく，市場を通して『経済』と『社会』の関係を論じているのだ。……『市場社会』は，決して，狭い意味での市場競争経済やグローバル市場によって覆われるものではあり得ない。それは『市場』と『社会』の結合した重層体なのである」（佐伯／松原編 2002: iv-v），という。いずれも「市場社会」をタイトルに含む書物での宣言であるが，同じく平井俊顕も「市場社会とは何か」を問うて，「市場社会という概念は……『資本主義』社会という概念と同じ対象を扱っている。……ポラニー風にいえば，『経済』が『社会』を規定している社会である」（平井編 2007: ii）と述べている。一般に「市場経済」は「市場という経済」という形で市場中心的ニュアンスを含むのに対して，「市場社会」には「市場 対 社会」という含意がこめられており，これはたしかに「資本主義」に近い。
7) 例えばアメリカとスイスの長期的成長経路（Amable 2003: 訳81），戦後の主要ヨーロッパ諸国と日本の成長パターン（Amable 2000: 655）について，このことが指摘されている。ほかに Boyer（1996c: 33）も参照。
8) 参考までに，そのタイトルにおいてシステム比較を示唆している邦語の書物（社会主義崩壊後の時期に限定）をアトランダムに拾ってみると，『経済システムの国際比較』（阿部 1991），『日米欧の経済・社会システム比較』（榊原編 1995），『経済システムの比較制度分析』（青木／奥野編 1996），『比較経済システム論』（中江 1997），『比較福祉国家論』（岡沢／宮本編 1997），『現代福祉国家の国際比較』（埋橋 1997），『比較経済社会システム論』（吉家 2005），『現代経済システム論』（鶴田編 2005），『比較経済発展論』（斎藤 2008）などがある。
9) レギュラシオン理論の基礎的な諸概念については，本書第3章を参照。
10) パフォーマンス比較からシステム比較への展開について述べたが，このことはシステム比較はパフォーマンス比較を排除するという意味でなく，むしろパフォーマンスの背後にシステムのあり方を問うという含意である。すぐれたシステム比較は同時にパフォーマンス比較とセットをなしているのであり，そのことは第6章にみる「比較制度優位」（Hall and Soskice 2001）や第7章にみるアマーブル「五つの資本主義」論

(Amable 2003: 訳 244-56) に明らかである。
11) 念のために付言しておくと，マルクスのなかに「比較」アプローチがまったく存在しないということではない。マルクス全体のなかには，段階論的比較であれ類型論的比較であれ，比較の視点もまた厳然と存在する。それについては第2章第2節参照。
12) 例えばウェーバーの「経済と社会」という問題設定も，これに通じることであろう。Yagi（2007）参照。

第2章 資本主義はどう比較されてきたか
――段階論と類型論――

　第1章冒頭で，経済社会の比較は経済学の歴史とともに古いと述べた。今日の比較資本主義分析は，当然ながら経済学説史や社会科学史の遺産に学ばねばならない。何をどう学ぶべきか。この章では過去の学説史を探訪することを通して，現代の比較資本主義分析が見すえるべきものについてあらためて確認しておきたい。

1　さまざまな資本主義への視点

　「グローバリゼーション」や「超大国アメリカの復活」というかけ声のもと，アメリカ経済を理想的かつ先導的なモデルとして，各国はすべからくこれを模倣しこれに接近せよという言説が流布している。もちろん議論はもっと婉曲的な形をとっている。つまり，各国経済には「市場化」という抗いがたい力が作用しており，このもとで経済社会のあり方は世界的に均一化し収斂していく。仮にそうならないとすれば，それは政府，既得権益，それに旧弊の力によって不自然な圧迫が経済に加えられているからである。そういう力を取り去った場合，唯一の，自然な，正統的な，そして効率的な――「ベスト・プラクティス」の――経済は市場に主導された資本主義であり，これへの世界的収斂は不可避の法則である，と。

　ここには資本主義分析上の古くて新しい論点が横たわっている。新しい論点とは，市場化および市場主導型経済がモデル化され目的化されていることである。古い論点とは，資本主義社会はさまざまにあると認識した場合，その複数の資本主義をどう位置づけるかという問題である。前者については本書の随所で検討する。ここでは後者を手がかりにして，問題に接近してみよう。

　上の例では，市場型（アメリカ）とそれ以外が事実上，先進と後進，理想と

歪曲，正統と異端として位置づけられ，後進・歪曲・異端の資本主義社会はその非効率ゆえに消滅し，やがて先進・理想・正統のそれへと収斂すべきものとして了解されている。いわば収斂論である。これに対しては，現在，レギュラシオン学派をはじめとして各種の政治経済学から，多様性論という形で有力な反論が提起されている。各種の資本主義は，たとえ市場主導的に組織されていなくても，それぞれに固有の制度補完性や整合性を備えており，独自の存在理由と存立構造を有している。世界はそのような多様な資本主義の共存と競合のうえに成り立っているのであり，市場型経済に向かって収斂しているわけではない。そう多様性論は言う。

仮に「資本主義の一般法則」とか「市場経済化への不可避の動き」なるものの貫徹を信じ，それによる世界の均一化を信じたとしても，現実に存在する各種の資本主義や市場経済が多様であることは否定すべくもない。このように「資本主義社会はひとつではない」という事実に直面した場合，その非一様性や相違をどういう視点で了解するか。どういう枠組みで比較するか。相違は過渡的・偶然的なものだと見て収斂性や段階論に傾くのか，持続的・必然的なものと見て多様性や類型論を強調するのか。

この点は実は経済学ならびに社会科学の歴史上，一大論争問題をなしてきた。各国資本主義の相違を発展段階の相違と見るか，類型の相違と見るか。こうした段階論的視角と類型論的視角は，マルクス主義文献をはじめとしてよく見られる対立構図であった。また，かつて多元的産業社会論が問うたのは，各国は産業社会に向かって収斂するか否かであった。あるいは開発経済学に眼を向ければ，そこで提起された単線的発展論や複線的発展論，雁行形態論や後発性利益論（Gerschenkron 1962）なども，複数性をどういう枠組みで捉えるかという論点にかかわっていた。今日，主として収斂論と多様性論という形で議論されていることのうちには，こうした古くからの問題と通底する部分が少なくない。その意味でこれは，時代が新しくなるごとに社会科学で問い直されている問題である。

以上のような問題視点に立って，この章は，学説史におけるこの問題の了解パターンを回顧しつつ，資本主義をどう把握すべきかについて示唆を引き出したい。なお，「収斂」（convergence）に対しては「分岐，発散」（divergence）が，

「多様性」(diversity, variety) に対しては「一様性」(uniformity) が，語義的にはより適切な対応語であろうが，ここでは慣用に従って「収斂（性）」と「多様（性）」という対語を用いることにする。

2　19世紀ドイツの段階論

「さまざまな資本主義」という問題関心が初めて強烈に表明されたのは，おそらく19世紀のドイツにおいてであろう。周知のように歴史学派のフリードリッヒ・リスト (List 1841) は，イギリス古典派経済学――およびそれを受け売りするドイツ・マンチェスター学派――による国籍なき普遍法則的な立論に反対して，「国民経済」のちがいという観点を打ち出し，各国民経済は歴史的・段階的に発展するものだとした。そこにはイギリス 対 ドイツという資本主義の相違の認識があったが，その相違は先進（「正常国民」）対 後進という段階論的視角から了解されることになった。具体的にいえば，リストにとって人類史は野蛮→牧畜→農業→農工→農工商状態という5段階からなるものとされ，先進イギリスは農工商状態にあるがドイツはまだ農工状態にしかない。ドイツが農工商状態に到達するためには産業保護政策（保護貿易）が必要だとして，イギリス古典派の自由貿易論と対決したのであった（以下，**図表2-1**参照）。

リストの発展段階論は先進イギリス 対 後進ドイツという強い実践的関心から構想されたものであったが，その後，ドイツ歴史学派からは各種の発展段階論が提起された。ヒルデブラント (Hildebrand 1864) は支払手段の視点から実物経済→貨幣経済→信用経済，シュモラー (Schmoller 1884) は経済圏を基準として種族経済→村落経済→荘園経済→都市経済→領邦経済→国民経済，ビュッヒャー (Bücher 1893) は生産者－消費者間の距離を基準にして封鎖的家内経済→都市経済→国民経済……といった具合である。ただし，これらの段階論では段階移行の論理を欠き，また実践的関心も薄れて観照的になり，各種の批判を浴びることになった。そのなかから歴史学派の最後の到達点として，またメンガーらとの方法論争を経て，ウェーバー (Weber 1904, 1921) は「理念型」概念を確立しつつ，段階論から類型論へと視角を転換していった。歴史社会の法則的発展という観点が拒否され，その個性把握が重視されたのである。

同じく19世紀ドイツ出身のカール・マルクスの場合はどうか。マルクスの

図表 2-1　学説史における段階論的視角と類型論的視角

学派・論争	対象・争点	段階論・収斂論的視角	類型論・多様性論的視角
ドイツ歴史学派	人類史／先進イギリス対後進ドイツ	**経済発展段階論**　リスト（野蛮→牧畜→農業→農工→農工商状態），ヒルデブラント，シュモラー，ビュッヒャー	**理念型論**（ウェーバー）
マルクス	人類史／生産力と生産関係	**史的唯物論**　アジア的→古代的→封建的→近代ブルジョア的生産様式	
初期・中期	資本主義の発展	資本の文明化作用（西欧的発展の世界的普遍性）	
後期・晩期		先進国は後進国の未来像	各国民経済の独自性（ロシア論）
20 世紀マルクス主義	資本主義の 20 世紀的変容	**段階高次化と矛盾激化**　資本主義の最高の段階としての帝国主義（レーニン）　自由競争→独占資本主義→国家独占資本主義段階	アメリカ的発展とプロシャ的発展
日本資本主義論争	日本資本主義の特殊性とその解消	**労農派**（向坂逸郎）　封建遺制は日本資本主義の発展とともに消滅すべき運命にあり，日本の特殊性はその後進性に由来する（資本主義内での特殊性消滅）	**講座派**（山田盛太郎）　日本資本主義の特殊な「型制」は帝国主義期に産業資本が確立したということによって構造的に規定されたもので，社会主義のみがこれを払拭しうる（資本主義内での類型存続，社会主義で消滅）
戦後欧米の社会科学	先進資本主義諸国	**混合経済論**（ションフィールド）　公的介入と市場原理の混合体制への収斂	
		多元的産業社会論（カー）　知識・技術・労働などを中心に産業主義に収斂	**コーポラティズム論**（ゴールドソープ）
	先進国と低開発国	**単線的成長段階論**（ロストウ）　伝統的社会→先行条件期→離陸→成熟→高度大衆消費社会	**複線的発展論**（フランク，アミン）　開発と低開発への両極的発展を主張する従属理論
戦後日本の社会科学	資本主義の発展	**宇野理論**（宇野弘蔵）　原理論に対する段階論の提起，重商主義→自由主義→帝国主義段階としての段階論，各国別特殊性は現状分析論で	**大塚史学**（大塚久雄）　近代化における二つの道（上からの道／下からの道，オランダ型／イギリス型）
		宇野段階論の改作（馬場宏二，加藤榮一，アルブリトン）	**大塚学派**（山之内靖）　宇野方法論は類型を段階に解消するものと批判
グローバリズム時代の論調	市場主導型モデルへの収斂か非収斂・多様性か	**収斂論**（各種国際機関，大前研一）　市場主導型モデルの普遍性とそれへの世界的収斂	**多様性論**（アルベール，クラウチ／ストリーク，ホール／ソスキス，青木昌彦，ボワイエ，アマーブル）2 類型論 対 多類型論

史的唯物論が人類史における生産様式を，アジア的→古代的→封建的→近代ブルジョア的という発展段階のうえに捉え，近代ブルジョア社会はやがて共産主義に取って代わられるべきものと見ていたことはよく知られている（Marx 1859: 訳 16）。当面の近代社会の多様性いかんという問題にしぼれば，彼のうちには二つの見方が混在していたと言えよう。すなわち一方で，「資本の文明化傾向」（Marx 1953: 訳Ⅲ 338）のもと世界はやがて先進のイギリス型資本主義へと均一化し，こうして「産業発展のより高い国は，その発展のより低い国に，ただこの国自身の未来の姿を示しているだけである」（Marx 1867: 訳（1）23）という。要するに，先進国は後進国の未来像だというわけであり，ここに見られるのは収斂論的・段階論的な歴史把握である。他方，とりわけ晩年のマルクスには，ロシア・ミール共同体論に見られるように，各国民経済発展の独自経路，したがって国民的ないし地域的な多様性を捉える視点が確認される（Marx 1881）。その点は十分に確認しておいたうえで，やはりマルクスの主調音は段階論的複数性に置かれていた。

　19世紀ドイツを中心にみてきたが，付随的に 20 世紀のマルクス主義者について顧みれば，かれらはマルクス『資本論』に描かれた世界と眼前に展開する資本主義の新しい現実との齟齬という直感のなかにいたが，これに直面してマルクス主義者は多くの場合，段階論的発想によって問題を処理しようとした。すなわち 20 世紀初頭，金融寡頭制や独占資本の台頭という帝国主義的変容を前にしてレーニンは，資本主義の最高の――そして最後の――段階として「帝国主義」を位置づけた（Lenin 1917）。ただし，初期レーニンのなかには資本主義発展のアメリカ型とプロシャ型を区別した「二つの道」論があったことも（Lenin 1899），確認しておきたい。また 20 世紀半ば，先進諸国のケインズ主義的介入政策の成功を前にして，多くのマルクス主義者は「国家独占資本主義」という段階あるいは小段階の概念を設定して，自由主義段階→独占資本主義段階→国家独占資本主義段階という 3 段階的発展において資本主義を理解しようとした。いずれの場合も，のちの高次な段階に至るほど矛盾は激化して，資本主義は崩壊に近づくものとされた。これらにおいて資本主義の相違は，マルクス時代の 19 世紀資本主義と当代のそれとの発展段階の差として理解され，そこに，資本主義の「本来」「正常」の姿と「歪曲」「末期」の姿という価値判断

が重ね合わされていた[1]。同時代における各国資本主義の相違という観点は弱く，同時代の各国資本主義を貫徹する段階論的に共通な規定性の面が強調されることになった。

3　日本および欧米における段階論と類型論

日本資本主義論争と大塚／宇野理論

段階か類型かが最も尖鋭に問われたのはおそらく日本においてであった。それは戦前（1930年代）における日本資本主義論争と，戦後日本の社会科学を代表する宇野経済学および大塚史学のうちに鮮明に見て取れる。すなわち，寄生地主制をはじめとする特殊日本的な封建遺制は，日本の資本主義的発展とともに消滅すべき過渡的なものか，それとも日本が資本主義であるかぎり存続する構造的なものか。発展段階的な後進性ゆえのものか，それとも日本資本主義の特殊類型をなすものか。日本資本主義論争におけるこうした争点をめぐって，前者の立場をとったのはいわゆる労農派であり，後者が講座派であった。労農派は日本の特殊性はその後進性の現れだとして，段階的発展とともに解消し，やがて日本は先進西欧資本主義へと収斂するものと見た（向坂 1958）。他方，講座派によれば，日本の「軍事的半農奴制的型制」は，世界資本主義が帝国主義に転化した時代（19世紀末〜20世紀初頭）に産業資本の確立がなされたということによって構造的に規定されたものであり，日本が資本主義であるかぎり払拭不可能であるとして，事実上，類型論的認識を示していた（山田 1934）。ただし，この特殊かつ「転倒的」な類型は，やがてブルジョア民主主義革命（→社会主義革命）によって，そしてそれによってのみ，消滅させられうるものと考えられた。

戦後日本の社会科学は，この資本主義論争への方法的反省に発するといってよい。宇野弘蔵が原理論－段階論－現状分析からなる3層の経済学方法論を提起したことは有名だが，とりわけ段階論という論理段階を設定したことのうちには，資本主義論争への方法的反省が含まれていた。すなわち，「講座派も……労農派も，資本主義が後進国に輸入される場合の，段階論的規定の影響を明確にしえなかったのであった。『資本論』の与える原理的規定が，直ちに現状分析に役立つものと考えられたために，講座派では……封建遺制を明治維新

における不徹底なブルジョア革命によるものと考えたのに対し，労農派は……『資本論』の規定をそのままに自分自身〔日本〕の『未来の像』を示すものと考えたのである」（宇野 1962: 60-1）。段階論的規定こそは各国分析や複数性認識にとって決定的位置を占めるものとされ，重商主義→自由主義→帝国主義という資本主義の発展段階が示された。

しかし宇野は，いわば最後の段階たる帝国主義段階を第一次世界大戦（ロシア革命）でもって終わるものと考え，以後はすでに社会主義の時代に入ったと考えたようだ（宇野 1971: 補記）。ということは，以後の時代は世界史的にはもはや資本主義でなく，したがって資本主義の新たな段階を画するものではないということを意味する。こういった議論が宇野段階論の現代的妥当性について，さまざまな疑念を生んだことは当然である。まして，その社会主義が崩壊した今日からみれば，いやそれどころか，戦後先進諸国が持続的高成長と構造変化を経験した時点ですでに，この時期を現代資本主義論の固有の対象とは見ない宇野の歴史認識は，完全に破産している。当然ながら，宇野学派のなかから段階論改作の試みが多々提起されることになった[2]。

例えば馬場（1989, 1991）は，歴史認識の基準を資本主義の戦後的成長に置きつつ，またアメリカのみならず戦後日本の会社主義的な高度成長を強く意識しつつ，古典的帝国主義段階以降について，産業資本主義−経営者資本主義−会社主義といった新しい段階認識を提起する。あるいは加藤（1989）は，資本主義を前期−中期−後期と腑分けしつつ段階論の再構成を試みる。そこでは第一次大戦から石油危機までの時期は「中期資本主義」として位置づけられ，石油危機後の現代（1980年代）は，中期から後期への過渡期とされる。言い換えれば，多くのマルクス主義者が国家独占資本主義とよび，そして資本主義そのものの最終段階と思いこんだものとは，実は中期資本主義の発展と崩壊の時代として把握されるべきだということである。中期，後期という命名にはほとんど概念的意味を見出しえないが，これは少なくとも，宇野の段階論よりは妥当性がある。だが，それは同時に，宇野段階論とは完全に無縁なものとなっており，もはや宇野段階論の「改作」の域を越えている[3]。もうひとつ，カナダの宇野派政治学者アルブリトンについて言及すれば，Albritton (1991) は，戦後的成長を視野に入れつつ宇野段階論をかなり「自由自在」に延長し，重商主

義－自由主義－帝国主義－コンシュマリズムといった4段階構成を提起する。日本の多くの宇野派論者は，段階論のこの「プロクルステスのベッド」化にさぞ歯ぎしりしたことであろう。

これに対して他方，戦後の大塚久雄にあっては，資本主義形成＝近代化における「上からの道」「下からの道」，あるいは「オランダ型」「イギリス型」という対比がしばしばなされた（大塚 1951, 1965）。もともと，戦後日本社会の近代化をめぐる方向性への強い現実的問題関心に由来した対比であるが，ここには2項対比的であり，また明らかに価値的優劣の差を含んだ対比であるが，資本主義ないし資本主義的発展の複数性をめぐる類型論的認識が胚胎している。やがて大塚門下の山之内靖は，マルクス自身の世界史像として「段階認識と類型認識の相関」という視点を打ち出し，返す刀で宇野理論を類型論なき段階論だと批判する。いわく，「段階的問題性が類型性を発生させたのではなく，すでに歴史的存在根拠をもって実在していた類型性が，段階的諸問題のなかに自己を顕現させた」のであって，この点，宇野経済学は，「諸類型の問題を全く段階的事象として，資本主義の独占段階への移行が生み出した問題次元のなかに解消してしまおう」（山之内 1969: 335-8）とする謬論だ，と[4]。

戦後欧米における収斂論と多様性論

同じ戦後期，ヨーロッパではドイツ，フランスが戦後復興を果たして急速に成長発展を遂げていたし，この両国にかぎらず先進各国は新しい技術的基礎のもと，工業化・産業化への道を突き進んでいた。他方で戦後期は，低開発諸国の経済発展が思うにまかせず，少なからずの諸国が社会主義への傾斜を強めていった時代でもあった。そうしたなか，非マルクス主義の側から新しい収斂論的歴史認識がいくつか提起された。

Shonfield (1967) は，戦後欧米諸国が大方の予想に反して異例の経済的繁栄を謳歌したことに注目しつつ，そこに戦前の経済体制からのある種の質的転換を読みとる。繁栄をもたらした要因としては，労働力の完全利用，高い貯蓄性向とその投資への振向け，技術の発展など，さまざまに挙示されるが，決定的に重視するのは政府の役割であり，つまりは民間経済に対する政府の積極的介入である。そしてこの観点から，フランス，イギリス，ドイツ（西），アメリ

カをはじめ，いくつかの西側資本主義の比較研究を行う。政府介入や経済計画のあり方と程度が比較分析される。とりわけ，独仏はめざましい復興をとげ，その高い経済パフォーマンスは市場主義の国アメリカを大きく凌ぐものであった。超先進国アメリカとくらべて戦後独仏では政府介入の比重が大きかったのであるが，このときションフィールドは，独仏はアメリカ的市場原理に反しているにもかかわらずでなく，まさに反しているがゆえに発展したのだと結論する。ここには早期的に，アメリカ型とは異なる資本主義の類型が摘出されており，したがってこれは今日的な多様性論の「標準的典拠」locus classicus（Crouch 2005: 25）をなすと言える。と同時にションフィールドは，一般に現代資本主義は，市場原理と政府介入をミックスした「混合経済」へと転化しつつあるのであって，アメリカ経済もやがてこれに収斂していくべきものと見た。そのかぎりでは収斂論であるが，ただし市場経済への収斂論でなく，混合経済への収斂論である。

　同じ 1960 年代，多元的産業社会論で有名なクラーク・カー（Kerr et al.1960; Kerr 1983）は，時代の決定的趨勢を「産業化」「産業主義」に見た。階級闘争や社会紛争を重視するマルクス主義的社会理論を克服すべくカーが打ち出した視点は，初発時点の各種相違にもかかわらず，各国は工業化の進展とともに経済構造，技術構造，教育制度，階層構造において類似していき，産業主義と呼ばれるシステムに収斂していくというものである。そこでは国家も市場も単独で支配する存在ではなくなり，技術や教育制度を中心にして各国は次第に均質化していくという。要するに階級闘争は終焉し，技術的経済的合理性という普遍的・超歴史的要因によって歴史が動かされてゆくのだと見る。歴史は資本主義から社会主義へというマルクス主義的移行をたどるのでなく，あらゆる経済社会は産業社会へと進化してゆくのだという。そして，そのさい重視されるのが「技術」という収斂化の動力であった。

　こうした収斂論に対しては，1970 年代以降，とりわけヨーロッパにおいて「コーポラティズム」論という形で批判が展開された。コーポラティズムとはさしあたり，政労使（つまり各種利益集団）による協調と協議のシステムのことであるが，とくにそこでの労働組合の役割が強調される（新川／井戸／宮本／眞柄 2004: 第 4 章）。北欧諸国やオーストリアがその先鋒である。そうしたコー

ポラティズムへの動きが強まってきたということは，階級関係の分解や労使関係の非政治化を予測したインダストリアリズムへの何よりの反証である。そしてこのコーポラティズムの台頭は，1970〜80年代の文脈で言えば，つまりフォーディズム的危機への対応策という文脈で言えば，自由主義的対応とコーポラティズム的対応という，二つの路線への拡散化・多様化が見られるということを意味する（Goldthorpe ed. 1984）。

ところで，産業社会論と同じころロストウは，その名も『経済成長の諸段階』（Rostow 1960）と題する書物を公刊し，新しい段階論を提起した。ロストウにとっての課題は，低開発諸国の社会主義化を防止し，それら諸国にアメリカ型社会への道程を示すことにあった。書物の副題「ひとつの非共産主義宣言」がそれを象徴しており，マルクス的な発展段階論に代わって五つの成長段階が識別される。すなわち，伝統的社会→離陸のための先行条件→離陸（テイクオフ）→成熟への前進→高度大衆消費社会である。離陸期が決定的に重要な時期であるが，離陸期にさしかかったのは当時の中国・インドだとされ，それ以外の低開発諸国の多くは離陸以前にある。しかし先進国と低開発国の相違は，単線的な発展経路における段階の相違にすぎないのであって，アメリカは早くに高度大衆消費社会に入ったが，低開発諸国も離陸さえうまく成功すれば，あとはアメリカ型消費社会に向けて収斂していく未来が約束されているのだという。

これに対しては従属理論の側から，両極的発展論，複線的発展論とも呼ぶべき反論が提起された。いわく，「低開発」underdevelopmentは「未開発」undevelopmentではない。いわゆる先進資本主義諸国は「未開発」から「開発」へと進むコースをたどったが，その裏で多くの第三世界諸国は「未開発」から──「開発」でなく──「低開発」へのコースを運命づけられた。世界史は未開発から開発へと単線的発展コースを進むのでなく，その背後に未開発から低開発へという「低開発の発展」コースが厳存しているのであり，開発と低開発という二つのコースは不可分のセットをなしているのだ，と。こうして開発と低開発という，相異なる2類型の発展コースが示され，単線的段階論に立って低開発諸国にアメリカ的未来を約束したロストウ理論に対して，それは幻想でしかないとの反論がなされた（Frank 1976; Amin 1970）。

現代における収斂論と多様性論

　最後に，まさに 21 世紀という現在的地点に戻って，今日のグローバリズム時代における議論について簡単に触れておこう。1990 年代に入るとともに，旧社会主義の崩壊と市場経済への移行，アジア・中国経済の躍進，金融と IT によるアメリカの復活，グローバリゼーションと国際競争の激化という時代背景のもと，新たな収斂論が登場してきた。それがアメリカ的な市場主導型モデルの効率性とそれへの世界的収斂という議論である[5]。かつて 1960 年代，先進諸国の収斂は「混合経済」（市場と政府の混合形態）へのそれとして語られたのだが，いまや「国家主権の風化」「国境なき世界」「万物の市場化」「各国の均等化」という形で（Ohmae 1990），市場型モデルへの収斂こそが語られる。また，かつて多元的産業社会論における収斂のエンジンは主として「技術」に置かれていたが（Berger 1996: 2-4），今日では「市場」（市場競争）がもつ均等化力が吹聴される。「市場主義」的収斂論こそが現代収斂論の特徴である[6]。

　これに対する反論もいっせいに噴出する。それは社会科学の諸分野で「資本主義の多様性」という問題意識として結実した。ごく簡単に整理してみるならば，アルベールがその名も『資本主義 対 資本主義』（Albert 1991）という先駆的著作で，アングロサクソン型（市場原理）とライン型（非市場的相互扶助）を対置し，効率においても公正においても優れているのはライン型だが，現実に普及しているのはアングロサクソン型だという，歴史の逆説をするどく指摘した。アルベールの多様性論は米独対比に立脚しているのだが，同じ米独比較のうえにいっそう分析的に，純粋市場経済 対 制度化された市場経済（Crouch and Streeck eds. 1997），自由な市場経済 対 コーディネートされた市場経済（Hall and Soskice eds. 2001）といった形で比較市場経済論が展開された（第 6 章参照）。

　しかしこれらは多様性といっても 2 項対比（2 類型論）でしかなく，いわゆる OECD 諸国に限ってみても，この 2 類型への各国の分類には難点がつきまとう。例えば日本はドイツと同列に扱われてしまう。いま少し緻密な多様性論が要請されるところであるが，それに応えるのが，ボワイエ，アマーブルに代表されるレギュラシオン学派の多様性論である。くわしくは第 7 章で述べるが，レギュラシオン学派にあっては，OECD 諸国について 4〜5 類型の資本主義が識別されており，いわば多類型論が展開されている。それによって市場モデ

ル的収斂論に対して，強烈な批判視点を提起しているのである。

4 資本主義の多様性と歴史的変遷

　今日における収斂性 対 多様性の議論を意識しつつ，ドイツ歴史学派以来の学説史を振り返ってみた。そこから以下のような示唆が得られよう。すなわち，「さまざまな資本主義」という現実を前にしたとき，それを理論の側からどう了解するかの枠組みとしては，典型的には段階論と類型論が存在する。段階論は収斂論と，類型論は多様性論と，それぞれ親近性が高い。段階論・収斂論は，各国は一個同一の発展コースを辿るという単線的発展史観や，特定の歴史的目的地に向かって進んでいくという目的史観に陥りやすい。他方，類型論・多様性論は複線的発展史観や，各種発展コースはそれぞれに独自の「権利」を有し世界史の大道などはないという相対史観とつながっていよう。今日の「経路依存性」論もこの後者に近い。

　段階論にあっては各国の差異は一時的・偶然的と見られがちであり，類型論では持続的・必然的とされることが多い。ただし同じ段階論の枠組みにあっても，例えば先進国に対して後進の自国が「まだ到達していない」点を強調する場合には差異の大きさが力説され（例えばイギリス古典派に対するリスト），「やがて到達する」（追いついて接近ないし収斂する）と考える場合には差異は小さなものとして扱われる（例えば講座派に対する労農派）。段階論に立ちつつも，その段階的差異を小さく評価する——あるいは差異克服の可能性や必要性を強調する——場合，すぐれて収斂論という独自の歴史観に傾いてゆくのだろう。今日の市場モデル的収斂論・段階論はもちろん「やがて到達する」型であり，したがって理想的市場モデルを前にして，各国別特殊性の解消しやすさ——解消の可能性と当為——が暗黙裡に前提されている。

　本章冒頭の問題提起に戻っていえば，今日，各種資本主義の市場モデルへの収斂という言説に対して，類型論が有力な反論をなすことは言うまでもない。われわれは現代資本主義の構造変化や調整を問題とするに当たって，類型論の視角を絶対に忘れてはならない。だがしかし，類型論は固有の難問をかかえていることも確かである。すなわち類型論は類型の固定化に陥りやすい。類型そのものの設定においても，各国の特定類型への帰属についても，いったん決ま

ると同じ類型化が永遠に継続するかのような——その意味で歴史が消滅したかのような——議論に陥りやすいのである。あるいはせいぜい，世界史は各種類型の並列的継起として，いわば相対史観へと落ちこんで行きかねない。段階論が目的史観につながりやすかったのと同様，類型論は歴史消滅か相対史観へと傾斜しやすい。類型認識や多様性認識を堅持しつつ，しかし相対史観にも目的史観にも陥ることなく，いかに歴史認識を回復するか。

　レギュラシオン理論の問題意識を先取りしていえば，この理論は資本主義の「時間的空間的可変性」を解くことを課題としてきた。その用語でいえば，これは「時間的可変性」（歴史的変化）と「空間的可変性」（類型的多様性）との関係をどう総括把握するかという問題である。あるいは，最近のボワイエは，「レギュラシオン理論の支配的特徴は，長期の歴史的時間における変遷と資本主義諸形態の多様性を不断に組み合わせていこうとする点にある」（Boyer 2004a: 訳 85　強調は引用者）と語る。ここでとりわけ重要になってくるのは，「資本主義諸形態の多様性」（空間的可変性）を認識したうえで，なおかつ並列的・相対的な歴史認識に終わるのでなく，世界史の大道を見晴かすような「歴史的時間における変遷」（時間的可変性）の認識をいかに獲得するかという問題である。ただしもう一度念を押せば，その歴史認識は，旧マルクス派的な段階的高次化論であってもならないし，新古典派的な最適収斂論であってもならない。

　そうした新しい歴史認識は，予感としていえば「多様性と構造変化を内蔵した趨勢転換」とでも言うべきもののうちにあるのであろう。歴史は「最適」に向かって一方向的に収斂するのでもなく，段階的高次化の果てに「社会主義」に収斂するのでもなく，はたまた地域的にバラバラな動きの寄せ集めでもなく，中長期的にある趨勢（トレンド）をもって進んでいくのであろう。ただし，大局としての何らかの趨勢が検出されるからといって，それは諸国の収斂を意味せず，多様性は厳存する。そして多様な資本主義はそれ自身の作用のうちに自らを変化させ，構造変化をとげてゆく。また，特定の趨勢は決して永遠につづくのでなく，中長期的な時間幅で転換してきたことは，歴史が教え，また経済史学が教えるとおりである（Polanyi 1957）。そうした多様性と構造変化と趨勢転換の根底には何があるか。要するに資本主義の基本的動因は何なのか。それこそは比較分析

の果てに，そして比較的方法の「奥底」に，われわれが発見すべきものであって，ここで語るのは早計である（第8章参照）。

1) くわしくは山田（1991: 37-58），北原／伊藤／山田（1997: 96-100）を参照せよ。
2) 講座派，宇野弘蔵，宇野学派などをめぐってくわしくは，Barshay（2004）を参照せよ。
3) くわしくは山田（1994a: 151-3）を参照せよ。
4) 山之内の指摘の当否は別にして，宇野学派のなかから類型論の必要性を押し出したのが山口重克である。山口は「従来の段階論という名称を類型論に変える」ことを意図しつつ語る。「……資本主義のいくつかの発展段階の特殊性を段階論的な類型として認識し，さらにそれにそれぞれの段階の国民経済ないし地域経済なりの特殊性を加えたものを空間的・地域的な類型として認識し，それらを組合わせてそれぞれの段階の世界資本主義の全体像を構成したものを世界史的段階の類型論と呼ぼうと考えている……」（山口 2006: 36, 56-7）。なお，山口類型論をめぐっては上垣（2008）を参照せよ。
5) 現代の単線史観的な収斂論を指して，ドーアはこれを「マラソン的歴史観」と名づける。「先頭を走る選手が必ずいると同様に，ある国は先進国として走り，ある国は遅れているが，すべての国は同じ歴史的コースを走っている」という意味である（Dore 2004: 訳 30）。
6) その他，多様性の存在を認めつつも大枠は収斂であり，しかも新自由主義的収斂だと主張するのが，サーニーらである。いわく，「いま起こっているのは収斂のなかの多様性のプロセスである」，「われわれが見ているものは，古くからの『資本主義の多様性』の継続とか維持ではなく，新自由主義の多様性──収斂のなかの多様性，グローバリゼーションへの異なった道の考案──の出現なのである」（Cerny, Menz and Soederberg 2005: 2, 21 強調は原著者）。

第3章　現代資本主義をどう比較するか
―― 方法としてのレギュラシオン理論 (1) ――

　以上，資本主義の比較という問題をその学説史と現代的課題の双方において概観してきた。そこで本章と次章では，この主題に接近すべく本書が採用する方法的立場について確認しておく。「レギュラシオン理論」théorie de la régulation ないし「レギュラシオン・アプローチ」approche en termes de la régulation がそれである。はじめに第3章では，レギュラシオン理論の30年を振りかえりつつ，「レギュラシオン」という見方の基本について確認する。次の第4章では，レギュラシオン理論の出発点をなしたフォーディズム論を再確認しつつ，その後のこのアプローチにおける反省と方法意識について検討する。レギュラシオン理論は，近年でこそ比較資本主義論を主要な課題のひとつとしているが，実は生誕の当初からそういった問題意識が鮮明にあったわけでない。比較分析を重要課題とするに当たっては，レギュラシオン理論内部においても，当初の問題意識や方法への反省なしには済まなかったのであるが，その最新の比較資本主義論をそれ自体として問題とする前に，そうした方法論について見届けておこう。

1　レギュラシオンの30年

官庁エコノミストの挫折と挑戦

　1974年，若きミシェル・アグリエッタは学位論文「長期における資本主義の蓄積と調整（レギュラシオン）」を執筆し，これをもとにしてやがて1976年，レギュラシオン理論の古典となる『資本主義のレギュラシオン理論』（Aglietta 1976）を出版した。アグリエッタが非凡であったのは，この間，新進気鋭の経済学者たちを集めて幾度かにわたるセミナーを開き，自らの論文をめぐる徹底的な討論の場を組織したことであった。ロベール・ボワイエ，アラン・リピエッツをはじめ，

多くの俊英たちとの論争を通して，当初の学位論文は大幅に修正されるとともに，いつしか参加者の間に「レギュラシオン」(régulation：調整) という共通の問題意識が胚胎し，かつ浸透していった。

この学位論文とその後のセミナーをもって，レギュラシオン理論[1]の生誕とされることが多い。とするならば，21世紀初頭の現在，この理論はすでに30年以上の歴史をもつことになる。経済学のなかではまだ新参であろうが，それでも一世代を経たことになる。そしてこの間，この理論は，自ら課題とするテーマや方法を少なからず変化させ発展させてきた。方法論的な自己批判や反省もあった。それについては本書ののちの章で検討する予定である。この章では，最初の第1, 2節で，30年にわたるレギュラシオン的研究の歴史と成果を概括的に回顧したのちに，第3, 4節でレギュラシオン的見方について確認する。

さて，1974年といえば，第一次石油ショック (1973年) の直後である。その2年前 (1971年) にはニクソン・ショック (金・ドル交換停止) が世界を震撼させ，戦後の国際通貨体制 (IMF体制) が崩壊した。いや，すでに1960年代末頃には，欧米先進諸国において労働争議が続発しインフレが高進するなど，戦後の持続的高成長は明らかな翳りを見せはじめていた。レギュラシオニストは多くの場合，フランスの経済計画に最前線でかかわる官庁エコノミストであったが，こうした経済の変調によって，計画や政策の立案の前提となっていた従来のケインズ的マクロ経済モデルが妥当しなくなったことを思い知らされることとなった。若き官庁エコノミストたちは深刻な反省を迫られる。

アグリエッタはすでに，FIFIと呼ばれる中期の実物－金融モデルの作成にかかわり，これがフランスの経済計画に応用されていた。しかし1971年，モデルにおいて自ら前提としていたフィリップス曲線がもはや妥当しなくなったことを知り，そこから開放経済下でのケインズ政策には限界があることを示した。ボワイエもまた1973-74年，STAR (蓄積・分配の理論図式) と略称されるモデルを開発した。それらにおいて共通するのは，ケインズ政策の行きづまりに対して，あらためて資本蓄積，所得分配，インフレ，成長の関係を問い直すことであった。その時かれらに絶大な示唆をあたえたのは，新古典派経済学ではなく，ロビンソン，カルドア，カレツキらのポスト・ケインズ派であり，

そして，歴史的視点や賃労働関係視点の重要性に関するマルクスであった。

従来型のモデルや政策の挫折を前にして，官庁エコノミストたちは，手元にある豊富な統計資料を利用しつつ，戦後先進諸国にかんする実証的研究を積み重ねていった。しかしこの時代，かれらは資本主義の長期歴史的動態についても，経済成長において「制度」がもつ重要な意味についても，いまだ十分な目配りはできていない。まして資本主義を「調整」という視点に立って捕捉する視点も必ずしも十分ではない。その意味でこれは「プレ・レギュラシオン」(Vidal 2001: 14) の時代ともいえる。

とはいうものの，かれらは，1970年代初頭の経済的混乱は決して一時的攪乱ではなく，戦後的成長の黄金時代の終幕を告げるものだとの直観を共有していた。つまりそれは「繁栄経済のなかの乱気流」ではなく，「ひとつの経済システムからの断絶」として捉えられるべきものだった（Boyer éd. 1986b: 訳2）。そして，新古典派もマルクス派も，既成の経済学はこうした時代の変化を捉えることができず，ましてかれらの直観に答えるものではなかった。若き俊英たちは，経済と経済学との二つながらの危機を克服し，来るべき新しい時代を先取りする経済学に飢えていた。あのアグリエッタ・セミナーは，そんな時代の渇望と熱気を映し出すものであった。

アグリエッタとボワイエ

レギュラシオン理論はアグリエッタとボワイエに代表される。主著（Aglietta 1976）においてアグリエッタは，アメリカ資本主義100年の長期動態を分析しつつ，「調整」（レギュラシオン）という考え方を提示する。新古典派の主張とはちがって，経済は「均衡」なるものへ収束する運動ではなく，矛盾・対立・紛争のうちに「再生産」されてゆく。その再生産は，構造主義的マルクス主義が想定するように自動的に保証されるものではない。経済成長は生産方法の革新と生活様式の激変をともない，それは必ず社会政治的なコンフリクトを生み出し，したがってこれを首尾よく「調整」することなしには，経済社会には再生産も成長もない。そして，まさにこの調整のあり方こそは，各国各時代の資本主義の個性を形成し，また資本主義の歴史的変容を説明する。

そして，第二次世界大戦後のアメリカにあっては，新しい賃労働関係，新し

い資本間競争形態，そして新しい貨幣・金融制度のもと，「フォーディズム」fordisme と呼ぶべき再生産／調整のメカニズムが実現した。それが未曾有の長期的発展をもたらしたのであるが，しかしそのフォーディズムも，1960 年代末には限界を露呈しはじめた。1970 年代に顕在化した経済的諸困難は，たんに金・ドル交換停止とか石油価格上昇とかいった表面的事象に由来するのでなく，より根本的に，こうしたフォーディズムの危機を意味している。

最初の著作で資本主義をこう分析してみせたアグリエッタは，その後，貨幣・金融の問題，とりわけ国際金融の問題に焦点をしぼって，次々と話題作を問うことになる。ざっと見わたしてみても，『貨幣の暴力』(Aglietta and Orléan 1982)，『通貨統合の賭け』(Aglietta 1986)，『成長に反する金融システム』(Aglietta 1995)，『主権貨幣』(Aglietta et Orléan éds. 1998)，『貨幣 暴力と信頼の間』(Aglietta et Orléan 2002)，『金融資本主義の漂流』(Aglietta et Rebérioux 2004) といった具合である。時代はスタグフレーションから，グローバル・マネーの暗躍，国際金融システムの不安定化，そしてヨーロッパ通貨統合へという，まさに国際金融の時代であった。この間また，アグリエッタはフランス中央銀行の顧問として，マーストリヒト条約の推進にもかかわった。彼の一貫した政策的主張は，ヘゲモニー国の通貨でなく，諸国間の「制度化された協力」による国際通貨の創設という点にある。

他方，ボワイエはといえば，彼はそのたぐい稀なオーガニゼーションとリーダーシップの能力を生かして，さまざまな研究グループを引っぱってきた。その最初の成果はフランス経済を分析したもので，これはまず『インフレへのアプローチ』(CEPREMAP-CORDES 1977) として小さな範囲に配られた。そこからやがて共著『蓄積・インフレ・危機』(Boyer et Mistral 1978) や，リピエッツの『なぜ危機とインフレか』(Lipietz 1979) など，数々の著作が独立した書物として世に問われることになった。

アグリエッタが国際金融問題に専心していったのと対照的に，ボワイエは賃労働関係の分析，マクロ経済のモデル化と計量，そしてレギュラシオン的諸概念の整理や研究プログラムの提起など，多方面にわたって斬新な議論を展開した。『レギュラシオン理論』(Boyer 1986a) は生誕後約 10 年という時点で，「制度諸形態」「蓄積体制（成長体制）」「調整様式」「危機」など，レギュラシオン

理論の基礎諸概念をあらためて整理し,これまでの研究を反省し,今後の研究プログラムを展望するものであった。『世紀末資本主義』(Boyer éd. 1986b) は,いまから振りかえればごく早期的に,したがって必ずしも十分な方法論に立脚してはいなかったが,国際比較をしつつ資本主義の多様性を論じるものであった。『第二の大転換』(Boyer éd. 1986c) は,1980年代という文脈におけるヨーロッパの労働のフレキシブル化を論じつつ,「守りのフレキシビリティ」に対して「攻めのフレキシビリティ」を対置するものであった。

この間,ボワイエはフランス・アナール学派の歴史学に学び,またブルデューの社会学にも注目を払っている。ブローデルの長期歴史の視点 (Braudel 1979),ラブルースの国民的多様性の視点 (Labrousse 1944),そしてブルデューの「ハビトゥス」的人間観 (Bourdieu 1980) は,やがてレギュラシオン的に消化吸収されて,このアプローチの概念や方法に生かされていく。さらにボワイエは,他の経済諸学派との切磋琢磨にもきわめて積極的であり,アメリカ SSA 学派[2] (Bowles and Boyer 1988, 1990),構造的マクロ経済学,コンバンシオン学派 (Orléan éd. 1994),ポランニー学派 (Hollingsworth and Boyer eds. 1997),進化経済学派,そして最近では政治学出自の VOC (資本主義の多様性) 学派 (Boyer 2004a) など,多数の潮流との対話と批判の道を開いている。

1990年代以降のボワイエは,文字通りオールラウンド・プレーヤーとして,さまざまな領域で活躍している。彼の関心は,フォーディズムの崩壊後めまぐるしく変わる現代世界をリアルタイムで,しかも理論的な首尾一貫性をもって分析することにあるが,そうした課題は必然的に視野の拡大と理論の深化をもたらす。こうして賃労働関係から国際金融へ (Boyer 1999a, 2000b),フランス・ヨーロッパから東欧・開発途上国・日本 (Boyer and Yamada eds. 2000) へ,自動車産業から IT やバイオへ (Boyer 2002a),一国分析から国際的地域統合・国際比較・グローバル資本主義の分析へ (ボワイエ 1998; Boyer 2002b; Boyer et Souyri éds. 2001),制度諸形態の補完性から階層性の強調へ (Boyer 2004a) といった形で,レギュラシオン・アプローチは多方面にわたる拡大と深化を経験してきた。

2　第一世代から第二世代へ

ヴィンテージ・レギュラシオンを超えて

　アグリエッタとボワイエの他にも，レギュラシオニストは多士済々である。さきの『なぜ危機とインフレか』でリピエッツは，アルチュセール構造主義との格闘にはじまり，マルクス『資本論』の再検討を踏まえたうえで，20世紀後半のフォーディズム的蓄積を問うた。以後，インフレを分析した『魔法にかけられた世界』(Lipietz 1983)，NIES の発展と困難を「周辺部フォーディズム」概念で分析して話題となった『奇跡と幻影』(Lipietz 1985) を経て，やがて彼は地球環境問題への関心を深め，経済学研究から一歩ぬけだし政治活動へと傾斜していく。この間「緑の党」にも参加し，その経済政策的提言をまとめたのが『勇気ある選択』(Lipietz 1989) である。その後も『砂時計型社会』(Lipietz 1996)，『政治的エコロジーとは何か』(Lipietz 1999) など，環境問題・南北問題・失業問題の交差する地点に身をおいて，時代を鋭くえぐり出している。

　バンジャマン・コリアは労働過程論から出発したが (Coriat 1979)，やがてその延長上に企業組織 (Coriat 1991)，企業理論 (Coriat et Weinstein 1995)，産業競争力 (Taddéi et Coriat 1993; Coriat et Taddéi 1993) の分析へと進み，今日ではバイオ・製薬という特定産業へと分け入って分析を進めている。パスカル・プチは経済のサービス化の問題にはじまり (Petit 1986)，フォーディズム後の新しい蓄積体制にかんする分析へと及び (Petit 1998)，その先に広く経済成長の問題へと及んでいる (Petit 2004)。旧社会主義経済や移行経済の分野で活躍しているベルナール・シャバンスは (Chavance 1989, 1992, 2002)，最近になって制度経済学へと視野を広げてきた (Chavance 2007)。同じく旧社会主義経済を論じていたジャック・サピールも (Sapir 1990)，近年では広く理論経済学の諸問題へと関心を深めている (Sapir 2005)。そのほか国際経済論のジャック・マジエ (Mazier 1999)，国家論・財政論のブルーノ・テレ (Théret 1992)，包括的な理論的整理をするベルナール・ビヨドー (Billaudot 1996, 2001) など，多彩な顔ぶれがそろっている。

　以上は，1970年代あたりから活躍してきた，いわばレギュラシオン第一世代の論客たちである。これに対して1990年代以降，第二世代とも言うべき新

しい研究者たちが登場した。ブルーノ・アマーブル（Amable 2000, 2003; Amable, Barré et Boyer 1997），フレデリック・ロルドン（Lordon 1997, 2002）らに代表されよう[3]。アマーブルを例にとっていえば，彼の主要な関心は制度経済学を再構築しつつ，現代資本主義の多様性を理論と実証の両面から説明することにある。そうした課題は，今日のグローバリゼーションのもと，アメリカ・モデルへの資本主義の収斂を説く主流派経済学への批判をなし，また実践的には，フランスをはじめとする大陸ヨーロッパ（EU）の将来的軌道を展望することへと連なる。そのアマーブルは，アグリエッタやボワイエから決定的に影響を受けつつも，かれらに代表される初代のレギュラシオン理論を「ヴィンテージ（熟成）レギュラシオン」と名づけて，その問題点を指摘する。

すなわち，1970年代に形成されたヴィンテージ・レギュラシオンにあっては，第一に，何よりもそのフォーディズム論から透けて見えるように，特定の歴史的時代におけるあらゆる先進資本主義国に妥当するような「一般モデル」の発見に主要関心があったのであり，資本主義のモデル的な多様性への関心は，仮にあったとしても，あとから付随的に追加されたにすぎない。これと関連して第二に，あたかもフォーディズム論においてアメリカがモデル化されたように，フォーディズム以後の分析にあっても，スウェーデン・モデル（ボルボイズム），日本モデル（トヨティズム），そして再度のアメリカ・モデル（資産資本主義）という形で，特定の国民的モデルを特権化するきらいがある。第三に，ヴィンテージ・レギュラシオンは「制度諸形態」として五つの制度領域を挙げていたが，これが必ずしも明確ではない。その結果，仮にフォーディズム時代の支配的制度（賃労働関係）については意見が一致していたとしても，グローバル時代の今日の支配的制度は何かを問う段になると，論者によって見解がバラバラになってしまう（のちの第4, 7章参照）。

アマーブルは第一世代のレギュラシオン理論の弱点をこう衝きながら，特定諸国（例えば日本とアメリカ）のみ，特定制度領域（例えば労働と金融）のみ，特定観点（例えばマクロ・パフォーマンス視点とか企業中心視点とか）のみに偏しない形で，現代資本主義の多様性を総合的に解明する方途を模索する。そのとき彼が設定するのが，まずは「社会的イノベーション・生産システム」SSIP or SSIPs: social systems of innovation and production という概念である。

「社会的生産システム」（SSP）とはホリングスワースらに由来する見方であろうが（Hollingsworth and Boyer eds. 1997），アマーブルはこれに「イノベーション」視点の重要性を強調しつつ，イノベーションを支えるものとして，「科学－技術－技能」とこれを包みこむ「労働－教育－金融」からなる制度総体へと視野を広げる。それが「社会的イノベーション・生産システム」という概念である。この SSIPs は，それ自体一個のメゾ・システムでありつつも，同時にマクロ経済的パフォーマンスに強いかかわりをもつものであろう。いずれにしてもアマーブルは，賃労働関係を重視しつつフォーディズムを分析した第一世代を超えて，SSIP という新しい総合的概念を出発点にして，大競争時代に突入した 21 世紀資本主義の多様性へと切りこんでいくであろう（第 7 章参照）。一世代という時間の経過は，たしかにレギュラシオン理論を刷新しつつある。

レギュラシオン学派

　自分たちの定期刊行物をもつことが「学派」の最低限の条件だとしたら，レギュラシオニストが「レギュラシオン学派」となるためには，かなりの年数を要した。たしかに 1980 年代あたりまでは，レギュラシオニストは季刊誌『経済学批判』（*Critiques de l'économie politique*）に寄稿することも多かったが，そしてその編集委員としてなるほどボワイエやテレが参加していたのだが，これは固有にレギュラシオニストの雑誌ではない。しかもこの雑誌はやがて廃刊となる。

　そんななか 1988 年，バルセロナで「レギュラシオン理論国際シンポジウム」が開催され，主催者の予想をこえて世界各国から 500 人が参加した。固有のレギュラシオニスト以外に，さまざまな理論潮流からの参加者も多かったが，このことは当時すでにレギュラシオン理論が世界的に波及し，あるいは少なくとも世界的な関心を集めていたことを物語る。実際この頃には，レギュラシオン理論はフランス以外に，ヨーロッパ各国，アメリカ，南米，そして日本や韓国にも紹介されはじめ，少なからぬ賛同者を見出していた。レギュラシオン理論は国際的な潮流として事実上成立していたと見て差し支えない。

　そういった背景をもちつつ，ようやく 1991 年，『レギュラシオン・レター』（*La lettre de la régulation*）が発刊され，これが最初のレギュラシオン学派の定期

刊行物となった。定期刊行物といっても，毎号 4 〜 6 ページの学界ニュース的な性格のもので，短い研究ノートの他に研究会や文献の情報が提供されているにすぎない[4]。ようやく 1997 年，『レギュラシオン年報』（*L'Année de la régulation*）が発刊された。年 1 回刊ではあるが毎号 300 ページを超える大冊で，力のこもった本格的論文が満載される。レギュラシオン理論はここに名実ともにひとつ「学派」となった。

ところでこの『レギュラシオン年報』は，2003 年末に第 7 号を数えたところで休刊となった。この間組まれた主な特集は，「制度論的研究の実験場としてのヨーロッパ」（第 1 号），「国家と経済政策」（第 3 号），「年金基金と『ニュー・キャピタリズム』」（第 4 号），「資本主義の政治経済学」（第 6 号），「制度とその変化」（第 7 号）などであり，第 1 号には日本からも Ebizuka, Uemura and Isogai（1997）の寄稿がある。数年間の休刊後，2007 年より新しい雑誌としてインターネット上で『レギュラシオン・レヴュー』（*Revue de la régulation*）が配信されており[5]，その第 1 号には再び日本からも Uni（2007）が寄稿している。

他方，レギュラシオニスト自身によるこの理論の到達点と課題を検証する作業もはじまる。早くには 1986 年，ボワイエ（Boyer 1986a）によって反省と展望が示されていたことは先に述べたが，決定的に重要なのは 1995 年の『レギュラシオン理論──知の総覧』（Boyer et Saillard éds. 1995）である。これは生誕後 20 年という時点で，世界各国約 50 名の執筆者の協力をえて，50 余テーマをめぐって，その研究の現状と課題を総覧したものであり，いわばレギュラシオン的研究の百科事典的な集成である。全体は 6 部からなる。すなわち順に，レギュラシオン理論の源泉と展開，五つの制度諸形態（定義，歴史，1980 年代的変容），蓄積体制の定式化と調整様式（成長から危機へ，そして調整様式の変化へ），レギュラシオンの諸水準（地域，セクター，エコロジー，ヨーロッパ），国民的軌道（OECD，東側諸国，途上国），レギュラシオン理論の将来展望となっているが，これによってレギュラシオン的研究テーマの拡大と変化の姿が読みとれよう[6]。

その他，フランス内外で，さまざまな形でのレギュラシオン特集やレギュラシオン論文集には事欠かない。例えばイギリスでは，政治学者のボブ・ジェソッ

プが5巻本のレギュラシオン・アンソロジーを編んでいる（Jessop ed. 2001）[7]。またフランスでは早くに，大学生向けの経済学説史のテキストに「レギュラシオン学派」が登場した（Boillot et Baulant 1988）。レギュラシオン30年——この新しい経済学はたしかに広く認知され，現代経済学の一角に位置を占めることになった。

3　歴史的制度的マクロ経済学

資本主義と社会的調整

　レギュラシオン理論の生まれた背景が1970年代初頭における経済的混乱にあったことは，最初に述べた。この時代，戦後資本主義の黄金時代を領導したケインズ的経済運営がもはや通用しなくなったことを悟ったフランス官庁エコノミストたちは，その原因と処方箋を求めて各種の経済学を訪ね歩いた。しかし残念ながら，当時の新古典派経済学も，また当時のマルクス経済学も，かれらに満足な解答をあたえるものではなかった。ケインズ主義の挫折を前にして，アメリカでは新古典派が新しい衣装のもとに復活していたが，これはフランス・レギュラシオニストにとっては到底受け入れることのできない代物であった。また，マルクスその人には学ぶべきものがあったとしても，当時支配的な国家独占資本主義論や構造主義的マルクス主義に対しては，批判的な距離を保つほかなかった。問題は経済社会を見る基礎的な視点にかかわる。

　新古典派の方法論にあっては，あらゆる社会に先立つ普遍的経済主体として「個人」が想定され，しかもその個人は効用や利潤を最大化すべく，完全情報のもと「合理的」に行動するものとされ，そしてそうした諸行動の市場における総結果として，財の需給量と価格が同時決定されるような「均衡」が成立するとされる。経済活動はこの均衡に向かって収斂し，市場の安定がもたらされるとともに，そうした市場均衡は資源の効率的配分を保証するものだとされる。こうした均衡論的な経済観が一般に経済的現実とかけ離れているだけでなく，とりわけ1970年代の経済的激動を説明しうるものでなかったことは言うまでもない。

　この「均衡」論的視点と比べるとき，構造論的マルクス派が依拠していた「再生産」という経済社会観はまだ妥当性がある。経済は「均衡」に向かう運動な

どでなく，基本的に一定の構造が再生産されてゆく活動である。存在するものが存在しつづけていく活動であり，過去と類似の状態を生みだす活動である。そのことを押さえたうえで，しかしやはり指摘しなければならないのは，第一に，再生産の主張がともすると経済社会の統一性や不変性を強調するに終わって，そこでの対立や変化・動態に対して視野を閉ざしかねないという点である。第二に，そしてこれが重要であるが，経済社会の再生産は自動的に保証されるものではないということである。補足しておこう。

経済社会や資本主義は諸個人・諸団体の間の対立，闘争，矛盾，葛藤にみちており，だからこそ不可逆的に動いてゆく。そして，それら諸力がうまく方向づけられれば，資本主義は安定的に再生産されるし，そうでなければ不安定と危機に陥る。すなわち，対立しあっている諸力がうまく「調整」（レギュラシオン）されるならば安定的な再生産が保証され，資本主義は発展する。逆の場合には不安定化し停滞する。要するに，経済社会は「均衡」でなく「再生産」として捉えられるべきだが，その「再生産」のためには「調整」が必要なのである。しかもこの調整は，ケインジアンがもっぱら依拠する政府政策のレベルを超えて，もっと広く深く各種制度のレベルから問われねばならない。加えて調整の内実は万古不易ではありえず，国民的にも歴史的にも異なるのであり，したがって経済を見るとき時間的空間的な可変性という視点が重要となる。

1970年代的現実を前にして，また1970年代的な経済学への批判のなかから，これがレギュラシオニストたちの探り当てた基礎的視点であった。こうしたレギュラシオンという見方は，その後の現実のなかでも深まりこそすれ，後退することはない。アグリエッタはその古典的主著の増補新版へのあとがきにおいて，「資本主義とは，それ自身のうちにそれを調整（レギュラシオン）する原理をもたない変化させる力である。資本主義の調整原理は資本蓄積を進歩の方向に誘導する社会的諸媒介の一貫性のうちにある」（Aglietta 1976, nouvelle éd. de 1997：増補新版訳（27））と書いたが，この短い文章のなかには，まさにレギュラシオンという見方があらためて凝縮されている。

ポイントは「資本主義」と「社会的諸媒介」（さしあたり「社会」ないしは「社会的諸制度」と理解されたい）との対抗と拮抗にある。すなわち「資本主義」とは人類社会に不断の変革をもたらすものであり，まさに「変化させる力」そ

のものである。「資本」という原理がなかったなら、「社会」はたしかに安穏であったかもしれないが、同時に固陋と停滞にみちたものであったであろう。しかし逆に「資本」にすべて委ねればよいかというとそうではなく、資本それ自身は必ず暴走し、社会そのものを不安定化し解体してしまう。要するに資本は限りない「変化させる力」ではあるが、しかし自らの運動を「調整する原理をもたない」のである。ではその「調整する原理」はどこにあるかというと、資本や市場のうちにでなく「社会的諸媒介」すなわち「社会」「社会的諸制度」のうちにしかない。「社会」がうまく「資本」を調整することができるならば、「資本蓄積を進歩の方向に誘導する」ことが可能となる。

　さきに「再生産は調整されねばならない」と述べたが、換言すれば、このように「資本主義（市場）は社会の側から調整(レギュラシオン)されねばならない」のである。資本主義をこういう観点から見るところに、レギュラシオン的な見方の真髄がある。それは、市場経済や資本主義そのもののうちに均衡化力や自己調整力を見て、社会諸関係をすべて市場化していくことこそ正常な発展の道だとする新古典派経済学とは鋭く対立する。それはまた、商品生産や資本主義のうちに「無政府性」を見て、これを廃絶しなければ経済社会のまっとうな再生産はありえないと考えた従来のマルクス主義とも袂を分かつ。市場経済が「最適」をもたらすわけでもないし、資本なき社会が「自由の王国」となるわけでもない。必要なことは、資本主義を社会的に調整することである。資本主義は社会の側から飼いならされねばならないのである。

五つの基礎概念

　以上のような基本的な視点は基礎的な諸概念によって肉付けされる。正しく言いなおせば、レギュラシオン理論の基礎的諸概念は、フォーディズムやその危機の実際的な分析のなかから、あるいは近年のグローバリズム分析のなかから次第に練り上げられてきた。それゆえレギュラシオンの経済学は、最初に壮大なる理論体系があり、あとはその応用編だといった形をとらない。現実のリアルタイム分析に最大の関心があり、その際のいわば羅針盤として若干の基礎諸概念が漸次確定されてきたのである。ごくわずかな概念であるが、そこにはたしかに上記の基本視点が生かされており、またこれによってレギュラシオン

理論は「歴史的制度的マクロ経済学」(Billaudot 2001 の副題；他に Vidal 2001: 35; Boyer 2004b: 106) と形容されるにふさわしいものとなっている。

図表 3-1 を見ていただきたい。そこに太字で示した「制度諸形態」「蓄積体制（成長体制）」「調整様式」「発展様式（発展モデル，発展構造）」「危機」の五つが，レギュラシオン・アプローチにおける基礎諸概念である。資本主義を，もっと正確には各国各時代の経済社会を，そしてその構造と変容を，わずか五つの概念で捉えていこうというわけである。順に説明しよう（Boyer 1986a; 山田 1991, 1993）。

「制度諸形態」formes institutionnelles とは要するに「諸制度」のことである。諸制度を永遠不変のものとしてでなく，さまざまな形態をとりつつ変化するものとして理解するとき，制度諸形態と呼んでよかろう。論者によっては「構造諸形態」ともいう。経済社会の根幹はこのように各種の制度から成っているものと捉える。そして，そうした諸制度の一環として「市場」（といっても生産物市場，労働市場，株式市場，為替市場などさまざまである）も存在するのであり，新古典派のように市場のみを特権化するいわれはなかろう。さしあたり経済的に重要な制度領域（ドメイン）を分類すれば，図表中にあるように，賃労働関係（労働力の使用と再生産にかかわる諸関係），貨幣形態（通貨・金融をめぐる諸制度），

図表 3-1　レギュラシオンの基礎概念

制度諸形態	発展様式	マクロ経済的結果
賃労働関係 貨幣形態 競争形態 国家形態 国際体制とそれへの編入形態	蓄積体制 ↕ 調整様式	経済成長率 生産性上昇率 物価上昇率 利潤率 失業率 国際収支……

危機	循環性危機
	構造的危機

競争形態（企業間関係・市場構造・価格決定方式などをめぐる諸制度），国家形態（大きな政府，小さな政府，租税制度など），国際体制とそれへの編入形態（国際通貨体制，各国の対外開放度，産業特化，財・資本の輸出入構造など）の5領域を指摘できる。そしてこれら5領域にかかわって，各国各時代において実にさまざまな制度が枚挙されうるであろう。

　そうした諸制度のあり方はマクロ経済のパフォーマンスに影響をあたえる。マクロ・パフォーマンスは社会的制度のみによって規定されるわけではないが，しかし制度はその大きな規定要因である。例えば賃労働関係における労働編成制度のいかんは，各企業――ひいては一国――の生産性の大小を規定し，また賃金制度のいかんは消費需要の大きさを決定する。要するに諸制度のいかんは，生産性，賃金，利潤，投資，消費，雇用などのマクロ経済変数に影響をあたえる。また諸制度が相互にどのような配置にあるかによって，マクロ変数間の相互規定関係も変わってくる。例えば，ある制度配置のもとでは賃金は生産性に反応して変化するが，別の制度配置のもとでは賃金は雇用（労働需要）に応じて上下するというように，制度配置のいかんはマクロ経済的連関を左右する。そして，特定の経済社会に成立する特定の安定したマクロ的連関は「蓄積体制」régime d'accumulation ないし「成長体制」régime de croissance と概念化される。蓄積体制とは，資本主義がその矛盾や歪みを吸収しつつ特定の方向に回路づけていくマクロ的規則性の総体である。

　ところで，資本主義の矛盾や歪みは自動的に吸収されるのではない。再生産は調整されねばならず，資本主義は調整されねばならなかった。いまの文脈でいえば，蓄積体制は調整されねばならないのである。その調整を保証するものは再び制度諸形態のなかにある。すなわち，一国一時代に成立する諸制度総体は，諸個人の行動を制約すると同時に，他人の行動への予測と期待を生みだし，こうして社会のうちに一定の規範やルールをもたらす。制度諸形態はいわば「ゲームのルール」を生みだす。そして特定社会，特定時代に形成されるゲームのルールが蓄積体制と整合的でこれを支えるようなものであれば，経済社会は安定し，そうでなければ不安定化する。このように蓄積体制を支持し操縦するか否かという観点からみたゲームのルールは，「調整様式」mode de régulation と呼ばれる。

制度諸形態は一方に蓄積体制を生みだし，他方に調整様式を生みだす。一国一時代の経済社会は，特定の成長体制と特定の調整様式の組合せから成りたつ。そして経済社会の安定と成長は，蓄積体制と調整様式の整合性いかんにかかっている。蓄積体制と調整様式のこの総体を「発展様式」mode de développement と名づけて，これをレギュラシオンの基礎概念に数えいれることができよう。「発展モデル」「発展構造」と言いかえてもよい。そして，この発展様式の相違こそは各国各時代の資本主義の個性を形づくる。
　さて，蓄積体制として総括されるマクロ経済的構図は数量的・統計的な手続きをへて，経済成長率，生産性上昇率，失業率，物価上昇率，経常収支など，さまざまなマクロ経済パフォーマンスとして表現される（**図表 3-1** における「マクロ経済的結果」）。いわば経済の数字の世界であり，その数字は特定の蓄積体制（マクロ連関）の統計的総括である。このあたりは通例のマクロ経済学が好んで対象とする領域であり，レギュラシオン理論も然りである。その意味でレギュラシオン理論はマクロ経済学の一環をなすが，通例のマクロ経済学と異なるのは，それが成長体制の背後に調整様式を，さらには制度諸形態を見すえていることである。レギュラシオン理論は「制度」を重視するマクロ経済学なのである。
　レギュラシオンの最後の，そして第五の基礎概念は「危機」crise である。経済社会の何らかの不調であり不安定である。危機類型としては第一に，キチン循環（短期波動）やジュグラー循環（中期波動）の谷に相当するような小危機（循環性危機）がある。これが繰り返されることによって，たしかに当初の制度諸形態は少しずつ浸食され変形されていくであろうが，しかしこの循環性危機は，基本的には矛盾や不均衡を当該の調整様式の内部で解消する局面であって，むしろ当面の調整様式が順調に作用している証であると考えられる。レギュラシオンの観点からみて重要なのは，コンドラチェフ循環（長期波動）の谷にあたる大危機（構造的危機）である。この第二類型の危機は，従来の蓄積体制や調整様式によってはもはや経済社会の安定や発展を保証しえなくなり，大幅な制度変革が必要とされるような局面を意味する。制度変革を通して新しい蓄積体制，新しい調整様式が創出され，そして両者がうまく整合するならば，危機の時代を脱して再び新しい確固たる発展様式が形成されようが，そ

のようになる保証は何もない。かつて成長を誇った国も今日では衰退している例はいくらでもある。

歴史的には19世紀末大不況，1930年代恐慌，そして20世紀末不況などが構造的危機にあたる。20世紀末から21世紀初頭，「失われた10年（15年）」に苦しんだ日本も，この構造的危機のうちにあったのであろう。資本主義は構造的危機を契機として構造変化をとげ，その歴史的個性を変えてきたのであり，つまりは蓄積体制や調整様式を変えてきたのである。レギュラシオン理論は「危機」の概念を把持することによって，歴史に開かれた経済学となる。一般に経済学は，少なくとも理論的根幹においては非歴史的な体系に落ちつきがちであるが，レギュラシオン理論は「歴史」を重視するマクロ経済学であろうとする。要するにこの経済学は，以上の五つの基礎概念を堅持することによって独自な「歴史的制度的マクロ経済学」を目指すのである。

4 経済的社会的動態の時間的空間的可変性

説明が抽象的になった。次章のフォーディズム論でもっと具体的に述べる機会があろうが，ことは経済社会ないし資本主義を見るさいのレギュラシオン・アプローチの基礎諸概念，したがって基礎視点（コンセプション）にかかわる重要点なので，あえてここで比喩をつかって上記を補足しておこう。経済体を人体に喩えて，制度諸形態＝内臓，蓄積体制＝骨格，調整様式＝血肉，発展様式＝人体，危機＝病気と置いてみれば，わかりやすいのではなかろうか。

人体（経済社会）はさまざまな内臓（制度諸形態）から成っているが，その内臓全体の働きによって，一方では体の骨格（蓄積体制）が形成される。他方では，各種の内臓器官・組織によって生産された血液・ホルモンなどがあり（これをまとめて血肉と呼んでおく），これが時々刻々，骨格を支え，人体の機能を支える。骨格は血肉によって支えられてこそ存立する，と捉えるのがポイントであり，そうして存立する人体の各種測定値（体温，血圧，血糖値……）とは，経済でいえば各種のマクロ統計値（成長率，生産性上昇率，失業率……）に相当する。また人体（経済体）は病気（危機）をする。そのうち小病（小危機）はむしろ健康のバロメーターといった意味合いもあろうが，大病（大危機＝構造的危機）は人間（発展様式）の生死にかかわる。これを乗りこえるのに

失敗すれば死（経済衰退）が待ち受けており，うまく乗りこえれば再び健康（経済発展）になるであろうが，大病のあとというのは，得てして以前とは体質（蓄積体制や調整様式の型／発展様式の質）が変化するものだ。人間が人生の諸局面で変容していくように，経済社会ないし資本主義も危機をとおして構造変化をとげてゆく。それが歴史というものである。

　資本主義は社会的に調整されねばならない。この観点からの経済社会認識を実質化するために五つの基礎概念をおく。それが上来みてきたことだが，こうした基礎概念のうえに立って，レギュラシオン理論が照準を合わせるのは現代のリアルタイム分析である。その「現代」なるものは，当然ながら時代とともに変化してきた。かつてのフォーディズムの時代（1950〜60年代）からフォーディズム的危機の時代（1970〜80年代）へ，そして今日のいわゆるグローバリズムの時代（とりあえず1990年代以降としておく）へと，歴史的に変遷してきた。いや，資本主義は生まれた時からつねに時間的可変性とともにあった。加えて同じ時代にあっても，各国ごとの様相は想像以上に異なる。資本主義は時間的にのみならず空間的にも可変なのである。というわけでレギュラシオンの経済学は，「経済的社会的動態の時間的空間的可変性」をこそ，解くべき最大の「核心問題」にすえる（Boyer 1986a: 訳61）。要するに，資本主義ないし発展様式（成長体制／調整様式）の歴史的国民的多様性に強い関心をもつ。

　可変性とか多様性とか言っても，歴史や世界はアトランダムな発展諸様式の集合ではありえず，そこには自ずから一定の趨勢や傾向が見いだされる。19世紀以降の資本主義を支配的な発展様式の変遷として見れば，これまでに二つの安定した発展様式が検出される。第一は19世紀中葉の「イギリス型」ともいうべきそれであり，ここでは外延的蓄積体制（経済成長が主に資本・労働の量的拡大に依存する体制）が競争的調整様式（市場競争的賃金，企業間自由競争，金本位制，非介入的国家，植民地支配）によって支えられていた。第二は20世紀半ば，アメリカを筆頭に成立した「フォーディズム」であり，次章で見るように，内包的蓄積体制（大量生産－大量消費型の高い生産性上昇による体制）が管理された調整様式（生産性に比例した賃金，寡占競争，管理通貨制度，ケインズ的介入国家，IMF/GATT体制）によってうまく操縦され，史上まれにみる持続的かつ安定的な高度成長が実現した（山田1994）。

この間，20世紀前半は途中に1920年代の相対的安定期をもつとはいえ，大きくは第一次大戦，1930年代恐慌，第二次大戦に象徴されるように混乱と停滞の時期であった。そこでは新しい蓄積体制が生まれつつあったが，これを支えるべき新しい調整様式が不在であり，ついに安定した発展様式が形成されることはなかった。20世紀前半は，イギリス型からフォーディズムへの長い過渡期であったと見ることができよう。

　他方，フォーディズムは1970年代以降「危機」に陥ったが，爾後30有余年，21世紀初頭の今日，これに代わる新しい発展様式は生まれているのか。1990年代アメリカの「ニュー・エコノミー」的繁栄に刺激されて，新しい発展様式を金融主導の「資産資本主義」として捉えようとの試みもあるが，しかしそれはかつてのフォーディズムのような普遍性と世界的普及性をもっているわけでない。否，のちにレギュラシオニストは，フォーディズムが当初予想したほど一般的ではなかったことを思い知らされるが，そうした非一般化されたフォーディズムにくらべてさえ，資産資本主義の普遍性ははるかに小さい。たしかに「グローバリズム」の名のもと，アメリカによる金融自由化の圧力は各国で増大しているが，しかしそれは各国のアメリカ型発展モデルへの収斂を意味しないであろう。レギュラシオニストはむしろ，同一のグローバリズム的圧力が各国で異なる反応，異なるハイブリッド化を生みだしていることを発見しており，であるがゆえに今日，発展様式の歴史的変化の議論に加えて，その国民的多様性（空間的可変性）への視点が必要となる[8]。

　話がやや先走りすぎた。1990年代以降については，本書でもやがて真正面から論ずるつもりである。その前に次章で確認すべきはレギュラシオン理論の原点であり，理論生誕当時の現代資本主義分析である。フォーディズム論がそれである。

---

1) 慣用に従って「レギュラシオン理論」の語を用いることも多いが，むしろこの経済学を指す用語としては「レギュラシオン・アプローチ」の方が適切であろう。この経済学は抽象的な理論装置でもなければ，完成された堅固な経済学体系でもなく，むしろ経済社会を分析するための視角ないし接近法（アプローチ）であり，また研究プログラムであるからである。

2) SSA とは social structure of accumulation の略であり，日本では「社会的蓄積構造学派」ないし「蓄積の社会的構造」学派とも呼ばれている。大きくはアメリカ・ラディカル派の流れに属する。代表的著作として Gordon, Edwards and Reich (1982), Bowles, Gordon and Weisskopf (1983), Marglin and Schor eds. (1990), Bowles and Gintis (1998) などがある。
3) 他に日本の労働市場を専門とするセバスチャン・ルシュヴァリエ (Lechevalier 2002, 2007)，制度補完性と経済成長の関係を問うエッカール・エルンスト (Amable, Ernst et Palombarini 2002)，福祉国家論のドナテラ・ガッティ (Amable, Gatti and Schmacher 2006; Gatti and Glyn 2006) が注目されよう。
4) このニューズレターは原則としては季刊であり，第1号 (1991年11月) にはミシェル・ジュイヤールが，第2号 (1992年2月) にはリピエッツが，第3号 (1992年5月) にはアグリエッタが，それぞれ小文を寄せている。2007年5月時点で第57号を数え (その後休止しているようである)，現在は電子情報化されている。また最近では，英語版も *Issues in Regulation Theory* というタイトルのもとに編集され，これもインターネットでアクセスできる。フランス語版および英語版ともに，以下の注5に掲げる『レギュラシオン・レヴュー』のホームページからリンクされている。
5) http://regulation.revues.org/
6) 2002年，本書の新版が出版されたが，そこではボワイエが「1990年代の試練をへたレギュラシオン理論」と題する「あとがき」を寄せている。
7) 参考までに各巻のタイトルを挙げれば，第1巻から順に「パリ・レギュラシオン学派」「レギュラシオンの欧米的見方」「フォーディズム・ポストフォーディズムにかんするレギュラシオニストの見方」「各国別研究」「発展と拡張」となっている。各巻500ページ前後の大冊で，5巻合計で100篇近い論文を包括しているが，英語論文のみの集成であり，また編集面でも多分に疑念が残る。
8) 1995年，ボワイエはレギュラシオンの20年を振り返りつつ，レギュラシオニストの研究プログラムを「理論化せよ，定式化せよ，比較せよ，歴史化せよ」(théoriser, formalizer, comparer et historiciser) と要約した (Boyer et Saillard éds. 1995: 72)。とくに「比較せよ」は，当面の比較資本主義分析にかかわって興味あるところである。

第4章 フォーディズム型資本主義とその帰結
―― 方法としてのレギュラシオン理論 (2) ――

　前章ではレギュラシオン理論の生誕とその原点的認識について見たのだが，もちろんそれは理論のための理論でなく，現実に進行する経済社会の分析と不可分なものとしてあった。レギュラシオン理論は何よりも1970年代当時における現代資本主義論として生まれたのであり，そしてその現代資本主義論こそは「フォーディズム」論であった。それゆえ，フォーディズムを語ることなくレギュラシオンを語ることはできない。次章以降への方法的前提として，ここではそのフォーディズム論について確認しておきたい。

1　フォーディズムの持続的成長

大量生産－大量消費

　レギュラシオンの経済学は1970年代に生まれた。この時期，「資本主義の黄金時代」ともいわれた1950〜60年代の持続的発展が頓挫し，不安定と危機の時代に突入したことは衆目の一致するところであった。しかし経済学はといえば，新古典派は危機をもっぱら例外視し，逆にマルクス派は成長を例外視し，そしてケインズ派は戦後ケインズ政策の挫折を前にして沈黙するのみであった。フランス官庁エコノミストの挑戦は，そうした成長と危機をともども正面から分析しうる経済学を求めて始まった。そのなかからレギュラシオニストが到達した答えは「フォーディズムの成長と危機」という一句に要約される。そして「フォーディズム」の概念は，従来の「ケインズ主義」や「国家独占資本主義」の用語に代わって広範な支持を得ることとなり，戦後資本主義論を一新するとともに，レギュラシオン理論のトレードマークともなった。フォーディズム論こそはレギュラシオン理論の原点をなす。

　付言すれば，戦後的経済体制としての「フォーディズム」とはもちろん，あ

の自動車王ヘンリー・フォード（1863-1947年）に由来する用語である。そのフォード自身は戦後まもなく他界しており，戦後先進諸国の高度成長に立ち会っているわけでない。にもかかわらず，なぜ「フォーディズム」なのか。それは彼が，戦前，というよりも1910年代，フォード社経営で示した二つの先駆的試みによる。第一はいわゆるベルトコンベヤー方式による組立作業の導入であり，これによって「大量生産」が実現した。第二は日給5ドルという高賃金政策の実施であり，それによって自動車の「大量消費」への道を開こうとした。フォードのこの試みは，当時にあっては多くの障害があって全国的に普及することなく，あくまでフォード1社にとどまった。時をへだてて戦後の先進諸国で開花したマクロ経済体制は，後述するように大きくは「大量生産－大量消費」によって特徴づけられるのであり，この戦後体制に対して，かつてのフォードの先駆的な試みにちなんで「フォーディズム」という名をあたえるわけである。

　さて，レギュラシオン学派によれば，フォーディズム的発展の構図は**図表 4-1**に要約される。これはさきの**図表 3-1**（レギュラシオンの基礎概念）の形式に合わせた形で，フォーディズムの発展モデルを図式化したものである。戦後先進諸国の発展は，しばしば「大量生産－大量消費」「大衆消費社会」などとも形容されているが，レギュラシオン学派によれば，それは**図表 4-1**に「蓄積体制」として示したような独自なマクロ経済的構図が成立した結果であった。以下，この図を参照しつつ要点を説明しよう。

　すなわち生産性の上昇が何よりも実質賃金の上昇につながり，これが消費を刺激する（大量消費）。その消費に感応して投資が拡大する。いま簡単化のために，国民経済を製造業を中心にし，また政府部門や貿易部門を捨象して考察すれば，この消費と投資が総需要を構成する。その総需要に応じて生産がなされるとしよう。さて，投資がなされると通例，新しい優秀な機械設備が導入され，これは生産性の上昇につながる。また需要（市場）の拡大はそれ自身で生産性（分業）の拡大につながることはアダム・スミスの昔から知られていたが，近年ではこれはカルドアらによって「規模の経済性」「収穫逓増」の効果として強調された（Kaldor 1978: Ch.4）。需要の拡大はそれ自体で生産性の上昇につながるのである。その他，さまざまな技術革新ももちろん生産性上昇に寄与

図表 4-1　フォーディズムの発展様式

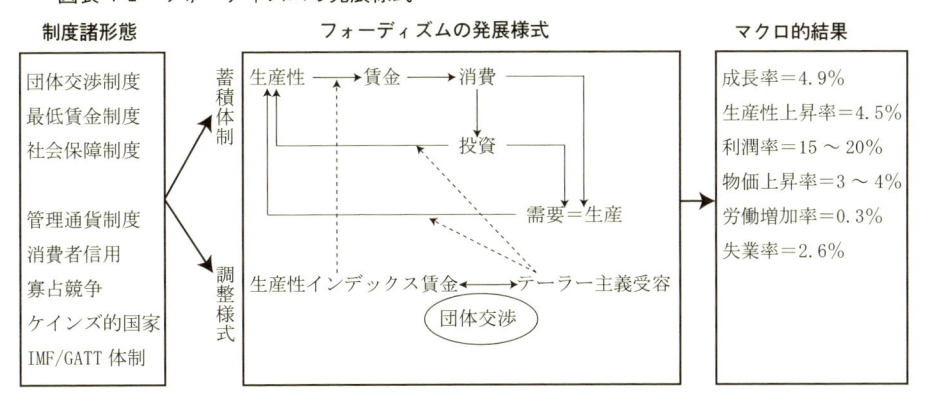

制度諸形態
- 団体交渉制度
- 最低賃金制度
- 社会保障制度

- 管理通貨制度
- 消費者信用
- 寡占競争
- ケインズ的国家
- IMF/GATT 体制

→ 蓄積体制
→ 調整様式

フォーディズムの発展様式

生産性 → 賃金 → 消費
　　　　　　　↓
　　　　　　　投資
　　　　　　　↑
　　　　　　需要＝生産
生産性インデックス賃金 ← → テーラー主義受容
　　　　　　（団体交渉）

マクロ的結果
- 成長率＝4.9%
- 生産性上昇率＝4.5%
- 利潤率＝15〜20%
- 物価上昇率＝3〜4%
- 労働増加率＝0.3%
- 失業率＝2.6%

した（大量生産）。

　19世紀や20世紀前半とくらべて何が特徴的かというと，第一に「生産性→（実質）賃金」の回路，すなわち生産性上昇に比例した賃金上昇が成立したことである。従来なら労働需要の大小が賃金の高低を左右していたのだが（市場的賃金），この時代，それがまったく消滅したということではないにしても，生産性にインデックス（連動，比例）して賃金が決定されるようなチャンネルが出現したのである（生産性インデックス賃金）。その背後には後述するように，戦後に独自な制度の形成があった（団体交渉制度，制度的賃金）。第二に「消費→投資」の回路である。投資が利潤や利子率にまったく感応しなくなったというわけではないが，消費や需要が投資を規定するという加速度原理型の投資関数が見られるようになったことも，この時代の特徴である。そして第三に「需要→生産性」の収穫逓増効果であるが，これは1960年代に強く作用したが，1970年代以降は低減したことが確認されている（Boyer and Petit 1991）。

　こうした独自なマクロ諸回路が成立することによって，全体としてはさきに見たように，一方，生産性上昇の成果が個人や企業に分配されつつ全経済に波及し，最終的に需要の増加（経済成長）へと連動していく。他方，高い経済成長はそのこと自体が高い生産性を確保させるが，これに投資や技術革新の効果が加わって，さらに高い生産性上昇をもたらす。要するに，生産性上昇と経済

4　フォーディズム型資本主義とその帰結　59

成長との間に，あるいは生産性分配メカニズムと生産性確保メカニズムとの間に，「累積的因果関係」cumulative causation が形成されたのであった[1]。事実，戦後期の GDP 成長率（4.9%）および労働生産性上昇率（4.5%）は，他の時期にくらべて格段に高い（Maddison 1991）。そのような累積的因果関係を内蔵した成長体制，——それがフォーディズムであったのであり，いうところの大量生産−大量消費もこうしたマクロ的蓄積体制に支えられていたのであった。

インデックス賃金−テーラー主義

さて問題はなぜこうした蓄積体制が成立したかである。その秘密こそ，戦後に独自な「制度諸形態」の形成であり，それゆえの新しい「調整様式」(レギュラシオン)の成立なのである(以下ふたたび図表4-1を参照)。すなわち賃労働関係にあっては，周知のとおり団体交渉制度 collective bargaining をはじめ，最低賃金制度や社会保障制度など，勤労者の所得上昇や分配の平等化をはかる諸制度の形成があったのであり，いわゆる福祉国家の形成があった。ほかに管理通貨制度・消費者信用制度（貨幣形態），寡占的大企業（競争形態），ケインズ主義国家（国家形態），IMF/GATT 体制（国際体制）など，各種の新しい制度が形成され，そのもとに新たな「ゲームのルール」が生まれた。グローバル金融の今日とちがって，戦後期は各国とも国内に安定した労使関係が確立することこそ最重要課題であったので，つまり賃労働関係が社会にとって最も重要な制度領域であったので，とりあえず賃労働関係にかんする制度にしぼって，フォーディズムのゲームのルールすなわち調整様式を問えば，以下のとおりである。

さきに「生産性インデックス賃金」について指摘したが，高い生産性上昇のもとでは，こうした賃金形成方式は高い賃金上昇をもたらす。事実，各国で労働者は戦後,団体交渉制度などを通して相対的な高賃金を獲得するようになる。そして高い生産性のゆえに，労働側に高賃金を支払っても，なおかつ経営側には相対的な高利潤が保証されたのであるが，それにしても生産性上昇益を経営側が独占していた戦前とくらべたら，これは経営側の譲歩である。だがしかし，この譲歩には対価があたえられた。労働者による「テーラー主義の受容」がそれである。すなわち，テーラー主義は労働から熟練・判断力・自主性を奪い，労働を単純単調な反復作業と化すものであるので，20世紀はじめ以来，労働

者の強い反対にあっていたが，戦後，労働者は経営側に譲歩し，テーラー主義を受容した。要するに戦後労使の間には，団体交渉などを通して「生産性インデックス賃金の提供 対 テーラー主義の受容」という妥協が成立し，これがゲームのルールとなったのである。

ひとたびこれが成立すると，インデックス賃金は「生産性→実質賃金」の回路を刺激し，消費の拡大を支えた。またテーラー主義の受容は，大量生産型機械（投資）の導入を促進し（「投資→生産性」），規模の経済性の効果（「需要→生産性」）をさらに高めた。要するに，賃金上昇 対 テーラー主義という労使の新しいゲームのルールは，フォーディズム的蓄積体制の回路を刺激し操縦するものとして作用したのであり，つまりはフォーディズムの調整様式をなしたのであった。フォーディズムは「大量生産－大量消費」の体制だといってよいが，それは「生産性インデックス賃金－テーラー主義受容」という調整様式によって媒介され誘導されたのだ，と理解することが肝心なのである。

以上のような成長体制（内包的蓄積体制）と調整様式（管理され制度化された調整様式）からなるものとして，レギュラシオン理論は戦後のフォーディズム的発展をモデル化した。そうした発展モデルのマクロ的統計的結果として，**図表 4-1** の「マクロ的結果」の欄に見るように，高度成長（1950～73年の先進諸国平均4.9%），高い生産性上昇（4.5%），安定的利潤（15～20%），低失業率（2.6%），マイルドなインフレ（3～4%）によって特徴づけられる四半世紀の持続的成長が実現し（Maddison 1991; Armstrong et al. 1991），そして人びとの生活スタイルや価値観が激変したのであった。このようにレギュラシオン学派は，市場経済の発展でもなく（新古典派批判），政府介入でもなく（ケインズ派批判），国家独占資本主義でもなくて（マルクス派批判），「フォーディズムの蓄積体制と調整様式」という視点から戦後的成長の構図を説得的に描き出したのであった。

以上がフォーディズムの構図であるが，見られるとおり，これは戦後先進資本主義諸国にほぼ共通する構図として描かれている。つまりフォーディズム論は多分に，この時代の資本主義を説明する「一般モデル」「標準モデル」として提起された。もちろん，アメリカや西ヨーロッパ諸国，さらに場合によっては日本を含めて，各国ごとの相違があることに鈍感であったわけではないが，

相違は相対的に小さなものとされた。正確にいえば，相違はせいぜいフォーディズムという同一モデル内の変種ないし各国別ブランドとして扱われ，モデルそのものの相違とは考えられていなかった。それがレギュラシオン理論の出発時点におけるフォーディズム論であった。

2　フォーディズムの構造的危機

さて，草創期のレギュラシオニストにとって喫緊の課題は，しかし，成長そのものでなく，眼前に進行する経済の変調や麻痺を説明することであった。成長経済の一時的攪乱（新古典派）とか，独占資本主義本来の停滞傾向（マルクス派）といった危機認識を疑問視するレギュラシオン派は，フォーディズムが限界に達したのだという観点を押し出した。成長を特権化するのでもなく，危機を特権化するのでもなく，成長と危機の交替という観点に立つレギュラシオン理論は，成長と危機を同一の理論装置で解明しようとする。すなわち，フォーディズム的成長は構造的な危機に転化したのであり，その現れが1970年代のニクソン・ショック，石油ショック，そしてスタグフレーションや国際経済摩擦の激化なのだという。それにしても，そういった諸現象の背後で何が起こったのか。

端的にいって，あの好循環の構図が崩壊したのである。第一に，テーラー主義による生産性上昇が限界に到達した。テーラー主義的原理をさらに推進することは，労働の細分化，断片化，無内容化をさらに推しすすめることになり，これは労働者の疲労を増大させ，労働意欲を減退させ，そして労働者の反抗を招来させる。事実，1960年代末，西欧諸国ではストライキが激増する。ここにテーラー主義はもはや労働者が受容するところではなくなった。加えてテーラー＝フォード的な少品種大量生産の技術をもってしては，多様化する消費嗜好やサービス需要に対応できなくなってきた。テーラー主義はもはや反生産性要因に転化したのであり，それとともに「投資→生産性」や「需要→生産性」といった生産性確保の回路が瓦解した。労働危機と生産性危機が生じたのである。

第二に，生産性インデックス賃金も審判に付された。フォーディズムの工業化が成功し，多数の農村労働力が都市に移住した結果，労働者は全面的・終身

的に資本主義のもとに編入された。このことは従来，大家族的・共同体的連帯によって担われていた養育・教育・介護などの福祉的諸活動が資本主義的に遂行されねばならなくなったことを意味する。それはさしあたり，労働者に間接賃金（社会保障的な諸手当）を支給する必要性を生みだす。他方，ケインズ的完全雇用政策が功を奏した結果，労働者の戦闘性が高まり，直接賃金の上昇圧力が増大した。フォーディズムの成功は，このように直接賃金と間接賃金の上昇を不可避とし，事実1960年代末，各国で「賃金爆発」と「利潤圧縮」が発生した。こうした分配危機を前にして，経営側は当然にも「賃金緊縮」へと舵を切る。すなわち団体交渉制度を解体し，生産性インデックス賃金を解体し，制度的賃金から市場的賃金へと転換させる。テーラー主義は労働者によって拒否され，生産性インデックス賃金は，そもそも生産性の鈍化が招来したことに加えて，経営者の側から拒否された。ここにフォーディズム的分配妥協は崩れ，「生産性→実質賃金」の回路は麻痺する。

　要するに，フォーディズムの蓄積体制と調整様式はともども崩壊した。フォーディズムの発展様式は，その成功ゆえに限界に到達し，瓦解したのである。1970～80年代の混乱は，このように，まさにフォーディズムの構造的危機の反映なのである。石油ショックは危機の倍加要因ではあっても，危機の根因ではない。したがってこの危機からの脱出路は，生命力ある新しい成長体制や調整様式を，要するに新しい発展モデルをいかに創出するかにかかっている。

3　アフター・フォーディズム

フォーディズムの世界的帰結

　「黄金時代」は資本主義を大きく転換させた。今日，われわれはそこからさらにひと回りした歴史時代に立ち会っているが，それにしても20世紀第3四半期のフォーディズムは，20世紀前半と21世紀を分かつ大きな分水嶺をなし，また21世紀資本主義の原点をなす。フォーディズムは，そしてフォーディズムの成長と危機は，先進諸国での国民生活を変えただけでなく，世界を大きく変容させたのであった。

　第一に，先進諸国のフォーディズム的成長は，「南」の世界からの安価な原材料やエネルギー資源の輸入を前提とするものであった。それは先進諸国民に

は賃金上昇と消費向上をもたらしたが，その裏で「南」は一次産品生産を強制され，バランスのとれた国民経済的発展を許されなかった。フォーディズムはそういった南北格差を前提とし，またそれに帰結するものであった。ようやく1970～80年代，フォーディズムの危機とともに「南」のなかから，輸出を起動力として国民経済的発展をとげる諸国が輩出してきた。NIES（新興工業経済地域）と呼ばれる諸地域がそれであり，東南アジアを筆頭に，中南米，南欧の諸国がこれに該当する。このうち少なからずの諸国はやがて失速することにもなったが，とにかくフォーディズムの危機とともに，工業化は世界各地に広がり，国際競争はいっそう激化することになった（Lipietz 1985）。

　第二に，フォーディズムの成功は，否むしろその後のフォーディズムの危機は，社会主義体制を崩壊させた。いわゆる社会主義の崩壊は，政治・社会・文化など多様な要因によって説明されるべきであろうが，当面の文脈から見るならば「賃金上昇なきテーラー主義」という問題が浮上してくる。資本主義の場合には，フォーディズム的労使妥協によって，労働者は非人間的なテーラー主義を受容したかわりに，生産性にインデックスされた形の賃金上昇を獲得し，これによって新しい消費財（自動車，住宅，家電）を購入しえた。しかしソビエト型社会にあっては，労働者はテーラー主義を受容したにもかかわらず，それは賃金上昇によって埋め合わされることがなかった。仮に賃金上昇があったとしても，生産財・軍需財生産を優先した経済体制のもとでは，購入すべき耐久消費財は存在しなかった。またテーラー主義を導入しても，「不足の経済」のもとでは円滑な資材調達がなされず，大量生産による生産性上昇が実現しなかった。要するにテーラー主義の導入は，大量生産にも大量消費にもつながらなかったのである（Chavance 1992）。

　それでも1950～60年代あたりまでは，労働・機械など要素投入の外延的拡大によってそれなりに成長したので，社会主義にも可能性があったかに思われたが，消費なきテーラー主義の矛盾はやがて爆発することになる。すなわち1970年代以降，先進資本主義のフォーディズム的危機，それゆえの国際競争の激化，そして産業構造の激変は，皮肉にも社会主義の方を直撃したのであって，以後「東」の経済体制は構造的危機を超えて最終的危機へと進み，崩壊した。資本主義の構造的危機は社会主義の最終的危機へと帰結したのであった。

第三に，フォーディズムは資源と環境の危機を招来した。大量生産－大量消費の成長体制は，たしかに先進諸国において国民生活を向上させ，絶対的貧困を激減させたのであるが，しかし大量生産は大量採掘・大量伐採を前提し，大量消費は大量浪費・大量廃棄を結果した。石油などの地球資源の問題や，二酸化炭素や環境ホルモンなど地球環境の問題など，フォーディズムは現在世代の「ゆたかさ」のために将来世代に多大なる負の遺産を残すことになった。環境問題はひとりフォーディズムに起因するわけではないであろうが，フォーディズムがこの問題を格段に深刻化させたのは間違いない。そしてその環境問題は，さきの南北問題と重なりつつ，21世紀世界最大の問題軸を形成していくことになる（Lipietz 1999）。

国民的軌道の分岐

　フォーディズムの世界的帰結を「南」「東」「地球」と見てきたが，まだ「西」と「北」が残っている。「西」という表現は今日ではもはや必ずしも適切でなくなったかもしれないが，いわゆる「西」でもあり「北」でもある先進資本主義諸国を問題としよう。いわば本来の――と想定された――フォーディズム諸国である。フォーディズムの危機の時代は，同時にフォーディズムの「後」を模索する各国の試行の交錯と衝突の時代でもあった。「アフター・フォーディズム」après-fordisme の時代といってもよかろう。

　「フォーディズムの成長と危機」の議論につづいてレギュラシオン学派が向かったのは，このアフター・フォーディズムの分析である。対象となる時期は1970年代後半から1990年あたりまでであるが，この研究に着手できたのはやや遅れて，ようやく1980年代末である。アフター・フォーディズム論はフォーディズム的危機論と同じ時代に関する分析であり，したがって危機を別の角度から分析することでもある。

　さて，危機を乗りこえるための各国の模索は経済の国際化を格段に進展させた。しかしレギュラシオン学派が発見したことは，国際化のなかで各国経済モデルの収斂が進んでいるのでなく，むしろ「国民的軌道の分岐」bifurcation of national trajectories が明瞭となったということである。フォーディズム時代以上に各国モデルの相違が顕在化し，いわば世界が多様化したのである。国際化

は均一化ではなく多様化をもたらした。フォーディズム時代が「一つのモデル，多数の国民的ブランド」と特徴づけられるとしたら，アフター・フォーディズムは「多数のモデル，多数の国民的軌道」の時代だ，とボワイエはいう（Boyer 1990）。「多様」「多数」といっても，この時代，レギュラシオニストはほぼ共通して四つの軌道（進路）を識別していた[2]。**図表 4-2** は，諸制度全般ではなくあくまで賃労働関係を中心にみているが，当時の分類を示すものである。

　図表に従って説明しておこう。最初の「分散型・逆コース型軌道」とは，とりわけアメリカ経済にあたえられた名称である。ここでは労働組合が弱体化して，賃金交渉は個別化すなわち分権化・分散化し，雇用は頻繁な離職・採用という形で外部的可動性のうちにあり，要するにすべてを市場に委ねている。企業や経済が景気変動に対して利用できる調節変数は，雇用（レイオフ）と賃金（フレキシビリティ）が基軸をなす。このモデルは景気変動や構造変化など，経済環境の変化に対して敏速に反応できる。そこは長所であるが，しかし他方，企業経営は長期的視野に欠け，従業員の技能教育は劣る。フォーディズムが制度化・賃金安定によって特徴づけられたとすれば，これはそこからの「逆コース」を歩んでいるといえよう。

　つぎに「ミクロ・コーポラティズム型軌道」と名づけられる日本の進路である。「ミクロ」とは企業単位という意味であり，「コーポラティズム」とはここでは労使協調のことといってよい。大企業中心にみた日本のことに限定されているが，労使が各企業単位でまとまり，労働者は異動・転勤・出向など内部的可動性に協力し，賃金は企業レベルで交渉され妥結する。経営環境の変化に対しては，すぐれて従業員の企業内移動，多能的技能，ボーナスを変数として対応する。賃金がボーナスによって調整できることや，プロダクト・イノベーションに強い点は長所をなす。逆に，長時間労働など労働強化を招きやすく，また大企業の周辺に広大に存在する中小・下請企業との間で，労働市場は分断されている。

　第三の方向性は「社会民主主義型軌道」であり，スウェーデンがその代表であろうが，**図表 4-2** ではドイツ（西）もこれに括られている。強い労働組合をもち，そのもとで全国規模なり部門別なり，集権的な労使交渉がなされて賃金・労働条件が決定される。しばしば政権につく社会民主党がこの交渉を支え

図表4-2 四つの国民的軌道

軌道	分散的・逆コース型軌道	ミクロ・コーポラティズム型軌道	社会民主主義型軌道	ハイブリッド型軌道
制度的特徴	・分権化 ・外部的可動性 ・市場の作用 ・組合組織率の低さ	・企業内妥協 ・内部的可動性 ・組合組織率の弱さ	・高度の集権化 ・地域・国家による可動性の援助 ・強い労働組合への多数の加入	・どちらかというと集権化 ・内部的可動性の弱さ／外部的可動性の強さ ・労働組合の伝統
調節変数	・レイオフ ・平均賃金の変化 ・賃金散布度の可変性 ・地域的可動性	・職務間の企業内移動 ・プロダクト・イノベーションの圧力 ・多能的熟練 ・ボーナスへの依拠	・産業再展開 ・賃金フレキシビリティの可能性 ・平坦な賃金構造 ・訓練	・人員削減 ・実質賃金の硬直性 ・賃金散布度の可変性は弱い ・若年層の失業
長 所	・景気後退への敏速な反応 ・構造変化への適応	・ボーナスによる短期的反応 ・生産性とプロダクト・イノベーションによる長期的反応	・平等的賃金の維持 ・完全雇用原則の確認	・福祉国家の維持 ・生産性の刺激
短 所	・訓練の不適切性 ・長期的投資の少なさ ・技術変化を抑圧する可能性	・労働強化 ・労働力の事実的分断（大企業／下請） ・労働集約的産業の限界	・資本—労働妥協への圧力 ・公共財政への圧力 ・平坦な賃金構造の労働インセンティブへの逆効果	・既就業者に有利な裁定 ・賃金—労働関係の解体 ・若年層の失業 ・労働力率の強制的低下
例	アメリカ	日本	スウェーデン オーストリア ドイツ（西）	フランス イタリア イギリス

出所：Boyer（1990：訳81）

る。スウェーデンでは平等度の高い連帯主義的賃金が産業構造の調整に一役かっている。高度な福祉国家や完全雇用原則はこのモデルの長所をなすが，逆に，過度に平坦な賃金構造は労働インセンティブを弱め，過度の福祉負担は資本の国外逃避を招きやすい。

　最後に「ハイブリッド型軌道」とは，文字どおり上記三つの混成モデルであり，とりわけ市場化（アメリカ型）と制度化（スウェーデン型）の混成モデルである。ここにはフランスやイタリア（そしてこの図表ではイギリス）が含められている。例えば労働組合は，アメリカ・日本ほど弱くないがスウェーデンほど強くなく，国家の役割はアメリカ・日本ほど小さくないがスウェーデンほど大きくない。実質賃金が硬直的で経済調節に困難をきたし，高い失業率に悩む。福祉国家はスウェーデンほどではないが，かなり発達している点は長所だが，弱点は若年層の高失業や，高年層が早期に年金生活を選ぶ（選ばされる）ことによって労働参加率が低いことである。

　以上のように，かつてのフォーディズム諸国（と，ひとまず言っておくが）は四つの軌道に分岐した，というのがアフター・フォーディズム論の要点である。四つの進路を腑分けした点で，これはたしかにレギュラシオン理論における比較資本主義分析の萌芽である。だがしかし，4軌道の命名の点でも方法論の点でも，未熟というほかない。「逆コース」の語には多分に価値判断が混入しているし，「ミクロ・コーポラティズム」はのちには「メゾ・コーポラティズム」と言い換えられていく。そもそも「ハイブリッド」などという名称も，扱いに困った残り物と告白するにひとしい。加えてこれは，多分に従来のフォーディズム論の延長上にある議論であり，依然として賃労働関係中心の視角に立っている。

　こうした限界を突破して，1990年代以降のグローバリズム時代の分析を，そしてそのなかで本格的な「さまざまな資本主義」論を展開していくためには，レギュラシオン理論の内部でいくつかの反省が必要とされた。それについては次節で見ることにして，ここで確認しておくべきは，以上にみるとおり，レギュラシオン理論出発当初の15年間の理論的営為，すなわちフォーディズム論からアフター・フォーディズム論までの原点的認識である。

4 レギュラシオン理論における方法的反省

マルクス派および新古典派への批判

　以上の原点的認識を確認したうえで，本来の課題である比較資本主義分析へと議論を移そう。レギュラシオン学派において資本主義の多様性は，直感的には比較的早い時期から認知されていた。例えばボワイエの編集になる『世紀末資本主義』は正確には「世紀末諸資本主義」であり，アメリカ，フランス，チリ，ベネズエラなど，「諸国民の万華鏡」(Boyer éd. 1986b: 訳14)を映し出そうとしていた。しかし，レギュラシオン理論出発の当初は，何といっても「フォーディズム」論がすべてであり，「賃労働関係」が最優先の分析事項であり，そして，そのフォーディズムこそ戦後の一般的・標準的モデルだと理解する傾向が強かった。したがってOECD諸国間の相違に関しては，同じフォーディズム・モデルのなかでの各国別変種ないし各国別ブランドとして処理される傾向にあった。例えばアメリカが「典型的フォーディズム」だとするなら，ドイツは「フレックス・フォーディズム」，フランスは「国家主導型フォーディズム」，日本は「ハイブリッド・フォーディズム」といった具合に，である (Boyer 1990: 訳38-9; 山田 1991: 129)。これは多様性論といっても，フォーディズム・モデルの枠内での多様性であり，いわば「収斂のなかの多様性」でしかなかった。

　この学派が資本主義多様性論を，つまり比較資本主義論を方法論的な基礎と一貫性をもって展開しえたのは，20世紀も末になってからのことである。時代はグローバリゼーションのもと，世界マネーフローが経済を大きく動かすようになっていた。この間レギュラシオニストは，他学派への批判と，自学派内での相互批判・反省のなかから，方法論的・理論的な基礎固めをしてきた。そうした努力のなかから，やっと今日，支配的経済学説による収斂論に対して確固たる批判を展開するまでになった。本節ではその経過を整理することによって，レギュラシオン理論の今日に接近しておきたい（以下，**図表4-3**参照）。

　1970年代，創生当初のフランス・レギュラシオン理論が戦後的成長とその挫折を「フォーディズムの成長と危機」として説明したことのうちには，新古典派，ケインズ派，マルクス派という当時の支配的経済諸学説への強い批判が

図表 4-3　レギュラシオン学派による方法視角の批判と革新——成果と問題点

批判点と革新点	方法的成果とその内容	新たな問題点
19 世紀の特権化の拒否 原点としてのフォーディズム	とりわけマルクス主義の文脈では，19 世紀イギリス資本主義は自由競争資本主義であり，資本主義の「正常」「純粋」な形態として特権的な位置を付与されていた。そして『資本論』はこれを写しとったものとして，資本主義の「一般理論」「原理論」を提供するものと考えられた。レギュラシオン学派は分析の出発点をフォーディズム（戦後アメリカ）に置くことによって，理論における 19 世紀の特権化から脱却。	19 世紀資本主義の代わりに 20 世紀中葉の**フォーディズムを一般化・標準化**する傾向。例えば各国の相違をフォーディズムの各国別変種と見たり，周辺部諸国にもフォーディズム概念を当てはめたりする傾向。
競争形態の特権化の拒否 賃労働関係視角の重視	上記の「19 世紀の特権化」論にあっては，資本主義の歴史的変化（段階移行）を分析する視角として競争形態（自由競争か独占か）を特権化していた。そこから自由競争→独占資本主義（→さらには国家独占資本主義）という歴史認識＝経済学体系の提示もなされた。レギュラシオン学派は競争形態視角を否定しないが，まずは賃労働関係視角（フォーディズム的労使妥協）を重視。	逆に時と所を問わず**賃労働関係視角を特権化**する傾向。それは同時に国際経済視角よりも国民経済視角を優先する傾向となる。この点はレギュラシオン理論創生以来，他の経済学からつねに批判されてきた点。
段階論の相対化 発展様式転換史観の提起	段階的高次化（矛盾激化）論や資本主義崩壊論を前提とした資本主義段階論（例えば競争→独占→国独資）を清算（ただし段階論そのものの完全拒否ではない）。循環性危機，構造的危機，最終的危機という形で危機類型を分類し，資本主義は構造的危機を通して発展様式を歴史的に変化させていくという「成長と危機の交替」，それを通しての「発展様式の転換」（成長体制転換，構造変化）という歴史観を提起。	成長と危機の交替，発展様式の転換を言うだけでは**歴史の大局的趨勢**は不明。人類史や資本主義史が大きくどういう方向に向かっているのかを，目的史観に陥ることなく説明する必要。
市場主導型資本主義の普遍モデル化と世界的収斂論の拒否 **資本主義多様性論の提起と分析**	とりわけグローバリズム時代以降，新古典派経済学の側から提起され各種国際機関や各国政府が信奉している市場主導型経済の効率性による市場型モデルへの世界的収斂という仮説を批判。市場主導型以外にも多様な資本主義類型が存在しており，それらは市場型に収斂していないことを指摘。	当初はアフター・フォーディズム期における「国民的軌道の分岐」論として提起されたが，この類型論は当初のフォーディズム標準化論と方法視角的に不整合。ボルボイズムやトヨティズムを再度，理想的一般モデル化する危険。
制度補完性論の批判的補完 **制度階層性とその逆転の視角**	比較制度分析（青木昌彦）の「制度補完性」概念の受容。しかし制度補完性は「**制度階層性**」に依存することを強調。フォーディズム時代の賃労働関係基軸からグローバル時代の国際・金融基軸への階層性の逆転。賃労働関係の特権化から脱却，国際経済分析の本格化。	グローバル時代における階層性の最上位にある制度は何かをめぐって**見解分裂**：国際関係（ボワイエ），金融（アグリエッタ），競争形態（プチ）。
制度補完性論の批判的補完 **SSIP 論の提起**	賃労働関係その他どれか単一の制度形態に分析視野を限定するのでなく，産業競争力を取りまく労働・金融・教育の補完的諸制度を社会的イノベーション・生産システム（SSIP）と概念化し，類型化の基準にする。	実証分析レベルではヨーロッパ分析は精密だが，**アジア分析が不十分**。
2 類型論と 1 国 1 類型論の両面拒否 **4 ～ 5 類型論の提起**	2 類型論は分かりやすいが粗雑，1 国 1 類型論は無数多様となり類型化とはいえない。レギュラシオン学派は理論と実証の両面から 4 ～ 5 類型論を提起。同時にフォーディズム標準化論から脱却。	類型化が**類型固定論・類型不変論**に陥らない保証は何か。類型論と歴史的趨勢論（段階論？）との関係を再度問う必要。

込められていた。このフォーディズム論はやがて，とりわけ日本におけるマルクス経済学への批判と革新を意味するものとして機能することになった。当時の日本のマルクス派現代資本主義論は，正統派による国家独占資本主義論であれ，宇野派による段階論・現状分析論であれ，ある特異な段階論的思考によって強烈に支配されていたのであり，レギュラシオン理論はこれに対する一定の解毒剤として作用した。とはいってもレギュラシオン理論自身，当初は多様性論や類型論を積極的に展開しえたわけでなく，また収斂性－多様性，段階－類型を整合的に論ずる確固たる方法論をもっていたわけでなく，他者批判はそのまま自己のうちに新たな問題点をかかえこむ結果ともなった。まずはマルクス派との確執を，「19世紀特権化の批判」「競争形態特権化の批判」「段階論の相対化」の3点にしぼって整理してみよう。

「19世紀の特権化」とは塩沢（1986）が宇野経済学の方法論を批判して命名した言葉であるが，この批判は宇野理論にかぎらず戦後日本のマルクス派一般に当てはまる。マルクス派はいう。資本主義の「正常」かつ「純粋」なあり方は19世紀イギリスの自由競争資本主義であり，資本主義の一般理論や原理論はここに立脚して構築されなければならない。マルクスの『資本論』は，そして『資本論』のみがそれを成しえているのであり，したがって現代資本主義論は『資本論』（ないしそれを改作した「経済原論」）を基準とし，『資本論』的な「正常」資本主義からの歪曲・不純化として，その意味で資本主義の末期化として展開されなければならない，と。ここには，資本主義の原理論は「19世紀」において1回のみ可能であるという，19世紀特権化の思考が見られるが，レギュラシオン理論は「20世紀」（戦後アメリカのフォーディズム）から出発することによって，事実上，19世紀特権化論から脱却した。もっともレギュラシオン学派は当初，米仏経済の分析に視野が限定されていてそれ以外の各国経済分析が手薄であったこともあって，そのフォーディズムを特権化するとまでは行かなくても，先述のようにこれを標準化し一般モデル化する傾向があったことは否めない（Boyer 2004a: 訳73）。

対象における19世紀の特権化は，分析視角における「競争形態の特権化」と連動している。「自由競争」こそ資本主義の「正常」な姿と見るので，資本主義の歴史的変化は必然的に「競争」か「独占」かという視角から捉えられる

ことになり，しかもその歴史的変化はすぐれて「発展段階」の差として理解されることになる。こうして資本主義の歴史は，自由競争段階→独占資本主義段階として構成され，これにさらに国家形態の視点が付加されて，独占資本主義段階→国家独占資本主義段階という段階論的歴史認識が完成する。レギュラシオン理論が示したことは，競争形態，国家形態の歴史的変化の重要性を否定しはしないものの，戦後期分析において最重要な視角は「賃労働関係」にこそあるということであった。ただし，賃労働関係がつねに／すでに基軸的位置にあるわけではないことは，現代におけるグローバル金融の支配が教えているとおりであるが，にもかかわらずレギュラシオン理論は長らく，賃労働関係と国民経済分析をいわば無条件に優先する視角から抜け出せなかった。

　上記のように，19世紀と競争形態（および国家形態）を特権化するマルクス派の議論を根底で支えていたのは，資本主義は20世紀とともに弁証法的に高次な——それゆえ末期的な——段階になり，あとには社会主義への転換と収斂しかないという信念であった。歴史の変化を一定の諸段階を踏んでいくものとする見方そのもの（段階論一般）はそれほど否定されるべきことではなかろうが，それが段階的に高次化し末期化するとか，まして段階的移行の果てに何ものかに収斂するとかいう発想（段階的高次化論）にはあまり根拠がない。レギュラシオン理論における資本主義の歴史は，より多く「発展様式（蓄積体制）の転換」ないし「構造変化」として概念化されることになる。転換や構造変化に際して決定的役割を果たすのは「構造的危機」であり，ひとつの生命力ある発展様式は持続的成長ののち構造的危機を経験しつつ，新しい発展様式へと交替していくと考えるわけである。ここには，収斂史観や目的史観から自由になったという利点があるとともに，単純平板な「転換」「交替」の奥にあるはずの歴史の大局的趨勢をどう説明するかという問題が残されることになった。

　以上，主としてマルクス派との対立点を見てきたが，レギュラシオン理論はもちろん，新古典派的収斂論に対する批判視点を堅持する。そもそも世界経済の「収斂」なるものは事実として存在するのか。生産性，生活水準，民主主義化，市場化，制度などの検討から，現実問題のレベルで収斂論を批判する。そのような研究のなかから，レギュラシオン理論の内外で，(1) 収斂か分岐かは対象とする国と時期の取り方いかんによる，(2) 世界全体が収斂傾向にある——

──まして最適解（ベスト・プラクティス）に収斂している──という根拠は存在しない，(3) グローバル化は必ずしも世界的収斂を意味しない，ということが解明されている (Boyer 1996c; Wade 1996; Guilpin 2000)。そしてそれ以上に，資本主義社会の定性分析を踏まえつつ，比較資本主義分析という分野を開拓してきたこと自体が，新古典派への何よりの批判をなす。

フォーディズムの非標準化

さて，今日のグローバリゼーション時代，支配的言説をなしている市場型資本主義の普遍モデル化とそれによる世界的収斂という議論に対して，レギュラシオン理論は，古くは「国民的軌道の分岐」論という形で（前節参照），最近では「資本主義の多様性」論という形で（第7章参照），精力的に批判を展開してきた。とはいってもレギュラシオン理論においてその批判は，必ずしも首尾一貫したロジックで終始していたわけでなく，試行錯誤，内部批判，そして自己反省を通して次第に形をなしてきたものであった。とりわけ2点をめぐる方法的反省が重要だ。

第一に，資本主義の国民的軌道論や多様性論を展開するのであれば，レギュラシオン理論の問題としては，かつてのフォーディズム標準化仮説との方法的整合性が問われなければならない。国民的軌道論は多分にこの点を不問に付したアドホックな議論であった。かつては「1モデル」だったが今や「多数モデル」になった，と急に言われても，にわかには信じがたい。しかしレギュラシオン学派内で，やがて日本分析を含む各国経済分析が進むとともに，レギュラシオン第一世代においても，フォーディズム・モデルの非普及性・非普遍性を認識するに至り，標準化仮説が相対化されることになる。例えばボワイエは，「他の諸国を対象にした研究がふえるにつれて，フォーディズムはごく少数の国を特徴づけるものでしかないということを認識せざるをえなくなった。……文字通りのフォーディズム・モデルは普及していないことが確認されねばならなかった」(Boyer 2004a: 訳73-4) と述懐して，フォーディズム・モデルの一般性という仮説を相対化するに至った。文字通りのフォーディズムは，先進諸国内でもごくごく限定された国でしか見られないことが判明したのである。

レギュラシオンも第二世代のアマーブルになると，批判はさらに手きびしい。

彼はボワイエら第一世代を「ヴィンテージ（熟成＝旧式）レギュラシオン」と名づけて，こう批判する。「1970年代後半のヴィンテージ・レギュラシオンは，発展した諸経済の間にありうる多様性に対してほとんど場所をあたえることなく，特定の歴史時代，すべての先進資本主義諸国に妥当するような一般的なパターンを発見することに多くの関心を寄せた。フォーディズム的調整様式はあらゆる——ないしほとんどの——発展した諸国に適用されるものとされ，これら諸国は——多かれ少なかれアメリカのパターンに従いつつ——同じ制度や組織諸形態を採用するものとされた」（Amable 2000: 665）。

「フォーディズム」の概念はいわば発見的装置として役立ったし，そういうものとして利用すればよいが，これを戦後先進諸国全体の説明概念にするには無理がある。一般的・標準的概念に祭り上げるには無理がある。そう言ったからといって，レギュラシオン理論を導いたフォーディズム概念の価値が損なわれることにはならない。こうして「フォーディズム」は非標準化され，非一般化されることになった。ということは，「一般的」「標準的」なフォーディズム・モデルに代わる新たな「一般的」「標準的」モデルは何か，という問いを立てないということであり，ここに多様性論への方法論的一歩が踏み出されることになる。ここに至って「フォーディズム」は，むしろその特定モデル性格を強調するために「フォーディズム型資本主義」と言いかえた方がよいのかもしれない。

制度階層性とその逆転

もう1点，方法的反省がある。「制度階層性とその逆転」という視点の導入である。1990年代に入ってグローバル経済の衝撃力が高まり，国際経済分析が急務となった。ここにレギュラシオン理論は，「制度階層性」institutional hierarchyという概念を設定し，同時代の制度諸形態のうちに支配的・上位的なものと従属的・下位的なものとを識別する。しかもその階層的序列は時代とともに逆転するという。具体的には，いわゆるフォーディズム時代には賃労働関係が支配的制度領域をなし，これに規定され，これと補完関係をなすものとして，競争形態，国家形態が，そして最下位に国際関係が成形されていった。これに対して今日では，国際関係や金融制度こそが上位に立ち，賃労働関係は

それに適応し従属する形でフレキシブル化への制度改変を迫られている。制度階層性が逆転したわけであり、その意味で今日の核心的制度領域は国際・金融面にあり、その分析こそが重要となる（この点、第5章で詳説する）。こうしてレギュラシオン理論は賃労働関係の特権化から脱し、現代の国際競争や国際金融を正面から論じうる地点に接近したのであるが、反面、現代における上位的制度は何かをめぐっては、レギュラシオニストの間で統一的理解が得られているわけでない（Amable 2000: 666-7）。

「制度階層性」という視点には、もうひとつの射程がある。周知のように制度経済学においては、比較制度分析の側から「制度補完性」institutional complementarity という概念が提起され（青木 1995）、レギュラシオン理論を含めて広くその有効性が認知されてきた。例えば日本の「終身雇用制度」と「メインバンク制度」の補完性など、よく引き合いに出される例である。これが示唆するのは、ある時は賃労働関係制度、また別の時には国際金融制度をというように、たんに単一の制度を分析すれば済むというのではなく、各種制度をその補完的総体のうちに分析しなければならないということである。そこから、制度諸形態を個別に俎上に乗せるのでなく、各国の産業競争力（イノベーション能力）に焦点を当てつつ、それを支える労働・金融・教育諸制度のセットを分析単位として概念化する道が開けてくる。それがアマーブルのいう「社会的イノベーション・生産システム」SSIPs であり、そうした制度集合の多様性を見ることによってはじめて、資本主義の多様性と類型化を理論と実証の両面から分析する基礎があたえられる（Amable, Barré et Boyer 1997; Amable 2003）。

ただし、レギュラシオン理論においては、制度補完性とはたんに「対等平等」な諸制度の補完関係を意味するのでなく、階層的に上位にある制度による下位的制度への支配的規定性として、その結果として成立する補完性として理解される。制度階層性こそが制度補完性を生み出すのである。しかもここに上位にある制度とは、時々の支配的な社会政治的勢力にとって死活を制するような制度である。制度は青木のいうようなゲーム論的な経済的均衡としてではなく、むしろ社会的・分配的コンフリクトをめぐる「政治的均衡」ないし政治的妥協の産物として存在する。階層性論は補完性論の原点であるだけでなく、制度形成の政治的性格を理解するための原点でもある（Amable 2003: Ch.2）。また、

効率性基準と最適化原理に立って制度的収斂を語るのが新古典派だとすれば，レギュラシオン派は政治妥協視点に立って制度的多様性を主張する。

　以上，レギュラシオン学派における資本主義の複数性認識は，マルクス主義が好んで採用した形における段階論を一度相対化することにはじまったのだが，しかし当初，フォーディズムを標準化し，フォーディズムの「次」なる一般的モデルを求めるという，ある種段階論的な痕跡を残していた。やがて新古典派的な「最適」への収斂論を批判すべく，そして各種資本主義の固有の整合性とそれゆえの持続性と多様性を強調すべく方法的反省をへて，多様性論の視角を強化してきたのであった。ただし，先取りしていえば，レギュラシオン理論の志向性を単純に段階論から多様性論へと要約してしまうとすれば，それは短見であろう。多様性や類型を認識しつつも，いかに新たな歴史認識を獲得するか。レギュラシオン理論が格闘している問題はそこにある。

1) 累積的因果関係については，生産性と成長とのそれに焦点を当てたカルドア型がよく知られているが，経済学史のなかでは「均衡」論にはおさまらない重要な経済的ロジックとして，G・ミュルダールやT・ヴェブレンなど，さまざまに指摘されているところである。この点，カルドア側からの接近として井上義朗（1999）が，ミュルダール側からのそれとして藤田菜々子（2003, 2004, 2007b）が，そして両者を検討したものとして宇仁（2008a），槙（2008）が参考になる。
2) 以下ではBoyer（1990）の4軌道論を紹介するが，同じような視角からする同じような4分類は，Aglietta et Brender（1984）の訳書に寄せられた「日本語版への序文」（1990年2月）にも見られる。

第5章 グローバリズムと金融主導型資本主義
―― 現代アメリカ経済論 ――

　以上で比較資本主義分析への準備は整った。これから，1990年代以降の現実を踏まえつつ，資本主義の多様性を検出していくことになる。その第一段階としてこの章では，1990年代以降の資本主義の変容をリードしたアメリカ経済に照準を合わせる。やがて見るようにアメリカは，他のアングロサクソン諸国とともに「市場主導型」「市場ベース型」あるいは「自由な市場経済」と特徴づけられる資本主義タイプに類別されるのであるが，しかしアメリカ1国を取り上げ，その主導産業ないし経済的起動力に焦点を合わせてこれを特徴づければ，「金融主導型」とよぶのが最もふさわしい。「資産的成長体制」「資産資本主義」といってもよい。「フォーディズム」的工業の母国アメリカは今では見る影もない。そして，いわゆる「グローバリゼーション」もこの金融主導型という資本主義類型と深く関係している。1990年代以降のアメリカは，市場主導型というベースのうえに金融主導型という独特の発展様式を確立して，グローバリズムを領導したのである。比較分析や類型化そのものに入る前に，この章では，こうした突出した位置にあるアメリカ経済の蓄積体制と調整様式を問うておかねばならない。それは同時に，残り世界は果たしてそのアメリカに収斂するか否かを裏から問うことでもある。

1　グローバリズムと新たな成長モデル

グローバリズムとは何か

　はじめに，グローバリズムとは何かについて簡単に整理しておく。また，このグローバリゼーションないしグローバル資本主義が，いかなる諸力によって推進されているかについても触れておきたい。なお，グローバリゼーションは，発展途上諸国を巻きこんだまさに全地球的な規模で展開している現象である

が，ここでは先進資本主義諸国の問題に限定する。

　グローバリズムとは何か，あるいは，何でないか。まずグローバリゼーションとは，たんにヒト，カネ，モノ，情報，さらには産業の国境を越えた迅速な移動を意味するのではない。それだけのことなら，移動スピードが急速に高まった点は新しいとしても，従来からの「国際化」internationalization——あるいは「多国籍化」multinationalization——と変わるところはない。せいぜい国際化の新段階といえば済む話である。またグローバリゼーションとは，そのまま「国家の撤退」でも「市場の支配」でもない。たしかにフォーディズム的な国民国家は変容を迫られているが，国家が消滅したわけでもないし，国家に代わって市場や企業が領土内の連帯（社会保障）や安全（防衛）を組織しているわけでもない。さらにまた決定的に重要な点だが，グローバリゼーションは各国経済のアメリカ型資本主義への一元化・均質化・収斂化を意味しない。各国が相互依存を強めるなか，むしろ各国諸制度の競合とハイブリッド化が進み，諸制度・諸組織の新たな多様性が創出されていると理解すべきであろう（Boyer et Souyri éds. 2001）。

　では，グローバリゼーションとは積極的に何であるか。それはこの十数年来，金融革新と情報技術に支えられてアメリカ資本主義が復活し，それによってアメリカ型（市場主導型ないし金融主導型）の資本主義の対外膨張圧力が増大したことを言う。アメリカは「自己の姿に似せて」世界をつくり変えようとしており，これによってフォーディズム期とは異なって，国際関係が国内的諸制度を規定し，またとりわけ金融のあり方が他の諸制度を規定するようになった点は新しい事態であり，これが現代のグローバル資本主義の大きな特徴である[1]。

　しかし注意すべきは，アメリカ的な金融主導型経済のグローバルな自己拡大圧力があるとはいえ，各国はアメリカ型へと一元的に収斂しているのでなく，むしろそうした圧力のもと，各国諸制度のハイブリッド化や新たな多様化・構造化が進んでいることである。いわばグローバリゼーション（金融を中心としたアメリカの対外的圧力）のもとで，世界の多様化と構造化が進んでいるのである。それが今日のグローバリズムである。

資本主義の変容と新たな成長諸モデル

　レギュラシオン・アプローチによれば，戦後先進諸国は1950～60年代，歴史上異例の高度成長をとげた。「フォーディズム」の概念はその成長体制の発見的装置として役立った。その核心を一言で要約すれば，テーラー主義受容－生産性インデックス賃金という労使妥協（調整様式）によって支えられた大量生産－大量消費のマクロ経済メカニズム（成長体制）ということになる。

　1970年代，そのフォーディズムが構造的な危機に陥ったが，この危機と模索のアフター・フォーディズム時代において，新たな成長を探りあてるべく，実践的にさまざまな萌芽的モデルが試行され，あるいはそれらが理論的に注目された。それらはいずれも，フォーディズム期以後の資本主義の何らかの変容を証し立てている。今日，グローバリゼーションの名のもと，金融主導型成長体制からの圧力が際立っているのは間違いないとしても，資本主義の変容の諸相をいま少し長く広くかつ深い視点で理解しようとするとき，アフター・フォーディズム期以降うまれつつある新たな成長諸モデルを総体として視野におさめておく必要がある。

　第一に「フレキシブル大量生産」。これはアフター・フォーディズム期の日本に典型的に見られた生産モデルであり，いわゆる「日本モデル」の枢軸をなす。このフレキシブル大量生産という方式は，成長体制としての輸出主導型，調整様式としての企業主義的レギュラシオンとセットをなして，石油ショック後の日本経済を躍進させた（くわしくは第9章参照）。フォーディズムを支えたIMF体制などの安定した国際環境が崩壊し，不確実で多様化した需要動向のもとで国際競争が激化した1970年代以降，古典的フォーディズムの単品種大量生産方式に代わって，多品種生産と大量生産を組み合わせ需要変動に有効に対応できるフレキシブル大量生産方式が注目をあびた。トヨタ方式はその代表であり，象徴である。

　折りから日本経済も自動車・機械輸出に牽引されて相対的な高成長を持続させ，これを支えるものとしての終身雇用，株式持合い，メインバンク制度など，いわゆる企業主義的レギュラシオンの「合理性」や効率性が，さらには問題点がさまざまに指摘された（Coriat 1991）。日本モデルは1990年代，バブル崩壊とその後の長期停滞によってモデルとしての魅力を失ったが，資本主義の変容

という観点から忘れてならないのは，フォーディズム的労働と対比した場合，QCサークルや提案制度であれ，あるいは「知的熟練」（小池1991）と呼ばれるものであれ[2]，相対的に脱テーラー主義の志向をもっていたことである。この点は同じ時期，やはり世界の注目をあびた北欧経済にも共通する傾向として注意しておきたい。

　第二に「サービス経済化」。フレキシブル大量生産と言っても，所詮は製造業内部にみられる変容である。しかしアメリカ経済を筆頭にして，第二次産業——しかも重厚長大型の産業——を中心としたフォーディズム型産業構造は，アフター・フォーディズム以降，第三次産業（サービス産業）へと傾斜しつつあることも事実である。

　もっともそうしたサービス化も，細かくみるとさまざまな留意点が必要である。例えば，(1) 部門別雇用量はともかく部門別産出量で見るとサービス化は必ずしも明確に読み取れない，(2) どの先進諸国でもアメリカなみにサービス化が観察されるわけでない，(3) サービス化は同じ一国でも直線的に進行するのでなくジグザグの過程をたどる，等々，いくつかの留保が付けられて然るべきであろう。また，これを「脱産業社会」post-industrial society の到来としてバラ色に描くか（Bell 1973），「脱工業化」de-industrialization として成長率低下や賃労働関係の不平等化と結びつけて論じるか（Rowthorn and Wells 1987; Petit 1988)，議論はさまざまでありうる（植村1991b; 原田1997）。そうした論点を含みつつも，サービス経済モデルのうちに資本主義の変容の問題として確認すべきは，消費におけるモノ離れ（対人サービス需要の拡大）であり，また企業向けサービスの発展であり，とくに企業向けの金融・会計・マーケティング・コンサルタントなど，知的サービスの躍進であろう。

　第三として「情報経済化」の流れも無視できない。とりわけ1980年代中葉以降のアメリカを先導役として，情報技術（IT）ないし情報通信技術（ICT）はハードとソフトの両面で急速な進歩をとげた。しばしばこれはIT革命と呼ばれ，第三次産業革命と呼ばれ，あるいは象徴的企業・商標の名をとってウィンテリズム（Windows + Intel）と呼ばれる。あるいはシリコンバレーやベンチャー企業が時代の顔となる。ただし，こうした情報化が経済社会にどれほどの成長や転換をもたらすか，論者によって評価はさまざまである。すなわち，

これをシュンペーター的な技術革新として第三次産業革命と捉える見解がある一方で，ITの成長効果や雇用効果はプラスではあってもそれほど大きくはないとする分析もある（Boyer et Didier éds. 1998）。

第四に挙げるべきは「知識経済化」の底流である。たんなる「情報」は知識の素材でしかないが，「知識」とは諸情報を概念化したものであり（Burton-Jones 1999），その知識が主役となる成長モデルが知識経済である。知識産業，知識社会，知識資本主義，知識ベース経済 knowledge-based economy といった表現も聞かれる。これもやはり1990年代以降のアメリカを筆頭として顕在化した動向であり，たんなる情報でなく，またたんなる労働でもなく，知識（人間的能力，アイデア，イノベーション）の創造・管理・利用を通して高付加価値の製品やサービスを生産し，それによって成長が主導される体制である。そこに含意されているのは，産業経済から知識経済へ，産業資本主義から知識資本主義へという歴史の転換であり，生産性と成長の源泉がたんなる土地・資本・労働から知識へと（Drucker 1993），あるいは天然資源から頭脳産業や技術戦略へと（Thurow 1996, 1999）移行していくという歴史の趨勢である。換言すればこの知識経済モデルは，投下労働であれ抽象的人間労働であれ，古典的な労働価値説が妥当する世界が後退して，知識こそが生産性と成長の最も重要な要因となる世界を言い当てており，これは先進資本主義諸国の大きな傾向性を探り当てている。本書後論においても「イノベーション能力」「イノベーション・システム」の問題として，これには注目を払うつもりである。

最後に第五の動きとして「金融経済化」ないし「金融主導化」を挙げておこう。金融はサービス産業の一環であろうが，金融主導型経済なるものはとても経済のサービス化といった枠組みにおさまらない。このモデルは，とりわけ1990年代以降のアメリカ（および若干の留保とともにイギリス）で顕在化してきた成長体制である。これら諸国では，1980年代以来の金融自由化や金融革新のうえに，1990年代になって金融資産の証券化，機関投資家の躍進，家計所得の金融化，国際的証券投資の伸長が顕著になってきた。こうした金融の新動向はIT革命と合体しつつ，金融が企業を統治し，株価がマクロ経済パフォーマンスを左右する成長体制を築きあげるにいたった。「ニュー・エコノミー」と言われる場合，そこには情報経済とならんでこうした金融主導化も含

意されていよう。そして銘記すべきことだが，この金融主導型モデルこそは，まさに今日のグローバリズムの推進的要因となっているのである。したがって，これについてはのちの第3節でくわしく検討したい。

以上，アフター・フォーディズムから21世紀にかけての新たな成長モデルに関して，五つのモデルにしぼって概観してきた。当面のグローバリズムという観点にとって重要なのは「金融主導型」モデルであるが，資本主義の現代的変容の分析や中長期的展望のためには，たんに金融主導型経済のみならず，これらすべてのモデルを視野に入れておくべきであろう。とりわけ第一から第四のモデルのうちに読み取るべきは，脱テーラー主義，知的サービス，情報化，知識化といった用語から推察されるとおり，モノからサービスへ，労働から情報・知識へ，物質中心から人間中心へといった歴史の底流である。金融主導型経済やグローバル資本主義といった華々しい表舞台の陰で，フォーディズム崩壊後の今日，こうした流れが着実に勢いを得ていることはあらかじめ十分に注目しておきたい。

2　即応型資本主義の優越

国民的軌道再論

さて，1980年代の先進諸国の世界を一瞥回顧してみよう。世に3極体制といわれるこの時代，しかし3極をなす米欧日ははげしい浮沈を経験した。すなわち，米英ではレーガン・サッチャー政権が成立し，新自由主義といわれる市場主義的改革や金融自由化が断行される一方で，アメリカの産業競争力は顕著に低下した（ただし90年代以降「ニュー・エコノミー」的復活をとげる）。逆に80年代の日本経済は輸出主導型成長によって「経済大国」に成りあがり，「日本モデル」が世界の注目と崇敬を集めたと思った途端，1990年代とともにバブル崩壊へとなだれこんでいった。スウェーデンなど北欧諸国は，社会民主主義的な政策のもと高い経済パフォーマンスをあげたのであるが，これも90年代に入るころ困難にぶつかった。フランスをはじめとする大陸ヨーロッパ諸国は，持続的高失業など，「ヨーロッパ硬化症」とも呼ばれる長期停滞に悩むなか，EUの市場統合や通貨統合に向けて地道な努力を重ねていた。

こうした状況を見すえつつ，レギュラシオン理論が定式化したのが「国民的

軌道の分岐」論であったことは,第4章第3節に述べた。すなわち代表的には,「分散的・逆コース型軌道」「社会民主主義型軌道」「ミクロ・コーポラティズム型軌道」「ハイブリッド型軌道」の四つを識別するものであった。これが賃労働関係を中心としており,多分に未熟さを残した議論であったことは,そのとき注意しておいた。そのうえでここでは,本節の主題たる「即応型資本主義」論へとつなげるべく,この国民的軌道論を再論することから始めたい。といっても同じことの反復にならないよう,少し角度を変えて敷衍する。

　第一は「分散的・逆コース型軌道」である。賃労働関係を中心にこれを特徴づければ,それはフォーディズム的労働編成（テーラー主義）を残しつつ,賃金形成においては生産性インデックスを解除して競争的賃金に復帰する道である。テーラー主義はいまやコンピューターの支援を受けるとはいえ,テーラー主義であるかぎりさほど生産性上昇には結びつかず,かわりに労働組合の解体,賃金・雇用のフレキシブル化など,賃金シェアの低下によって利潤を回復しようとする。低賃金であるとはいえ新たな雇用は創出される。しかし所得は不平等化し,社会的統合は解体されていく。米英など,新自由主義や市場主義を奉ずる諸国が辿った道である。フォーディズム的分配（インデックス賃金）なきフォーディズム的労働（テーラー主義）の道なので,これは「ネオ・フォーディズム」と言い換えうる。

　第二は「社会民主主義型軌道」すなわち北欧型の進路である。ドイツ（旧西独）も一面ではこれとの類似点をもつ。これはネオ・フォーディズムとは反対に,フォーディズム的な生産性分配は維持されるが,それは賃金上昇というよりも社会福祉（北欧）や労働時間短縮（ドイツ）という形をとる。労働においてテーラー主義を脱却しようとチーム労働などが導入され,また「労働の質」を改善し労働を人間化しようとする試みがなさる。職業訓練が重視され,また平等主義的賃金が導入される。社会的公正という面ではきわめてすぐれた軌道であるが,しかし企業にとっての重い税や社会保障の負担のゆえに資本の国外逃避を招き,さらには平等な賃金は労働インセンティブにマイナスの影響をあたえることになって,やがて困難に陥った。政治的には社会民主主義と,統治構造としてはマクロ・コーポラティズム（政労使間協議体制）とセットとなった道である。労働の人間化など,スウェーデンのボルボ自動車で先駆的な実験

がなされたことにちなんで,「ボルボイズム」と命名してもよい。

　第三に日本が辿った「ミクロ・コーポラティズム型軌道」をあげねばならない。これはかんばん方式などの導入によって多品種大量生産（フレキシブル大量生産）を実現して，フォーディズム的技術の隘路を突破するとともに，それによってもたらされた高い生産性を背景に自動車・機械などの輸出によって高い経済成長を達成した。不断に進行する生産現場での技術革新は労働者や関連企業によって受容される必要があるが，これは日本的労使関係（終身雇用，年功賃金など），長期継続的下請関係，メインバンク制度など，いわゆる企業主義的レギュラシオンによって保証された。賃労働関係の面でみれば，ボルボイズム的な中核労働者（脱テーラー主義労働，企業中心的ではあるが各種の生産性分配制度を享受）と，ネオ・フォーディズム的な周辺労働者（テーラー主義，フレキシブルな賃金・雇用）とに分断されている。経済全体の調整においては，市場でも国家でもなく，大企業単位の役割（ミクロ・コーポラティズム）や，もう少し広げて企業集団，系列関係，業界団体の役割（メゾ・コーポラティズム）が大きい（山田 1999; Boyer and Yamada eds. 2000）。日本の代表的自動車企業に名を借りて「トヨティズム」と呼びうる。

　最後に第四に「ハイブリッド型軌道」がある。これはフランスを典型とするが，西ヨーロッパ諸国にある程度共通する道であろう。賃労働関係でみるとき，テーラー主義はアメリカほどではないがけっこう残存し，また生産性分配（福祉）はスウェーデンほどではないがかなり高い水準を確保している。決定的な課題は高失業が持続していることであり，なかでも若年層の失業は社会的に深刻な問題となっている。とりわけフランスやイタリアでは，マクロ経済の調節や制度形成において国家（公的介入）のしめる位置が大きいので,「国家主導型」と呼ぶこともできる。ただし EU の結成など，国民国家の枠組みを超えた経済圏の形成に活路を求めているのも，この軌道である。

　さて，これら四つの代表的軌道を析出したうえで，1990 年代はじめのレギュラシオン理論は,「効率」にすぐれたトヨティズム,「公正」にすぐれたボルボイズム，そして両者の中間に位置するハイブリッド型という評価を下していた。裏からいえば，アメリカ型のネオ・フォーディズムは効率も公正も劣る軌道として，その将来的生命力にかんしては疑問符を付していた。しかしながら，

1990年代のその後の経過のなかで明らかとなったのは，アメリカ（およびイギリス）の復活——さらには「繁栄」——であり，日本および北欧の困難であった。すなわちレギュラシオン学派の予測ないし期待は外れたのである。ここにおいてレギュラシオン理論は新しい開眼を迫られる。

即応型資本主義

　1990年代のアメリカは，いつしか「ニュー・エコノミー」と呼ばれる経済的繁栄を謳歌するようになった。効率においても公正においても劣るアメリカ型の軌道がなぜ強い生命力を誇示しうるのか。逆に効率の日本型軌道や公正の北欧型軌道は，1980年代において高いパフォーマンスを示したとはいえ，90年代においてなぜ失速し危機に陥ったのか。これは従来のレギュラシオン的認識の枠組みでは説明不可能であった。ここにおいてレギュラシオン理論は，新たな脱皮を迫られる。それはやがて「金融主導型」資本主義論として答えを得ることになるが，そのためには二つの新しい理論的開拓が必要であった。即応型資本主義論と制度階層性論である。

　まず即応型論について検討しよう。これは，ある蓄積体制ないし成長体制の可能性や生命力を判断する基準としては，「動態的効率性」dynamic efficiency，「社会的公正」fairness or social justice だけでなく，そのほかに第三の要素として「短期的柔軟性ないし即応性」short term flexibility が存在するという認識である（**図表5-1**参照）。かつてのフォーディズム時代にあっては，IMF/GATT体制のもと，固定相場制度や低い貿易依存度に示されるように，安定した国際経済環境が形成されていたので，外的経済環境の変化に対する短期的な適応能力や柔軟性はそれほど重要な基準とはなりえず，もっぱら動態的効率と社会的公正が支配的基準をなしていた。そして効率面ではトヨティズム（企業主導型）が，公正面ではボルボイズム（社会民主主義型）が，両者の中間にハイブリッド型（国家主導型）が位置するという相違はあったものの，概して効率と公正を両立させつつよきマクロ・パフォーマンスを実現した。これに対してアメリカは，フォーディズムの母国ではあったものの，他の国民的軌道と比較するとき，効率も公正も劣る資本主義へと転落していった。

　しかし，フォーディズムが危機に陥った1970年代以降，国際競争はますま

図表 5-1 国際化圧力のもとでの資本主義の変容

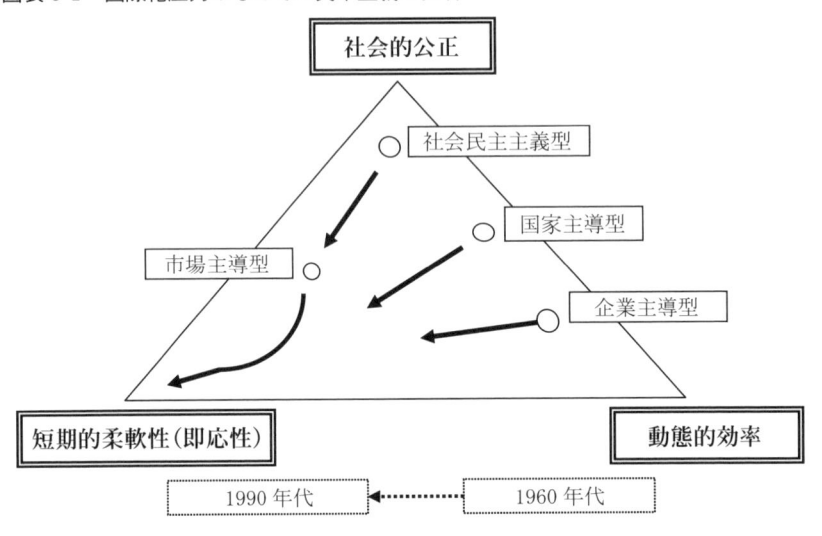

```
                      社会的公正
                         △
                        / \
                       /   \
                      / 社会民主主義型
                     /   ○
                    /     ↓
                   /       国家主導型
                  /   市場主導型  ○
                 /      ○    ↙
                /              企業主導型
               /          ←    ○
              /  ↙
             /_____
       短期的柔軟性(即応性)              動態的効率
              ├──1990年代 ◀┈┈┈ 1960年代──┤
```

出所:Boyer(1996b)適宜修正

す激化し,長期的世界不況のもと,世界経済はいよいよ不確実化し不安定化した。まして1990年代になると,情報技術が急速に発展し金融のグローバル化が進展し,経済環境の変化は急速化し,これに対する迅速な対応がさらにいっそう要請されることとなった。このような状況のもとでは,「効率」でも「公正」でもなく,環境変化に対する「即応性」(とくに国際的文脈への迅速な適応能力)こそがマクロ経済パフォーマンスを左右する決定的基準となる。それが1990年代以降の状況である。

　ここに即応性ないし短期的フレキシビリティとは,要するに国際経済動向や景気変動に敏感に反応して生産諸要素(資本,労働力)を調節し,流動化させうる能力である。「資本の流動化」とは,金融の自由化,投資の証券化,長期的投資の放棄など,要するに資本の自由移動を保証することである。「労働力の流動化」とは,労働者の自由な解雇,賃金の市場主義的決定,技能教育の放棄,労働者諸権利の制限などを意味する。さらに付言すれば,「産業構造の即応化」とでもいうべきものがあり,つまり一国が製造業よりも金融に特化すれ

ばするほど即応性は高まる。固定的資本をかかえる製造業は為替変動リスクにさらされやすいが，金融は素早い対応能力をもっているだけでなく，為替変動をも利得チャンスに変換できるからである。

　そうした即応性の高い資本主義とはアメリカ資本主義である。事実，アメリカ経済は効率も公正も劣っていたが，市場主導型という比較的即応性の高いシステムを基盤として，1990年代以降，情報（デファクト・スタンダードの確立）や金融（逃げ足の速い証券投資）といった即応型産業を中心に成長した。それがいうところの「ニュー・エコノミー」である。逆にヨーロッパや日本の資本主義は，製造業を基盤とし，また各種の妥協や合意のうえに「制度化された資本主義」（Crouch and Streeck eds. 1997: 訳 7-19）を形成してきたのであって，効率ないし公正においては優れていても短期的即応力に乏しく，いまや即応型資本主義の前に後退を余儀なくされた。

　このような現実をどう表現したらよいか。多分に価値判断が混入しているが，「悪貨が良貨を駆逐する」というグレシャムの法則にならって，「悪いレギュラシオンがよいレギュラシオンを駆逐する」（Boyer 1996b）とも，「悪い資本主義がよい資本主義を駆逐する」（Gray 1998: 訳 112）とも表現されている。いわばレギュラシオン版ないし資本主義版のグレシャム法則である。あるいはアルベールは，アリの将来設計よりもキリギリスの現在享楽が優位に立つという，現代資本主義のイソップ的逆説を嘆いていた（Albert 1991: 訳 184）。

　いずれにしてもグローバル資本主義の今日，効率や公正はもはや資本主義のマクロ・パフォーマンスを左右する決定的基準たりえず，即応性に席をゆずった。その即応型資本主義のトップを走るのがアメリカであることは言うまでもないが，この圧力を受けて他の諸国も即応型資本主義の諸要素をいくつか導入することを強いられている。それが新自由主義的ないし市場主義的な各種改革であり，「国家の撤退」といわれる現象である。金融自由化，規制緩和，民営化，賃金・雇用のフレキシブル化，福祉削減，機会の平等論，自己責任論などはこうした文脈のうちにある。

　最後にレギュラシオン理論の問題として再確認しておこう。この理論はここに，アフター・フォーディズムにおける国民的軌道の分岐といった当初の議論から一歩すすんで，1990年代の現実のなかで，即応型資本主義論ないし即応

性優越論ともいうべき現代資本主義認識に到達した。「強い」資本主義とは何か，その基準は歴史的にどう変遷したか。そういう問いへと至ったのである。それによってアメリカの復活と日欧経済の困難を説明することになった。そのなかで，従来の賃労働関係中心の視点を超えて，ひろく成長体制を支える3基準（効率，公正，即応性）という視点を開いたのであった。

国民的賃金本位制から国際的金融本位制へ

さてしかし，即応性が優越する時代になったと述べただけでは，現代資本主義を動かしている積極的モメントを取り出したことにならない。それだけではグローバリゼーションの動因は不明である。こうして1990年代末あたりから，レギュラシオン理論は「ニュー・エコノミー」のアメリカ経済の分析へと分け入り，そこから新たに「金融主導型成長体制」finance-led growth regime ないし「資産資本主義」capitalisme patrimonial を主題化するにいたった（Aglietta 1998; Boyer 2000b）。その内容については次節でくわしく立ち入る。

いまここで確認しておくべきは，この金融主導型論の提起は，レギュラシオン理論において重大な方法論的反省ないし自己批判と不可分であったということである。「賃労働関係」「国民経済」を中心に分析してきたレギュラシオン理論は，なぜ，いかにして「金融」「国際経済」を前面に出すにいたったか。答えは制度諸形態の階層性，階層的序列の可変性，および制度論における政治的契機の重要性という新たな視点の開拓にある。前章第4節でも一部ふれたが，ここにあらためて正面から確認しておく。

第一に制度諸形態の階層性について。特定の資本主義社会を構成する諸制度は，それぞれが無関係かつ独立に存在するものでなく，相互補完性ないし構造的両立性をもつものであることは，近年の経済学において広く解明されてきた（Aoki 1988, 2001; 青木 1995; 青木／奥野編 1996; 植村／磯谷／海老塚 1998）。この点は「制度補完性」institutional complementarity の語とともに周知のことであろう。しかし近年のレギュラシオン学派は，そうした制度の補完性はじつは制度の「階層性」hierarchy と不可分であることを明らかにした。むしろ，諸制度間には階層性があるからこそ補完性も生まれるのである。すなわち特定の資本主義社会を構成する諸制度の間には，ある領域の制度が支配的・主導的

な位置につき，これが自らのロジックを他の諸領域に及ぼし，そして後者は前者に支配され従属し規定される形で自らの制度を形成するにいたる。その際，階層的に下位の制度が上位の制度と必ず整合的に形成されるという絶対的保証はないが，かりに整合性が確保されれば諸制度は相互補完的かつ首尾一貫したものとなり，経済全体もうまく調整されることになる（Boyer 1999a）。

　第二に階層的序列の可変性について言えば，支配的・主導的な制度は各国各時代において異なりうるということである。つまり制度の階層的序列は時間的空間的に可変的なのである。同じ領域の制度でも，ある時代には従属変数であったり，所与の前提として定数項の位置にあったとしても，別の時代には独立変数となることがある。資本主義の歴史をやや長期の眼で観察し，その眼でグローバル資本主義への転換を首尾一貫した形で説明しようとするとき，こうした方法論的認識が不可欠となる。

　第三に，制度階層性は単純に「経済」のロジックなるものに従って，いわば「自動的」に逆転するものではない。レギュラシオン派は以前から，制度を「制度化された妥協」として把握していたことに示されるように，制度の形成や変化は多分に階層間・集団間のコンフリクトをめぐる「政治」と不可分だと理解していた。例えばアマーブルは，制度をすぐれて「政治的均衡」とみる。ということは，制度変化の裏には政治的諸勢力間の力関係や同盟関係の変化が存在するということであり，制度階層性の逆転の背後に，支配的な社会政治ブロックの組替えが存在するということである。支配的な社会政治ブロックが決定的に重視する制度が，階層的上位の制度となるであろう（Amable 2003: Ch.2）。

　具体的に語った方がよかろう。かつてのフォーディズム型資本主義にあっては，各国ごとの賃労働関係（生産性成果をめぐる労使妥協）こそが支配的制度をなし，それに規定されて競争形態（マークアップ原理の寡占競争）や国家形態（ケインズ＝ベバリッジ型国家）が造形された。さらに，それらを保証する形で貨幣金融政策（管理通貨制やマイルド・インフレ）が実施され，また国際体制（固定相場制と低い輸出依存度）は安定的な国際秩序を提供していた。要するにこの時代，先進諸国において諸制度は，賃労働関係を支配項として，賃労働関係→競争関係／国家形態／金融制度→国際体制といった階層的序列のうちにあったのである。いわば国民的賃金本位制である。

しかし1990年代以降，こうした序列は逆転した。為替レート，国際収支，国債格付け，政情の諸変化など，国際経済環境変化への敏速な対応能力こそが決定的位置をしめるようになり，その能力いかんが各国のマクロ経済パフォーマンスを左右するようになった。いわゆる即応型資本主義こそが「強い」資本主義であることを実証するようになった。国際金融市場を中心とした国際体制こそが支配項の位置を獲得し，これに迅速に反応するために競争形態（低価格競争），金融制度（金融自由化・金融革新），そして国家形態（国際競争力形成と福祉削減）が改変され，こうして最終的に賃労働関係は，制度化されたそれから市場主義的改革（賃金・雇用のフレキシブル化）のもとに置かれた。いまや制度のヒエラルキーは，国際体制→競争関係／金融制度／国家形態→賃労働関係へと逆転した。国際的金融本位制と言えよう。

要するに，フォーディズムにあっては「労働→金融／国際」としてあった階層性は，グローバル資本主義の今日，「国際／金融→労働」へと転回した。独立変数は労働から国際／金融へ，従属変数は国際／金融から労働へと推移した。あるいはこれを宮本光晴（2000）にならって，金融に対する産業の優位，経営に対する労働の優位の経営者資本主義から，産業に対する金融の優位，労働に対する経営の優位のグローバル資本主義への転換として表現することもできる。社会政治的ブロックの問題としていえば，かつては労働－経営の同盟が支配的ブロックをなしていたが，これが解体して金融－経営のブロックが支配的位置についたということである。労働－経営ブロックにとって階層的上位の制度領域は賃労働関係であったが，経営－金融ブロックにとっては金融制度（しかも国際レベルのそれ）である。

こうした認識は，レギュラシオン理論のこれまでの方法論へのある種の反省を含む。あるいは従来のレギュラシオン的議論を，新しい一般化された方法論の立場から相対化することを含む。すなわち，フォーディズム分析とともに生誕したレギュラシオン・アプローチは，アグリエッタの古典的著作（Aglietta 1976）やボワイエの基礎理論的著作（Boyer 1986a）にみるように，五つの制度諸形態のうち賃労働関係を最も基礎的ないし重要なものとして位置づけていた。しかし，いまや明らかになったのは，賃労働関係の基軸的重要性はフォーディズム分析においては妥当するとしても，それは時と所を問わず妥当する方

法論ではないということである。つまりここに, レギュラシオンといえば賃労働関係と言わんばかりの旧来の観点（それは19世紀資本主義論としての競争的調整様式論や, 初期アフター・フォーディズム論における国民的軌道論にも多分に投影されていた）を相対化することになったのである。逆に, フォーディズム論においてなぜ賃労働関係論が重視されたかといえば, それはマルクス的な資本－賃労働の観点の超時代的な普遍妥当性のゆえでなく,「戦後」という時代的特質（労使の国民的合意が決定的課題であった時代）のゆえであったということである。

3　金融主導型資本主義

経済の金融化

グローバリゼーションを突き動かしている起動力は, アメリカで新たに形成されてきた金融主導型の成長体制（蓄積体制）にある。この成長体制の持続性, 安定性, 普遍性については疑問が多いが, 日欧経済を含む世界各国がこの成長体制からの圧力を受けて何らかの変革を迫られていることも事実である。今日における資本主義の変容という問題をヘゲモニー国の資本主義で見るかぎり, フォーディズムから「金融主導型成長体制」finance-led growth regime への転換として捉えることができる。以下にこの新しい資本主義について, 簡潔な素描をしておきたい。

コンドラチェフ下降波にも喩えられる1970年代以降の長い不況局面のなかで, 産業的投資のチャンスを失って過剰となった資金は金融の部面へと押し寄せた。1980年代以来, 各種の金融自由化や金融革新がなされたが, それはまさにこの過剰流動性に活路をあたえるための方策であった。その帰結として経済の金融化, 資産バブルの頻発, そして経済の不安定化が生じたが（金子 1999, 2002）, この過程を通して「金融」の領域は大きな革新がなされ, それによってとりわけ基軸通貨国においては, 金融が主導的役割をになう経済が出現した[3]。金融革新と経済金融化の主要点をピックアップしておこう。

第一は「金融資産の証券化」である。金融資産を大きく証券と貨幣・預金に分けるとき, 株式など証券の割合は, アメリカを筆頭に先進諸国で大きく伸びた。例えばフランスにおいてさえ, 預金：証券の比率は1980年代の6:4から

90年代の3:7へと逆転した（Orléan 1999: 訳254）。いわば貯蓄形態の株式化が進んだのである。

　第二に「機関投資家の躍進」とりわけ「年金基金の躍進」が挙げられる。この50年間，株主構成に占める個人投資家の比率は一貫して減少しつづけ，代わりに年金基金，投資信託，生命保険など機関投資家の比率が上昇した。機関投資家のなかでは年金基金の比重が高まり，アメリカではその半分が年金基金によって占められるにいたった（Orléan 1999: 訳228）。対応して家計総金融資産中の機関投資家が運用する部分の割合も，アメリカ・イギリスでは約50%に達している（Aglietta 2000b: 154）。

　第三は「家計所得の金融化」と呼ばれる動きである。可処分所得中に占めるキャピタルゲインの割合は，1990年代後半のアメリカで約35%となった。これは大雑把にいって，家計所得の3分の1が金融所得，残り3分の2が賃金所得だということであり，家計はいまやたんに賃金所得のみでなく，相当部分を金融所得に依存しているということを意味する（Boyer 2000a: Tableau 1）。この数字は，2000年代に入ってからのアメリカ株価暴落によって割り引いて考える必要があるとしても，ドイツ（7%），フランス（5%），日本（-7%）の数字とくらべて，家計をも巻きこんだ経済の金融化においてアメリカ経済（35%）が突出していることを示す（イギリスは15%）。また，アメリカの株価バブルが頂点に達した1999年の数字によれば，平均家計の持株時価総額は可処分所得の約1.5倍に達した（Dore 2000b: 訳255）。

　第四に「国際的証券投資の拡大」である。OECD諸国で見るとき，1980年代に活発化した直接投資は1990年代になって激減し，代わって90年代には国際規模の証券投資が飛躍的に伸長した（ボワイエ 1998: 39）。IT革命，金融自由化，金融新商品の開発，国際的規模での各種金融市場の発展などがこの伸長に寄与した。直接投資にくらべて証券投資はきわめて敏速かつ即応的な行動が可能であり，加えて証券トレーダーたちの付和雷同的な模倣主義や目先利益優先の短期主義によって，経済のボラティリティ（変動性）が高まり，国際的に金融危機が頻発し，経済が不安定化した（Orléan 1999: Ch.2）。

金融主導型の成長体制

　グローバリズムの根底にはアメリカにおける金融主導型経済の成立がある。これはそのまま他国に輸出しうる普遍性をもたないし，アメリカ自身においてすらどれほどの持続性や安定性があるか疑問である。しかし，1990年代以降のアメリカ経済を，フォーディズムとかネオ・フォーディズムとか呼ぶことはもはや不可能であり，どれほど不安定かつ非普遍的であろうと，金融主導型とでも呼びうる経済の成立を確認しておくべきであろう。ヘゲモニー国の発展様式で見るかぎり，フォーディズムはここに金融主導型資本主義ないし資産資本主義へと転換したのである。問題は，これがいかなるマクロ回路と調整様式によって特徴づけられているかである。

　マクロ回路の構図に関しては，フランス・レギュラシオニストの側からいくつかの概念図が提起されている。**図表5-2**はアグリエッタによるもの（Aglietta 1998）[4]，**図表5-3**はボワイエによるもの（Boyer 2000b: 117）である。少々複雑で分かりづらいが，両図にほぼ共通して見られる回路としては，(1) 株式配当→株価→信用→消費，(2) 生産（＝需要）→利潤→株式配当→株価，(3) 生産（＝需要）→雇用→消費がある。「投資」に関してはアグリエッタとボワイエで力点が異なっており，アグリエッタは 組織革新投資→生産コスト低減→財価格低下→消費 といった経路を重視しており（安孫子 2002），ボワイエは 金融ノルムの普及→慎重な投資管理→生産 の因果系列を見ている。ボワイエはさらにくわしい概念図を掲げているが（ibid.: 119），そこでは投資の規定要因として，株価，金融界からの要求収益率（金融ノルム），消費，税制が挙げられている。さらにボワイエは，この成長体制に関するマクロ方程式体系も提示しているが（ibid.: 122），そこでは投資は「収益性 マイナス 金融ノルム」と「需要増加」の関数として示されている。ほかに投資決定における「トービンのq」（企業の株式市場価値をその財市場価値で除した商）の効果にも言及されており，株価上昇が投資を刺激する経路に注意が払われている。

　以上を勘案しつつ，またフォーディズムの回路との対比を明確にしつつ，かれらの概念図を最大限に簡略化して金融主導型資本主義のマクロ的成長回路を描いてみると，**図表5-4**になる。ここでは回路の決定的起動力は「株価」（広くは資産価格）の上昇にある。株価の上昇は直接には機関投資家の，それを通

図表 5-2　資産的成長体制

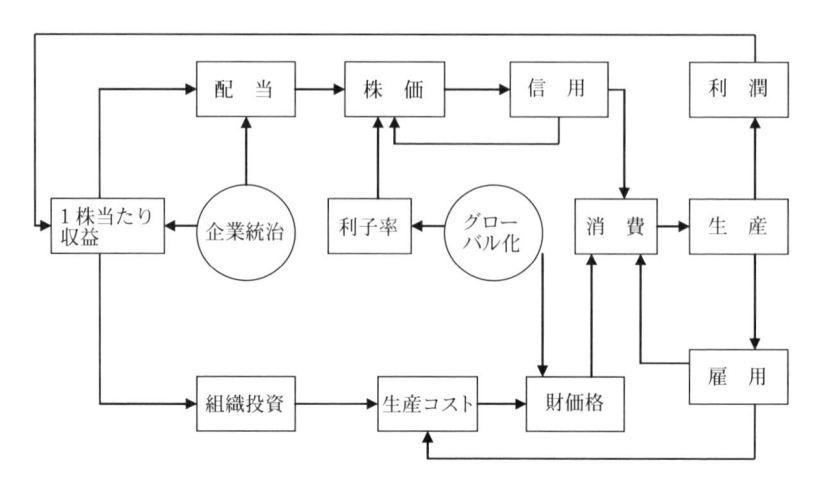

出所：Aglietta (1998)

図表 5-3　金融主導型成長体制とその制度的条件

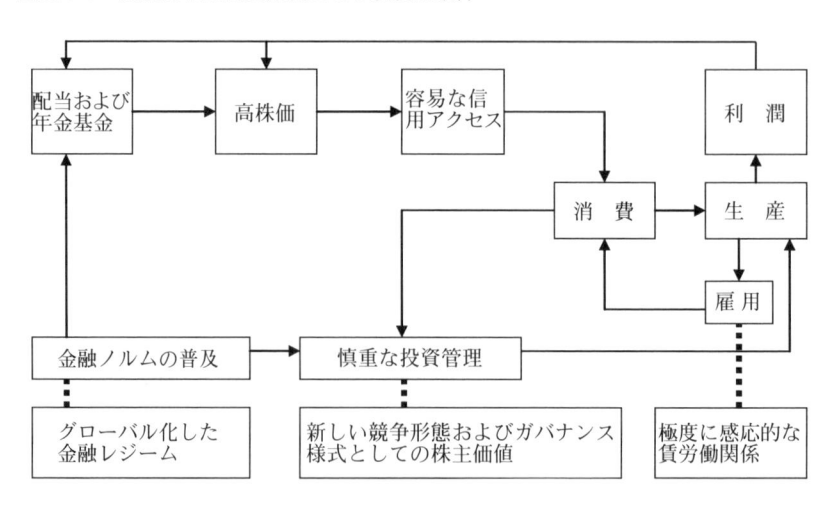

出所：Boyer (2000b: 117)

図表 5-4　金融主導型成長体制──フォーディズムとの比較において

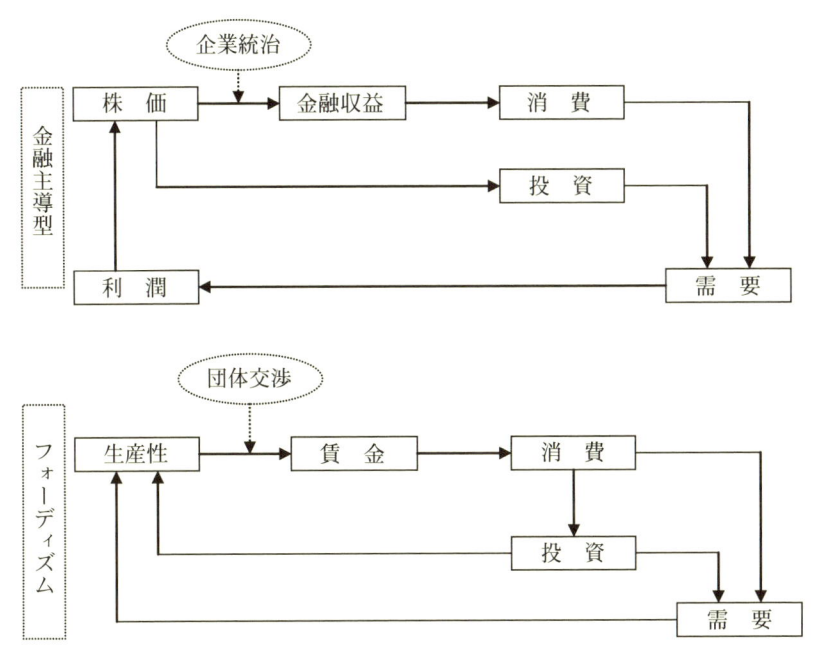

[図：金融主導型では「企業統治」を起点に 株価 → 金融収益 → 消費／投資 → 需要 → 利潤 → 株価 の循環。フォーディズムでは「団体交渉」を起点に 生産性 → 賃金 → 消費／投資 → 需要 → 生産性 の循環。]

してひいては家計の「金融収益」（金融所得）を高め，これが──「信用」への容易なアクセスとならんで──資産効果を生んで「消費」を刺激する。1990年代末のアメリカでは家計所得の3分の1が金融所得であったことを勘案するとき，この 株価→金融収益→消費 の回路が大きな意味をもったことは十分に推測される。参考までにフォーディズムにあっては，循環の起動力は「生産性」の上昇であり，これが労使契約にもとづいて賃金上昇につながり，それが消費を刺激するという形で，生産性→賃金所得→消費 の回路を形成していた。回路の起動力が「生産性」から「株価」へと転変したことこそ，金融主導型を特徴づける。

　株価の上昇はたんに消費を刺激するのみならず，「投資」をも刺激する。すなわち企業にとって自社の株価上昇は，それだけ資本コストの低下，したがって資金調達の容易化を意味し，ここに 株価→投資 の回路が形成される。これは企業資産の財市場価値を超える株式市場価値の上昇によって投資が促進され

5　グローバリズムと金融主導型資本主義　95

るという,「トービンの q」型の投資理論と整合的な投資行動であろう (Tobin 1969; 吉川 1984)。ボワイエは投資関数を規定するものとして「収益性 マイナス 金融ノルム」を挙げていたが,グローバル金融市場が要求する高いノルムを超える高い収益性はすぐれて高い株価に由来するのであり,株価が高いほど企業の手元に残る資金は大きく,これが投資に振り向けられるわけである。たしかに金融主導型にあっても 消費→投資 の回路は存在するが,ここでは特徴を最大限に強調して 株価→投資 のみを示しておく。なお,典型的なフォーディズムにあっては,消費→投資 という加速度原理型の投資が顕著に観察されていた。

さて,財政や国際貿易を捨象した**図表 5-4** では,消費と投資の拡大は「需要」(したがって「生産」)を増大させる点は,金融主導型にあってもフォーディズムにあっても同じである。そのうえで金融主導型にあっては,需要拡大(経済成長)が企業の「利潤」拡大に貢献し,高い利潤とそれゆえ生まれる高い利潤期待が「株価」をさらに押し上げていく。この生産(=需要)→利潤→株価の経路は,アグリエッタにもボワイエにも共通する認識であった(**図表 5-2, 5-3 参照**)。かつてフォーディズムにあっては,需要拡大(経済成長)は,そのこと自体がカルドア=フェルドーン的な収穫逓増効果(規模の経済)を発揮して――投資の生産性効果や技術革新効果とともに――「生産性」の上昇をもたらしていたのだが,いまや需要の生産性上昇効果よりも,その株価上昇効果の方が重きをなすにいたった。なお,さきの図でボワイエもアグリエッタも,生産(=需要)拡大→雇用増加→消費拡大 の回路を指摘していたが,ここでは簡単化のため省略しておく。

それゆえ全体としてみれば,かつてフォーディズムにあっては「生産性」と「需要」が円環的に相互に刺激しあうという,カルドア=フェルドーン型の累積的因果関係が形成されていたのであるが (Boyer and Petit 1991),いまや生産性にかわって株価がその地位につく。つまり「株価」と「需要」が累積的な好循環関係を形成するのが金融主導型成長体制である。ここでは,全マクロ循環の基軸をなす変数は「金融収益」であり(つまり金融主導型),あるいはその背後の「株価」である。要するに「金融収益」ないし「株価」こそが,全マクロ経済パフォーマンスを左右する位置をしめ,賃金(あるいは雇用)など賃

労働関係にかかわる諸変数は，競争のなかで残余的に決まる従属変数となる。かつてフォーディズムにあっては，「賃金」「賃金所得」こそが基軸変数をなし（つまり賃金主導型），あるいはそれを実現するための「生産性」が重きをしめたが，それとは大きく異なったマクロ回路が出現したのである。

金融主導型の調整様式

　ところで，こうした新しいマクロ回路（成長体制）は，市場諸力によって「自然」にできたのでもないし，政府介入によって意図的に形成されたのでもない。レギュラシオン・アプローチの見方によれば，経済社会の各種レベルで新しい制度諸形態が生まれたのであり，その諸制度総体が織りなす新しい調整様式（ゲームのルール）によって支えられてこそ，新しい回路が出現したのである。とするならば，その新しい調整様式とは何であり，それは何を基軸的な制度とするものであるか。ふたたび図表 5-4 に即して議論したい。

　こう問うとき，金融主導型の核心ともいうべき「株価→金融収益」の回路を支え調整している制度が問われねばならない。すなわち高い株価をいかに高い金融収益へと媒介するか。株主価値をいかに最大化するか。グローバルな株式市場が課す金融ノルム（株主価値最大化）をいかに企業にクリヤーさせるか。そのような株主－企業間の金融ノルム妥協，ないし金融による企業支配の制度こそ，言うところの「コーポレート・ガバナンス」（企業統治）である。一般にコーポレート・ガバナンスそのものには，何も株主によるものに限られるわけでなく，ほかに経営者，取締役会，親会社，銀行，政府，従業員，顧客，地域など，多様な主体がありうるが，近年においてコーポレート・ガバナンスの名で実質的に含意されているのは，すぐれて株主による企業統治である。そういった意味でのコーポレート・ガバナンスこそが基軸的な制度として，また基軸的なゲームのルールとして，基軸的なマクロ変数たる「金融収益」を決定するに至ったのである。

　フォーディズムについて振り返るなら，ここにおいて核心をなす回路は「生産性→賃金」であり，つまりは生産性上昇に比例した実質賃金の上昇というマクロ的連関である。19世紀後半および20世紀前半の市場競争的賃金形成とは異なって，20世紀後半のフォーディズムにあっては，生産性インデックス賃

図表 5-5　フォーディズムと金融主導型の制度比較

	フォーディズム	金融主導型
基軸的制度	団体交渉	企業統治
支配的制度	労働（賃労働関係）	国際・金融
制度的階層性	労働→金融・国際	国際・金融→労働
基軸的調整変数	賃金所得	金融収益
調整様式	国民的賃金本位制	国際的金融本位制
支配的経済理論	経営者支配論	プリンシパル・エージェント理論

金という賃金決定原理が登場した。そのような経営側による生産性に応じた賃金分配への対価として，労働側は従来拒否していたテーラー主義的労働を受容した。つまり，テーラー主義受容 対 生産性インデックス賃金 という国民的な労使妥協が成立し，これがフォーディズムの全マクロ循環を支える基軸的な一環となったのである。そして強調すべきは，そのような基軸的回路（ないし賃金という基軸的変数）を成立させたものこそ，戦後先進世界に一般化した労使間の「団体交渉」という制度であったということである（第4章第1節参照）。

図表 5-5 はそのあたりを比較対照したものである。フォーディズムにおける団体交渉が生産性上昇を賃金上昇へと連動させる核心的制度をなしたように，いま金融主導型成長体制における企業統治（コーポレート・ガバナンス）は，株価上昇を金融収益上昇へと結びつける基軸的なゲームのルールとして存在する。経営と労働の団体交渉（労使妥協）から金融と経営の企業統治（金融妥協）へと，基軸的制度が転換したのである。賃労働関係から国際・金融関係へと制度階層性が逆転したのであり，その背後には，労使ブロックから経営－金融ブロックへの支配的な社会政治的ブロックの転換がある。あたかもこれに呼応するかのように，経済理論においても，株式所有の分散化，所有と経営の分離，経営者の企業支配といった文脈のなかで唱導されたかつての経営者支配論（Berle and Means 1932）に代わって，新しい所有者支配論（株主支配論）ともいうべきプリンシパル・エージェント理論が隆盛となった。かつてケインズが

「非活動的階級」と見たものが，いまや「依頼人(プリンシパル)」へと姿を変えて，経済の表舞台に登場してきたのである。それと同時に経済理論上，企業はもはや共同体でも権力関係でもなく，「契約の束」へと解消されることになった。

　前節で述べた制度諸形態の階層性について付言しておこう。金融主導型成長体制にあっては，まさに機関投資家を中心とするグローバル・マネーが，少しでも大きい金融収益（金融ノルム）を求めて世界を駆けめぐる。金融自由化，金融革新，IT革命に支えられたグローバル金融市場は，その素早い逃げ足や発言力を武器にして企業経営に一定の株主価値（金融ノルム）を強制する。「コーポレート・ガバナンス」という新しいゲームのルールの背後には，こうした新しい制度的現実がある。そして，これに規定されて企業経営における競争が国際的に激化し，さらには賃金・雇用がフレキシブル化される。つまり，グローバル金融レジーム（国際体制／金融制度）→競争激化（企業間関係）→労働のフレキシブル化（賃労働関係）という形で，グローバル金融を支配項として諸制度の階層性と補完性が形成されたのである。こうした諸制度総体からなる調整様式を一言で要約すれば，「国際的金融本位制」と呼ぶことができる。

　比較のためにフォーディズムを振りかえってみるならば，そこでは，高い生産性を高い賃金上昇に結びつける安定的な労使妥協（賃労働関係）こそが基軸的制度をなしていた。そして，そうした国民的妥協を保証するように安定的収益を確保する寡占競争（企業間関係）や国家介入（ケインズ＝ベバリッジ国家）が存在し，さらにはそうした国内体制を侵害しないように，IMF/GATTなどの安定した国際環境があり，国民経済の対外開放度は限定的であった（国際体制）。そこはいわば「国民的賃金本位制」（Boyer 1992）の調整的世界であった。そのフォーディズムから金融主導型のグローバル資本主義へ，——成長体制の転換と相即して基軸的制度や調整のあり方も大きく変容したのであった。

4　グローバリズムの帰結

　以上にみたように，1990年代から顕著になってきたグローバリズムないしグローバリゼーションと呼ばれる現象は，けっしてたんに生産諸要素の全地球的な瞬間的移動といったことに尽きるのでなく，根本的には，アメリカに成立した金融主導型成長体制の世界的な自己拡大圧力という側面において把握され

ねばならない。金融主導型のマクロ経済回路は，それ自体としてはもちろんアメリカで固有に形成されたものであり，アメリカ経済の成長体制を説明するものである。しかし同時にそのアメリカを中心点として，そこから全世界に向けてこの金融主導型回路を同心円的に拡大しようとする力が作用しているのであり，それがグローバリゼーションなのである。そして，この金融主導型が支配するグローバリゼーションという今日的状況は，資本主義ないしその変容という観点からみるとき，以下のような諸帰結をもたらした。

　第一に，即応型資本主義の優勢である。くわしくはすでに第2節でみた点であるが，1990年代以降，効率や公正でなく，環境変化に対する即応性をもつ資本主義こそが「強い」資本主義として支配的になる傾向が観察されたが，そういった即応型資本主義の権化こそは金融主導型成長体制である。国際経済環境が不安定かつ不確実に変動する時代に入ったが，そうした変化にいち早く適応し自己を調節できる資本主義が優秀なものと見なされ，そうした資本主義に向けて各国とも制度改変が行われた。その要点は，環境変化に対して生産諸要素をいかに迅速に流動化させ即応させるかにあった。すなわち，金融自由化や金融革新（資本の流動化），賃金・雇用のフレキシブル化（労働の流動化），そして製造業から金融へのシフト（産業構造そのものの流動化），——これらによる金融主導型成長体制への転換がその回答であった。

　第二に，経済の不安定性の増大である。市場ロジックの一般化や金融の自由化は，新古典派経済学による期待や宣伝に反して，安定性や秩序ある発展をもたらしはしなかった。むしろ金融の不安定性を，したがって経済全体の不安定性をもたらしたことは，1990年代以降，国際的に頻発したバブルとその崩壊，金融危機やその国際的伝染によって明らかである。企業間競争の主要舞台は生産物市場から金融市場へと移行したかの観があり，企業はより安価な資金調達（つまりより高価な株価）を求めて，株価吊上げのための市場破壊的な行動（不正会計操作など）をとるようになった。株価こそ全循環の起動力という金融主導型ゆえの企業行動であり，それゆえの経済不安定性である。

　第三に，さまざまな社会的分断化がもたらされた。先進諸国の内部では，経済のグローバル化とともに，また新興工業諸国の世界市場への参入とともに，世界的規模での生産物交換が進展した。これに加えて多くの先進諸国では，賃

金・雇用がフレキシブル化し，労働組合によるチェックもきかなくなった結果，高熟練労働にはさらに高い報酬が支払われるが，対外競争下にある産業の低熟練労働者には賃金低下や解雇がもたらされた。これはつまり，フォーディズム的な国民的賃金構造が解体され，賃金が二極分解したことを意味する。賃金格差が拡大し，「格差社会」ともいわれるように社会が分断化した。じつはそれ以上に深刻なのは，グローバリズムのもと，こうした富や所得の偏在化と分極化が世界レベルでさらに激烈に進行していることである（Beaud 1997）。

以上から推察されるように，グローバル資本主義を起動づけている金融主導型成長体制は，フォーディズムとちがって，その普遍性，持続性，安定性においてかなり疑問視すべき点が大きい。フォーディズムもそれほど普遍的でなかったことが次第に判明してきはしたが，金融主導型は初めから普遍的ではありえないことが見えている。それでもなお，それが他国に及ぼしている影響は無視しえない。否むしろ，きわめて甚大である。この圧力によって，他国の成長体制や調整様式は重大な変容を迫られている。あるいは，各国においてこうした変革圧力と従来の国民的妥協や制度の間で摩擦が生じ，そのなかで崩壊した旧来の制度補完性に代わる新しいそれが生みだされないままに，経済危機に陥っている諸国も少なくない。

そして一般に，こうした摩擦とそれへの対応は，各国に固有な形で制度のハイブリッド化を生み，各国は新しい多様性を生みだしていくことだろう。変容の落ちつく先は，けっしてアメリカ型市場経済への一元化や均質化でもなく，また各国経済の同一モデルへの収斂でもない。つまり金融主導型経済の世界的自己拡大圧力があるのは事実であるが，それが単純に世界の同質化的収斂に向かうわけではないのである。

1)「アメリカ型経済」の世界的浸透にとって「金融」という手段がもつ重要性については，つとにアルベールが指摘していた。「ネオアメリカ型経済の普及において，最も強い媒体は金融であろう。……金融はまさに資本主義思想を浸透させるための最強の武器だと言えるし，経済界での市場の位置や，市場が企業に及ぼす支配力を強めるのに特に役立つ」（Albert 1991: 訳227）

2) 小池の知的熟練論に対しては野村（1993, 2001）からの精密な批判がある。小池熟練論の評価にあたっては，この野村・小池論争をも踏まえる必要があろう。

3) Dore（2004: 訳 64-5）が *US National Account* によりつつ，興味深い数字を報告している。すなわち，アメリカにおける全企業収益にしめる金融サービスの比率をみると，1947 年の 8% から，1970 年の 20% を経て，21 世紀の最初の 3 年間には何と 40% になったという。
4) 資産的成長体制について Aglietta（1998）は，大要つぎのように説明する。──（1）この体制では資産市場が演ずる役割が決定的に大きく，それが家計の富を構成している。家計の富はまた，機関投資家を媒介として，企業の金融とガバナンスにおける勤労者株主の増加を表している。(2) この成長体制における基軸変数は 1 株当たり収益（自己資本利益率）である。機関投資家によるガバナンスは企業にこの変数を最大化するよう強制し，配当のもととなる収益の分配に介入する。(3) 調整様式もまたグローバリゼーションに依存している。グローバル化によって国際的な信用が可能となり，経常収支の制約がなくなる。だが，リスク評価が不正確となるので，繰りかえし過剰債務におちいり，金融的脆弱性が惹き起こされる。グローバリゼーションはまた，為替レートおよび──それよりも大きな程度で──利子率の決定に作用を及ぼし，さらには企業から価格コントロールの力を奪う。(4) こうした交錯した制約のもとで企業は，配当の分配と，必要なイノベーションのための資金調達との間できびしい裁定をしなければならない。企業の反応は技術進歩の方向を大きく変えた。成長は何よりも，資本節約的な組織投資に依存するようになった。(5) 組織投資によって事業再構築が促進され，賃金コストが低下し，在庫が減少した。加えてプロダクト・イノベーションによって，多くの企業は販売高ロジスティック・カーブ上の高成長部分に位置している。こうして生まれた利潤によって配当の分配が可能となり，株式相場の上昇が支えられる。株価と信用が相互作用しつつ，結果として家計の富の市場価値を高めてゆく。家計資産価値の上昇と財価格の低下が消費を刺激し，したがって成長が維持される。成長と資本節約によって雇用水準が決まる。成長と生産コスト抑制によって総利潤が生まれ，それが機関投資家の基金の収益性を確実なものにする。

第6章　二つの資本主義
——資本主義多様性論の出発点——

　前章ではアメリカ経済の現代的変貌を「金融主導型資本主義」として摘出した。これが「グローバリゼーション」の推進力として，世界各国に自己を押しつけ変容を迫っているわけだが，その圧力のもと，残り世界は果たして金融主導型システムへと均一化し収斂しているのか。いや，金融主導というのは特殊アメリカ的なことかもしれないので，もう少し一般化して「市場主導型」というカテゴリーを設定してみるとき，世界はこれに斉一化しているのか。諸研究はむしろ逆の事実を照らし出しているのであり，ここに「現代資本主義の多様性」が大きな問題的焦点として浮かび上がってくる。いわゆる先進資本主義諸国（主要OECD諸国）に限定しても，制度的・システム的な多様性は歴然たるものがある。そして「比較資本主義分析」の主要関心はまさにここにある。本章と次章では，そうした比較資本主義分析の主要な成果を検討する。諸説は何を目的にし，いかなる基準から資本主義を比較分析しているのだろうか。そしてそこから，いかなる世界像が浮かび上がってくるのだろうか。

1　アルベールとドーア

資本主義多様性論の多様性
　比較資本主義論の出発点は「二つの資本主義」論にあるが，その前に今日，資本主義多様性がそれこそ多様に展開されている状況につき，**図表6-1**を参考にして概観しておこう。OECD諸国の資本主義をいくつに類型化するかという点では，2類型論から5類型論までさまざまな議論がある。もっと多数の類型化もありえよう。そのどれが正しい分類かという問いには一般的解答はない。二分法（2類型論）は単純明快だが，また「発見の装置」（Pontusson 2005a: 17）としては意味あるが，しかし粗雑に流れる恐れがある。かといって

図表 6-1　資本主義多様性論の多様性

型の数	論　者	多様性の基準	多様性の名称と主要該当国
2	Albert（1991）	競争／協調の関係ないし商品財の範囲	アングロサクソン型（ネオアメリカ型）：**米 英** ライン型：**独 仏 日 瑞 北欧**
	Dore（2000）	労使関係を中心とした企業のあり方	株式市場資本主義（米英型）：**米 英** 福祉資本主義（日独型）：**日 独**
	Hall & Soskice（2001）	企業における市場的／非市場的コーディネーション	LME（自由な市場経済）：**米 英** 加 豪 アイルランド　ニュージーランド CME（コーディネートされた市場経済）：**独**　日 蘭 瑞 墺 白 デンマーク　アイスランド　ノルウェー　スウェーデン　フィンランド ＊仏 伊は中間型として対象外
3	Esping-Andersen（1990, 1999）	脱商品化／階層化／脱家族化 ＊ただし欧米の福祉国家に対象を限定	自由主義：**米 英** 加 保守主義：**独 仏** 墺 白 普遍主義：**スウェーデン**　フィンランド　ノルウェー　デンマーク
4	Kitschelt et al.（1999）	ホール／ソスキスの2分類の精密化，とりわけCMEの細分化	LME：**米 英** 加 豪 アイルランド　ニュージーランド 全国調整CME：**スウェーデン**　ノルウェー　デンマーク　フィンランド 部門調整型CME：**独** 蘭 瑞 墺 白 集団調整型CME：**日** 韓 ＊仏 伊はLMEと部門調整型CMEのミックス形態
	Boyer（2004）	調整様式のあり方 ＊当初は賃労働関係中心，のちに五つの制度諸形態を視野に入れる	市場主導型：**米 英** 加 豪 メゾ・コーポラティズム（企業主導）型：**日** 公共（国家主導）型：**独** 仏 伊 墺 社会民主主義（団体主導）型：**スウェーデン**　ノルウェー　フィンランド　デンマーク
	Pryor（2005）	製品市場・労働市場・企業・政府活動・金融における40指標のクラスター分析	アングロサクソン型：**米 英** 加 豪 日 瑞 ニュージーランド　アイルランド 北欧型：**スウェーデン**　ノルウェー　フィンランド　デンマーク 西欧型：**独** 仏 墺 蘭 白 南欧型：**伊** 西 葡 希
5	Amable（2003）	製品市場・賃労働関係・金融システム・社会保障・教育の各種指標のクラスター分析，特に市場自由化度と福祉発達度	市場ベース型：**米 英** 加 豪 アジア型：**日** 韓 大陸欧州型：**独** 仏 墺 蘭 瑞 白 ノルウェー　アイルランド 社会民主主義型：**スウェーデン**　フィンランド　デンマーク 地中海（南欧）型：**伊** 西 葡 希

（注）ゴシック体の国名は各類型における典型国ないし中心国としてしばしば例証に挙げられる国

逆に類型数を増やしていくと，たしかに精密な分類にはなるが，大局的観点を失いかねない。まして，精密化のあげく1国1類型論になってしまうと，これはたんなる各国別対比であって，類型化（グループ化）は放棄されることになる。両極の中間で目的に合わせた類型化を試みるしかないであろう。

また分類（多様性）の基準も，それぞれの問題関心に応じて選びとられるべきものであって，絶対的な分類基準が存在するわけではないが，図表からは商品化ないし非商品化の程度，労使関係（賃労働関係），企業のコーディネーション様式，調整様式，市場化／福祉化などが基準として読みとれる。もう1点，注意しておくと，どの分類にあっても，アメリカ型（広くアングロサクソン型）は，それにいかなる名称があたえられようとも，比較においてつねに一方の項になしており，事実上，比較の中心に位置していることが理解されよう。

アングロサクソン型 対 ライン型

2類型資本主義論の最高の成果は，おそらくホール／ソスキスらの「資本主義の多様性」（VOC）アプローチであろう。いやこれは，たんに2類型論の到達点であるだけでなく，およそ近年の比較資本主義分析をリードした議論であり，本章でものちに立ち入る。だがしかし，これに先立つこと10年，現代の比較資本主義分析の先駆となったのが，ミシェル・アルベールの『資本主義 対 資本主義』（Albert 1991）という，まことに魅力的な書物であった。社会主義崩壊直後の出版であった。

著者アルベールは，フランスで保険業にたずさわる重鎮の実業家（当時）だけあって，保険の2類型から説き起こす。つまり保険の起源には二つあり，一方は「海」型の冒険的な貸付け，他方は「山」型の連帯的な相互扶助だという。「海」つまり「海運型」は，ヴェニスの冒険商人の間に起源をもち，それがやがてロンドンで継承され，紅茶を運ぶイギリス船の隆盛とともに発展してきた。この型の保険では，安全よりも投機，社会的連帯よりも個人的成功，長期的配慮よりも短期的収益が重視される。アングロサクソン諸国，つまりイギリス，アメリカなどに定着したのは，こうした保険観念と保険システムであった。これに対して「山」つまり「アルペン型」は，文字通りアルプスの山の村人たちが連帯して危険をみなで分かち合い，社会的な再分配をおこなうための共済組

織を設立したことに発するという。このアルペン型はスイス，ドイツなどに広まり，当然ながら安全，連帯，長期的利益が重視される。もう少し延長していえば，アルペン型では保険はひとつの「制度」であって，それによって市場の法則が安易に浸透するのを防ごうとする。他方，アングロサクソン型では保険は何よりも「市場」（マーケット）であり，ビジネス・チャンスであって，それゆえ当然に優勝劣敗の掟に服すべきものとされる。

アルベールによれば，保険観と保険システムのこうした相違は，実は資本主義のタイプの相違を象徴的に表している。つまりひとくちに資本主義といっても多様なタイプがあり，しかもそれらが対立しあっている。ここに資本主義のタイプとは，片や「ライン型」，片や「アングロサクソン型」である。ライン型とはライン川流域という意味で主としてドイツを指し，やや広げてスイスや北欧諸国を，さらにはライン川とはまったく関係のない日本をも含む。アングロサクソン型とは文字通りアングロサクソン諸国の資本主義を指すが，その純粋型は「ネオアメリカ型」と呼ばれる。いずれにしても社会主義が消滅したことによって，いまやこの対立が前面に出てきた。「資本主義 対 社会主義」にかわって「資本主義 対 資本主義」の対立の構図がせりあがってきたのである。

アングロサクソン型とライン型はさまざまに比較対照されるが，アルベールが興味深く提起しているメルクマールは，市場経済つまり商品売買のロジックにどこまでをゆだねるかである（**図表 6-2** 参照）。市場競争が支配的か，非競争的協調の役割も大きいかの相違といってもよい。アメリカでは労働力, 住宅, 都市交通，メディアはもちろん，さらには教育や医療も商品化されている。労働力の商品化などは，資本主義であるかぎり当然でないかと思われるかもしれないが，ここでは賃金（給与）が労働組合などの制度的介在なしに，すぐれて労働市場の作用によって決定されることをいう。そうした市場化の領域はこれらにとどまらない。アメリカ型では，企業そのものが取引対象になるし（企業買収，乗っ取り），係争事件や「名誉」も商品化されている。そこから弁護士業は「正義」を守るというより，一個の「裁判産業」となっていることも周知のところだ。これに対してライン型では，これらのものは非商品財ないし半商品財（混合財）として，たんに市場のロジックにゆだねるのでなく，多かれ少なかれ社会や公共の管理のもとにある。

図表6-2 ネオアメリカ型とライン型における市場の位置づけ

ネオアメリカ型

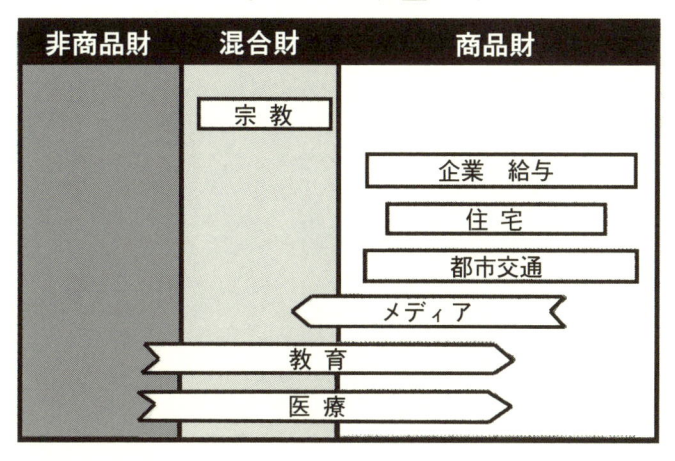

非商品財	混合財	商品財
	宗教	
		企業 給与
		住宅
		都市交通
	←メディア→	
	教育 →	
	医療 →	

ライン型

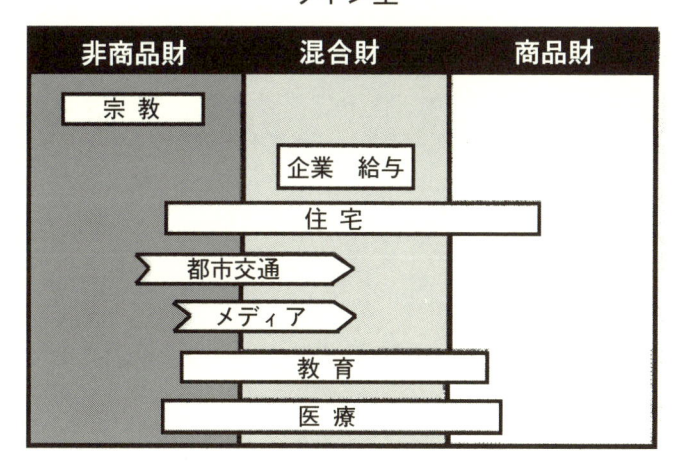

非商品財	混合財	商品財
宗教		
	企業 給与	
住宅		
都市交通 →		
	メディア →	
教育		
医療		

出所：Albert（1991：訳135）

二つの型の相違点は他にも多々ある。企業金融を銀行に依存するライン型と証券取引所に依存するアメリカ型，従業員教育を重視するライン型と既成の人材を高給で引き抜くアメリカ型。アングロサクソン型は市場中心的な資本主義であり，ライン型は市場外的な調整諸制度が重きをなす資本主義である。前者にあっては，万人に開かれた市場的チャンスのもと，成功も失敗も，結果はすべて個人の問題とされる。後者にあっては，個人的災難は誰にも起こりうるという考えに立って，弱者を社会全体で救済すべく，非市場的な経路による調整が重視される，等々。こうした対比のうえにアルベールは，ライン型の経済的優位をみる。それは強い通貨（当時はドイツ・マルク）に現れているが，強い通貨の奥には強い製造業があり，また家計の貯蓄性向の高さがあるという。ライン型がコツコツ努力型だとすれば，アメリカは「虚栄のかがり火」型だ。イソップの喩えを借りて，アリ型とキリギリス型といってもよい。

　ライン型が経済的優位にあるということは，それが経済的効率において優れているということだ。のみならずアルベールは，ライン型のうちに社会的優位をもみる。「社会」といっても複雑だが，とりあえず，(1) 市民生活の安全・安定，(2) 社会的不平等の是正，(3) 社会の開放度ないし流動性，という三つの基準を立ててみると，最初の2点ではライン型に，最後の1点ではアメリカ型に軍配があがるという。(1) や (2) については，例えば医療保険や社会保障の制度が比較的充実しているライン型と，そうでないアメリカ型を想起するだけで十分であろう。(3) についていえば，アメリカは少なくとも形式的には，いかなる個人にも運と実力次第で，短期間に富を形成しうるチャンスを開いている社会であり，階層間の流動性の高い社会である。この第三点のみはライン型にまさるところであるが，しかしアルベールは総体として，ライン型の方に社会的優位を見ている。

　要するに経済的にも社会的にも，ネオアメリカ型よりはライン型の方が優れているのである。ライン型の方が効率においても公正においても優れており，効率と公正をそれなりに両立させているのがライン型なのである。アリの資本主義はキリギリスの資本主義にまさるのである。ところがしかし，現在（さしあたり1990年代初頭），資本主義諸国の大勢は，それどころか市場経済に移行しつつある旧社会主義諸国の大勢も，ライン型でなくネオアメリカ型へとひた

走っているのが歴史の現実だ。「現実」である以上に，これは歴史の大逆説だ，とアルベールはいう。事実，アリ型諸国においても近年，不平等の拡大，貯蓄率の低下，社会保障の削減，労使団体交渉の衰退，カジノ経済化が進み，いわばキリギリス化の傾向が読みとれる[1]。

　なぜなのか。なぜ効率も公正も劣る資本主義の方が，両者をそなえた資本主義よりも強いのか。アルベールはその原因をメディアの力，経済のスペクタクル化のうちに見ているようだ。そしてそのかぎりでは，ライン型は魅力に乏しく，アメリカ型は魅力に富んでいる。「高潔，慎重，控え目」のライン型にくらべて，アメリカ型は「情熱，非合理，流行，人真似への熱狂」に富んでおり，これが人びとの心をとらえ，経済に大いなる影響を及ぼしている。地味なアリよりも華奢なキリギリスの方が見栄えがするというわけだ。こうしてアルベールは，「資本主義 対 資本主義」の対立のなかから，最終的に，現代史が向かいつつある逆説的な方向性に対して強い警鐘を鳴らす。

　見られるとおり，アルベールの比較資本主義論は2類型論ではあるが，まことに斬新な歴史認識に結実している。もちろん，いくつかの疑問も禁じえない。何よりもドイツと日本を同じ型にくくってよいものか。さらにドイツと北欧諸国についても，同じ型だと言い切れるのか。商品化の程度なり競争／協調の兼ね合いが唯一の比較基準となっているが，もう少し複眼的にみる必要はなかろうか。また，今日のグローバリゼーションやアメリカ経済の復活の趨勢を，たんにメディアの力に帰してよいものかどうか[2]。それに全体として，いささか描写的で精密な分析に欠ける恨みもある。不満を言い出せばきりがないが，これが今日の比較資本主義分析の原点をなしたことは間違いない。

株式市場資本主義 対 福祉資本主義

　イギリスのジャパノロジストとして有名なロナルド・ドーアは，早くから「英米型」対「日独型」という二つの資本主義の相剋を論じていたが（深田／ドーア 1993: 22），2000年，10年がかりの書物を公刊した。原題は『株式市場資本主義 対 福祉資本主義——日独 対 アングロサクソン』(Dore 2000)。タイトルの由来は，「株価を企業の成功の尺度とし，株価指数を一国の繁栄の尺度とするような社会と，たとえば人間の福祉などといった他の複数の尺度を『良い社

会』の基準をする社会との対照を示したかったから」だという (ibid.: 訳13)。全体としてアルベールを多分に意識していることは,「日本語版への序」からも読みとれる。

　ドーアはまず,この20年ほどの世界史の趨勢を「市場化」(マーケティゼーション)と,とりわけ「金融化」(フィナンシャリゼーション)のうちにみる。市場化／金融化とは端的にいって,経済活動の市場競争化,金融市場の優位化,家計所得・家計資産の金融化などを指している。この傾向は,ドーアに言わせれば「良い社会」とはいえない英米型資本主義がますます力を得ていくということであり,そこにはたしかに,アルベールの逆説(良い奴がビリになる)が見すえられている。そしてその金融化は,日本およびドイツの経済にいかなる影響を及ぼしているか。とくに日本経済はこうした変化の圧力を前にしてどう対応しているか。それがここでのドーアの主要関心である。

　そのために彼はまず,従業員重視の企業,関係重視の取引関係,共同体としての業界,政府の指導的役割など,いわゆる「日本モデル」なるものを構成する諸要素を検討しつつ,戦後日本を全体として「長期的コミットメントの社会」として特徴づける。そしてそれが,いまフィナンシャリゼーションの圧力を受けてどう変容しつつあるかを逐一分析するのであるが,ドーアが最終的に引き出す結論は,ドイツはいざ知らず,「日本経済にかつての成功をもたらした基本的な長所が失われたと考える理由は何もない」(ibid.: 訳352)ということである。

　結論の当否はいま問題でない。ドーアが資本主義を比較するさいの視点がどこにおかれているかが,いま重要である。すでに明らかなように,ドーアの視線は「企業」に向き,企業が従業員,取引先,業界,銀行,政府などと結ぶ関係のあり方に向いている。アルベールが商品化(商品財の範囲)に基準をおいて資本主義を類型化したのに対して,ドーアは企業観を基準にした分類をしている。これは別のところでの彼の発言からも窺える。「さまざまな種類の資本主義という問題に接近するためのよい方法は,信条,国籍,社会的立場を異にする人びとが,今日,資本主義社会における民間部門営利企業の本質をどう見ているかについて,とりあえず大ざっぱに分類してみることだろう。大まかに言って,四つの主要な立場が区別されると思われる。それらは名づけて,企業

にかんする財産観(プロパティ)，実在(エンティティ)／共同体観(コミュニティ)（これには二つのバージョンがある），舞台観(アリーナ)である」（Dore 1997: 訳 33）。

　ここに企業＝財産観とは，要するに企業は株主のもの（財産）であり，経営者は株主の代理人，労働者は企業の外部者と位置づけるものである。これはいわゆる法人名目説的な企業観であり，アングロサクソン諸国に支配的な企業観である。また企業＝実在／共同体観とは，企業はそこに所属する人びとの共同体とみる法人実在説的なものであり，所属する人びとのうちどの範囲までを共同体に含むかに従って，経営者共同体観と従業員共同体観に区分されるという（後者は日本のケースである）。企業＝舞台観は研究者間でよく主張されるものであって，企業とはそれをめぐる利害関係者たちが——しばしば暗黙の——契約を行う舞台だと考えるものである。端的にいって企業の財産観と共同体観という，この企業観の相違は，企業にかかわる諸活動に対する諸個人のコミットメントのあり方の相違を意味し，それがひいては資本主義類型の相違を規定してもいれば，また後者が前者を規定しかえしてもいる。ドーアはそう見ているのであろう。

　ここにおいて「企業」なるものに比較基準が設定されたことは，次節にみるVOCアプローチの理解とも共通する点があって興味深い。しかし，その結果として検出された資本主義のひとつに「福祉資本主義」という名称をあたえている点は，いささか奇異である[3]。この名称のもとで何よりも包括されるのは，ドーアによれば日本なのであるが，日本をどういう意味で「福祉」資本主義と呼べるのか，理解に苦しむ。ドイツやスウェーデンならともかく，日本はどういう意味で福祉資本主義なのか。「福祉国家」が貧弱なのは周知の事実だし，「企業福利」を持ちだしても，それはせいぜい一部の大企業にしか当てはまらない。さきの引用文でいえば，英米型と日独型のちがいは繁栄の尺度を「株価指数」にみるか「人間の福祉」にみるかにあるとのことだが，はたして日本には「人間の福祉」をもって「繁栄」とするような社会的合意と制度ができているのか。ここでもやはり，日本とドイツを同類にくくるという無理が顔を出していないだろうか[4]。

2 VOC アプローチ

自由な市場経済 対 コーディネートされた市場経済

資本主義の 2 類型論として最も精密かつ分析的な議論を展開し，それゆえ最も広範な影響をあたえ，近年の比較資本主義分析をリードしてきたのは，ホール／ソスキスの「資本主義の多様性」(VOC: varieties of capitalism) アプローチである。かれらの議論の個々の要素はすでに早くから提示されていたが，包括的な形で示されたのは Hall and Soskice eds. (2001) においてである。その第 1 章「序説」でホール／ソスキスは VOC アプローチとしての基本認識を以下のように示す。

分析の基本視点は「関係としての企業」に定められる。すなわち，これまでは資本主義比較の基準といえば，古くは「政府の役割」(Shonfield 1965) や「労働組合」(Goldthorpe ed. 1984) が，新しくは「市場の位置」(Albert 1991) が選ばれることが多かったが，そうではなくかれらは「企業」に視点をおく。企業こそは「資本主義経済の決定的アクター」なのであり，技術変化や国際競争に直面してこれに適合すべき鍵となる行為主体だからである。しかもその企業は，たんなる「点」や「ブラックボックス」ではない。企業は自らのコア・コンピテンスを発展させるべく，対外的・対内的に他のアクターと関係を結ぶ「関係としての企業」なのである。労使関係，職業教育，金融関係やコーポレート・ガバナンス，企業間関係などがそれである。これら諸関係をどうコーディネートし，どう処理するか。要するに企業が遭遇する「コーディネーション問題」をどう解決するか。それこそは企業にとって中心的問題であり，しかもそのあり方いかんこそは広く資本主義の類型を形づくる。

こういう観点から主要 OECD 諸国を分析してみると，興味深い事実が見えてくる。すなわち，どの国も市場経済だといってよいが，しかしその市場経済のなかで「関係としての企業」がどうコーディネートされているかには大きな相違がある。例えばドイツでは，高熟練労働力を育成するため労使間・企業間の協力が組織されており，また研究開発や技術波及において企業間の協力があり，さらに銀行は企業の長期プログラムに協力するべく「忍耐強い資本」を提供している。これに反してアメリカでは，短期雇用が多いので企業による職業

訓練はなされず,技術の波及は技術者の企業間移動（引抜き）を通してなされ,そして金融は株式市場中心の短期金融（忍耐強くはないが即応性のある金融）によって担われている。よく知られた両国比較だが，要するに，アメリカでは短期的スポット的な市場的契約関係のうちに，ドイツでは市場外的な長期的協力と調整のうちに，コーディネーション問題が処理されているわけである。

　上にみたかぎりでも雇用，職業訓練，金融の諸制度はそれぞれに補完的に結び合っており，それぞれに独自な制度構造を形成していることがわかる。こうして企業のコーディネーション様式から，ひろく各国資本主義における制度補完性と，それゆえの類型化の道が開ける。すなわち「自由な市場経済」（liberal market economies: LMEs）と「コーディネートされた市場経済」（coordinated market economies: CMEs）という二つの資本主義である。LMEsでは企業は，ヒエラルキー（企業組織）と競争的市場を通してその活動をコーディネートする。CMEsでは企業は，非市場的な戦略的相互作用を通してその活動をコーディネートする。LMEsの代表はアメリカ，CMEsの代表はドイツであり，端的に言って基軸は独米対比に置かれる。LMEsには他にイギリス，カナダ，オーストラリア，ニュージーランドなどのアングロサクソン諸国が，CMEsには他にスウェーデン，ノルウェー，オランダ，スイス，そしてさらに日本が加わる。フランスやイタリアはどちらにも属さない中間的ケースとされる。

　そしてLMEsとCMEsの諸国について，この40年間のマクロ経済的指標（成長率，1人当たりGDP，失業率）を比較してみるとき，**図表6-3**が得られる[5]。図表から言えるのは，どちらのグループもよく似たパフォーマンスを示しており，どちらかが決定的にすぐれているわけではないということである。ということはすなわち，アメリカ型資本主義のみが「効率的」だとか「先進的」だとかいう証拠はないということである。

比較制度優位

　さて，ホール／ソスキスの分析の面白さは，LMEsとCMEsへの2分類を語るに終わらない点にある。すなわち，資本主義経済とはたんに企業が技術や機械に投資するだけでなく，個人が能力形成に投資するシステムであり，いわば各種アクターが不断のイノベーション能力を形成するシステムである。した

図表 6-3　自由な市場経済とコーディネートされた市場経済の経済パフォーマンス

《自由な市場経済》

	GDP 成長率			1人当たり GDP		失業率		
	61-73	74-84	85-98	74-84	85-97	60-73	74-84	85-98
オーストラリア	5.2	2.8	3.3	7,932	16,701	1.9	6.2	8.5
カナダ	5.3	3.0	2.3	9,160	18,835	5.1	8.4	9.5
アイルランド	4.4	3.9	6.5	4,751	12,830	5.0	9.1	14.1
ニュージーランド	4.0	1.8	1.7	7,378	14,172	0.2	2.2	6.9
イギリス	3.1	1.3	2.4	7,359	15,942	2.0	6.7	8.7
アメリカ	4.0	2.2	2.9	11,055	22,862	4.9	7.5	6.0
LME 平均	4.3	2.5	3.2	7,939	16,890	3.2	6.7	8.9

《コーディネートされた市場経済》

	GDP 成長率			1人当たり GDP		失業率		
	61-73	74-84	85-98	74-84	85-97	60-73	74-84	85-98
オーストリア	4.9	2.3	2.5	7,852	17,414	1.6	2.2	5.3
ベルギー	4.9	2.0	2.2	8,007	17,576	2.2	8.2	11.3
デンマーク	4.4	1.8	2.2	8,354	18,618	1.4	7.1	9.3
フィンランド	5.0	2.7	2.2	7,219	15,619	2.0	4.8	9.4
アイスランド	5.7	4.1	2.7	8,319	18,285	0.6	0.6	2.5
ドイツ	4.3	1.8	2.2	7,542	16,933	0.8	4.6	8.5
日本	9.7	3.3	2.6	7,437	18,475	1.3	2.1	2.8
オランダ	4.9	1.9	2.8	7,872	16,579	1.5	5.6	6.8
ノルウェー	4.3	4.0	2.9	8,181	19,325	1.6	2.1	4.3
スウェーデン	4.2	1.8	1.5	8,450	16,710	1.9	2.3	4.8
スイス	4.4	0.58	1.3	10,680	21,398	0.01	0.4	2.5
CME 平均	5.1	2.4	2.3	8,174	17,902	1.3	3.6	6.1

出所：Hall and Soskice（2001: 訳 24）

がって，制度構造の相違はイノベーション・パターンの相違をもたらし，それはさらに各国の産業特化や輸出競争力の相違を生み出す。Dore（2000）も「企業」に焦点を当てた類型化をしていたが，このイノベーション・パターンへの注目という視点を欠いていた。

　ホール／ソスキスはこうつづける。――例えば雇用保障や「忍耐強い資本」といった制度構造のもとでは（産業・企業）特殊的技能への投資が促進され，それは漸進的イノベーションに立脚する産業（工作機械，耐久消費財，輸送機械など）で強みを発揮する。他方，低い雇用保障と株式市場金融のもとでは，汎用性のある一般的技能の習得が有利となり，急進的イノベーションが重きをなす産業（バイオ，医療工学，情報通信など）が育ちやすい。その結果，各国の産業競争力と特化は，比較要素優位や集積効果によってでなく，「比較制度優位」comparative institutional advantage によってこそ規定されているのだと見る。あたかもそれを象徴するかのように，アメリカとドイツについて，高いイノベーション能力を有する産業を比較すると，まことに対照的な構図が浮かびあがる。すなわち**図表 6-4**，**6-5** にみるように，産業別のイノベーション能力を技術クラスごとのパテント特化で代理させてみると，ドイツとアメリカはちょうど裏返しの関係にあり，いわばミラー・イメージを形成しているという。

　そして最後に，この比較制度優位の観点はたんに貿易特化を説明するのみならず，両類型の資本主義において適切な経済政策も異なり（市場インセンティブ政策かコーディネーション指向政策か），さらには社会政策も異なりうること（労働コストの削減政策か充実政策か）が示唆される。要するに，アメリカ型とは異なる資本主義類型が厳然として存在し，かつ競争力をもって存続しうることが語りだされる。変化がありうるとしたら，それは国民経済の内部からでなく，むしろ外部的ショックによるものだと言いたいのであろう。

VOC の要点

　以上，ホール／ソスキスの議論はまことに斬新かつ衝撃的な内容を含み，であるがゆえに今日の比較資本主義分析における中心的な参照枠となった。それはまた，のちに見るように，多数の反響と批判を巻き起こした。それゆえ後論のためにも，かれらの主張の要点をもう一度，箇条書き的に確認しておこう。

図表6-4 アメリカでの技術クラスごとのパテント特化

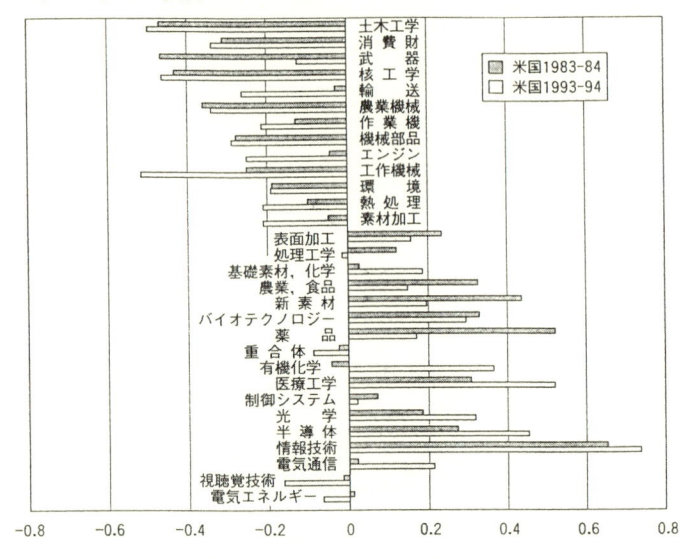

※正の数値は，合衆国がその技術クラスのパテントで相対的に特化が高いことを示している。
出所：Hall and Soskice（2001: 訳48）

図表6-5 ドイツでの技術クラスごとのパテント特化

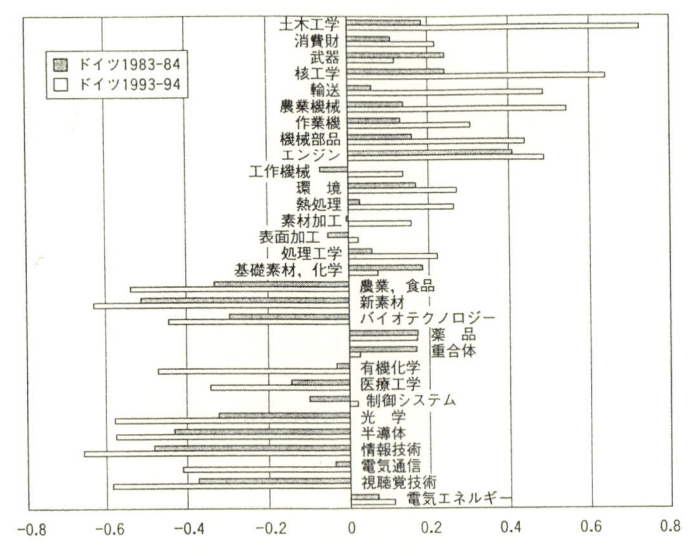

※正の数値は，ドイツがその技術クラスのパテントで相対的に特化が高いことを示している。
出所：Hall and Soskice（2001: 訳49）

(1) **企業中心視角**：比較資本主義分析の基準に「企業」を設定する。
(2) **関係としての企業**：企業とは，そのコア・コンピタンスを開発・活用しようとするアクターであり，対外的・対内的に各種の関係を結ぶ存在である。
(3) **コーディネーション問題の重要性**：企業が結ぶ諸関係として重要なのは，労使関係，職業訓練・教育，コーポレート・ガバナンス（金融），企業間関係であり，これら諸関係のコーディネーションに成功するか否かが企業の成否を決める。
(4) **二つの解決法**：コーディネーション問題の解決法としては，主として競争的な市場関係という，距離をおいた（付かず離れずの）関係によるものと，より多く非市場的関係を通した協力・信頼関係（アクター間の戦略的相互作用）によるものとが存在する。
(5) **資本主義の多様性——LMEs と CMEs**：前者のコーディネーション類型は「自由な市場経済」(LMEs) を，後者は「コーディネートされた市場経済」(CMEs) を構成し，資本主義は大きくこの2類型に分類されうる。
(6) **米独対比，仏伊の例外性**：LMEs の代表はアメリカであり，ほかにアングロサクソン諸国がこれに類別され，CMEs の代表はドイツであり，ほかに大陸欧州諸国や北欧諸国，それに日本もこれに入る。なおフランスとイタリアは，どちらにも属さない中間的ケースである。
(7) **制度補完性**：1国の諸制度間には補完性が存在するので，各国の制度構造はアトランダムに分布するのでなく，LMEs と CMEs とを分割する線にそっていくつかのクラスターを形成する。
(8) **戦略は構造に従う**：制度構造の相違はアクターの戦略の相違を生み出しており，LMEs においては一般的資産（技能）への投資が，CMEs にあっては特殊的資産（技能）への投資が，戦略的に選択される。
(9) **二つの資本主義の存立可能性**：長期のマクロ経済パフォーマンスでみると，LMEs も CMEs もともに満足のいく成果を得ており，どちらか一方が決定的に優れているわけではない。
(10) **比較制度優位**：制度構造の相違は企業におけるイノベーション能力のタイプの相違をもたらし，後者は比較優位産業の相違を，したがって貿易特化

の相違を招来する。つまり制度は比較優位を規定する。
(11) **急進的と漸進的の両イノベーション**：LMEs の制度構造は急進的イノベーションが重要な産業に有利であり，例えばバイオ，情報通信に強い。CMEs では漸進的イノベーションが重要な産業が育ちやすく，例えば消費財，輸送機械に強い。
(12) **経済政策，社会政策，国益への示唆**：比較制度優位の視角からみると，両資本主義でそれぞれに適切な経済政策が異なり（市場インセンティブ政策かコーディネーション指向政策か），社会政策（労働コストの増加）への経営者の態度が異なることも，合理的に理解できる。国益ということも，自国の比較制度優位を存続させるか否かの観点から定義されうる。
(13) **変化と比較優位の再創造**：国民経済は世界経済から生ずる外生的ショックを受けて変化するが，そこからの調整プロセスとは結局は，従来の比較優位を再創造することにある。

3 VOC の問題点

　以上が VOC 的多様性論の概要であるが，その決定的貢献を何らかの形で認めたうえで，しかしこれへの批判もまことに多い。そのすべてをここに網羅する必要はないが，ほぼ共通に指摘されている問題点を以下に整理しておこう。
　第一に，機能・効率・安定性に偏し，政治・紛争・権力・危機に鈍感なこと。すなわち，VOC は企業中心の分析視角に立ち，その企業のコーディネーション様式（市場か協調か）によって制度構造と資本主義を類型化するので，そこでは諸関係が機能主義的に把握され，経済社会の効率や安定性に対する制度の効果という観点が前面に出ることになる。裏がえせば，制度形成における紛争・闘争・政治・権力の側面が等閑視され，レジームの安定性や整合性ばかりに視野が限定され，危機の時代を説明できない（Howell 2003; Pontusson 2005b）。分析視点が「企業」に偏し「国家」に薄いとも言える（堀林 2007b）。さらにまた多様な資本主義の分配的帰結も論じることはない（Jackson and Deeg 2006）。こうした政治忘却は，VOC の多くの論者が政治学出身であるだけにきわめて不可解であるが（Boyer 2004a: 訳 157），逆に，経済学出身者の多いレギュラシオン・アプローチの方が「政治的なもの」の導入を試みている（Amable

2003: 訳 23, 69)。

　第二の批判は，二分法的分類にみられる過剰単純化の問題である。LMEs と CMEs という二分法は，アングロサクソン型のみが将来性ある資本主義モデルではないことを示して明快であるが，逆に，資本主義の形態が二つしかないというのは過剰な単純化であり (Hay 2005)，一種の宿命論である (Crouch 2005: Ch.1)。それというのも VOC にあっては，もっぱら企業のコーディネーション様式という一元的基準にもとづいて類型化がなされ，別の基準を排除するという思考節約がなされているからである (Amable 2003: 訳 111-8)。その結果，フランス，イタリア，スペインという重要な諸国が分析対象から脱落するのみならず，例えば日本とドイツといった CMEs 内部での相違が無視される。

　第三に，静学的・構造主義的な観点に立ち，制度変化・歴史動態に鈍感なこと。多くの論者が一致して指摘しているとおり，VOC にあっては事実上，経路依存性（ロックイン効果）が強調され，一度決まった道筋は永遠に固定され，時間的経過を通して変化することなく永続するという，構造主義的・静学的な誤謬が見られる (Howell 2003; Hay 2005; Allen 2006; Jackson and Deeg 2006)。こうなると 2 類型的多様性論は，双収斂説と変わらなくなってしまう。しかも VOC は，制度や経済社会を変化させる内的要因や運動に対して無関心であり，変化はもっぱら外生的ショックによって生ずるとされて，歴史認識への道が塞がれてしまう (Boyer 2004a; Hay 2005; Pontusson 2005b)。

　第四に，各国間の相違のみが強調され，国内での各種相違や複合性が無視される。VOC は「戦略は構造に従う」「制度は一様に広がる」という前提のもと，資本主義の多様性を主張するが，資本主義経済間の相違よりも同じ資本主義経済内での企業間・部門間の相違の方が大きいことだってありうるし，例えば CMEs のなかではどこでも同じ制度が存在するというわけでもない (Allen 2004, 2006)。またイノベーションについていえば，急進的と漸進的のイノベーションを両類型の資本主義に機械的に振り分けてすむものではなく，一国のなかで両者は複合的に絡みあっていることも多い (Taylor 2004; Crouch 2005)。

　最後に，その他の批判としては，VOC は「自由な」と「コーディネートされた」という形容詞で類型区分しているが，市場だってコーディネーションの 1 形態なのであるから，「コーディネーション」の語に二義を含ませることに

なり，適切な用法ではないとの指摘がなされている（Hay 2005; Jackson and Deeg 2006; Pontusson 2005b）。また優位産業の近似として特許データが用いられているが，特許はのちの経済的成功とは必ずしもリンクしておらず，この近似は妥当でない。さらに VOC は，ドイツ・モデルを守るべくドイツの現状・将来への楽観論に立っているが，ドイツ・モデルが高失業とセットになっている点を見逃している（以上 Allen 2006）。

見られるとおり，VOC 的多様性論においては，経済システムにおける紛争・政治の契機が無視されて機能性・安定性が強調され，歴史的変化の視点が欠落して静態論・運命論に陥り，二分法という過剰単純化のせいでいくつかの国が例外視されることになり，類型間相違のみが力説されて類型内相違や一国内相違に眼が届かない。こういったところが，批判の共通項であろう。この課題をどう乗りこえるか。いくつかの補正の試みが現れた。

4　VOC の補正

CMEs の細分化

VOC の問題提起を受けとめつつその不十分性を補正する試みのひとつに，Kitschelt et al.（1999）がある。公表年が 1999 年で Hall and Soskice eds.（2001）よりも早いが，これは後者の議論の主要要素はすでに以前から提示されており，キッチェルトらはそれを踏まえて議論しているという事情による。ここでキッチェルトらは，VOC に向けられた各種批判（前節参照），とりわけ二分法的分類にみる過剰単純化，静学的にして動態論の欠如，政治的契機の忘却といった問題点を意識的に補正しようとする。

すなわち二分法問題に対しては，(1) LMEs（自由な市場経済）については修正の必要はないが，(2) CMEs（コーディネートされた市場経済）はもっと細分化されねばならないという。具体的には,同じ調整型の市場経済でも,(2.1) 産業ないしサブ産業レベルでの調整がなされる北西欧と，(2.2) 系列（日本）や財閥（韓国）のような企業集団（グループ）別に調整がなされるものを区別し，前者をさらに (2.1.1) 全国レベルでの調整（北欧の労働コーポラティズム）と，(2.1.2) 部門別の調整（ベルギー，スイス，ドイツなどのライン型資本主義）に細分する。要するに同じ CMEs でも,コーディネーションの主要単位によって全国型，

図表 6-6　資本主義類型と政治組織

資本主義類型	政党システムの構成	階級妥協の組織化
コーディネートされない自由な市場資本主義〔LMEs〕	経済的－分配的対立によって分割された二大政党制	残余的な福祉国家；多数の資力調査プログラムをともなう
全国的にコーディネートされた市場経済（労働コーポラティズム）〔全国型 CMEs〕	ヘゲモニーを握る社会民主義諸政党と分裂的な非社会主義政党陣営；左派リバタリアン政党および右派権威主義政党の台頭	包括的・平等主義的・再分配的な福祉国家；高度な脱商品化；直接の公共サービス
部門別にコーディネートされた市場経済（「ライン型」資本主義）〔部門型 CMEs〕	リベラル／カトリック／社会主義諸政党という三大政党制；強力な左派リバタリアン政党および右派権威主義政党の出現	雇用および所得に応じた福祉受給資格；中程度の脱商品化；公共サービスの小ささ
集団別のコーディネートされた太平洋岸の市場経済〔集団型 CMEs〕	ヘゲモニーを握る「ブルジョア」政党；非イデオロギー的で庇護者的な政党の競争	残余的で温情主義的な福祉国家

出所：Kitschelt et al. (1999: 434)
〔　〕内は引用者

部門型，集団型に 3 分される。これに LMEs も加わって，分類レベルを無視して総計すれば四つの資本主義類型が析出される[6]。そして，これらを特に政治的契機にかかわらせて特徴づければ，**図表 6-6** が得られる。企業活動のコーディネーション・レベル（資本主義類型）と政党システムおよび福祉国家のあり方（階級妥協の組織化類型）との対応が示されている。つまり，資本主義比較の基準として企業コーディネーションの視点のみならず，労使関係の視点を導入するものとなっている。ただし後者は，資本主義類型化の基準としてはあまり積極的な役割を果たしていないようだ。

　もっとも，これで重要な問題点が解決されたとはいえない。とくにフランスとイタリアは LMEs と部門別 CMEs との混合形態だとされて，相変わらず独自な位置があたえられていない。分類の段階を複雑化させ，資本主義比較としての単純明快さを犠牲にした割には，これら両国が例外視されており，また日韓についても，形式的に登場するのみで固有に立ち入った分析がなされている

わけでない。したがって議論の視界は，いきおいアジアを除いて欧米中心に，しかもヨーロッパのなかでは中北欧中心になりがちである。ただしここにおいて，分類基準のひとつに「全国」「部門」「（企業）集団」という視点が登場しているのは，後論にかかわって十分に注目してよい。すなわち，大きく「市場」的調整か「非市場」的調整か，そして非市場のなかでは「全国」「部門」「（企業）集団」という形で，調整レベルないし調整単位が分類基準として浮上しているのである（第7，8章参照）。

もう1点，動態論にかかわっては，先進諸国間でたしかに市場経済化のトレンドはあるが，しかし各国はそれに対して経路依存的に——つまり別々のやり方で——対応することを排除しないという。その意味でキッチェルトらは，新自由主義的収斂論を拒否し，グローバル化への各国の適応パターンに占める「政治の論理」の重要性を強調する。制度や資本主義類型の選択は，けっしていわゆる経済的効率性のロジックに一元的に従うものでないのである。そういう理解から最後に，資本主義の類型論と動態論を結び合わせつつ，現代資本主義の動向——すなわち収斂か多様性か——をめぐる見解の対立を，**図表6-7**のように整理する。一般に「収斂」というとき，そこにはたんに運動方向の類似性（トレンドの共有）だけでなく，差異（分岐）の縮小も含意されねばならないが，前者はともかく，後者ははたして現代資本主義において検出できるのか。

これをめぐって新自由主義アプローチは，図表の左側にみるように，1980年代以降，LMEsを筆頭にして全国型CMEsも部門型CMEsも，市場経済化（政治的コントロールの低下）というトレンドを共有しているだけでなく，それら相互の差異（分岐）も縮小し，要するにすべての欧米資本主義は「自由な市場経済」へと収束しているのだと説く。これに対してVOCアプローチ（図表では新制度主義と呼ばれている）は，全国型CMEsでの市場化，LMEsでのさらなる市場化にみるように，世界的に市場経済化のトレンドは見られるが，しかし，そのことは類型間差異の縮小（つまり収斂）に必ずしもつながっていないという[7]。たしかに北欧諸国はライン諸国に近づいているが，ライン諸国はアングロサクソン諸国に近づいているわけでなく，アングロサクソン諸国自身はますます市場化して他の諸国と別物になっているのである。こうしてキッチェルトらは，(1) 収斂は存在しないし，その実証的根拠も存在しない，(2)

図表 6-7　現代資本主義の収斂・分岐に関する諸説

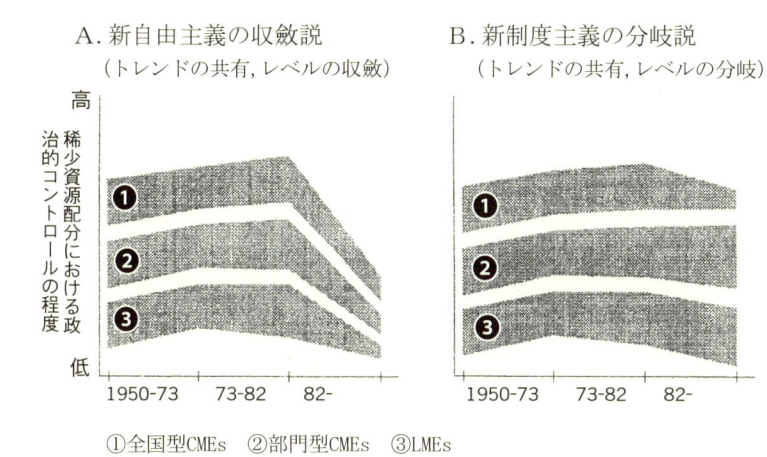

A. 新自由主義の収斂説
（トレンドの共有, レベルの収斂）

B. 新制度主義の分岐説
（トレンドの共有, レベルの分岐）

縦軸：稀少資源配分における政治的コントロールの程度（高～低）
横軸：1950-73　73-82　82-

①全国型CMEs　②部門型CMEs　③LMEs

出所：Kitschelt et al. (1999:444) 一部修正

かといって，各種類型の資本主義が安定しているわけでない，と結論する[8]。

MMEs および EMEs の設定

　VOC は静態論に流れて制度変化をみる視点が弱く，またコンフリクト・政治権力への関心が薄く国家の役割を軽視している，といった批判が投げかけられていた。これに真正面から向きあおうとする書物が最近になって出版された。その名も『資本主義の多様性を超えて──ヨーロッパ経済におけるコンフリクト・矛盾・補完性』(Hancké, Rhodes and Thatcher eds. 2007) という。編者たちは冒頭の長大な論文 (Hancké, Rhodes and Thatcher 2007) で，この間なされた VOC への各種批判を要約したのちに，鍵となる四つの問題次元を抽出する。すなわち，(1) コンフリクトと連合，(2) 補完性と制度変化，(3) 混合市場経済の設定とその性質，(4) 国家の役割である。
　コンフリクトや制度変化など，VOC への批判を最大限に意識した論点であるが，以下ではとりわけ (3) と (4) に焦点を当てる。ハンケらによれば，

VOC は資本主義の多様性に関して LMEs と CMEs という二つの理念型を鮮烈に提起し，そしてその妥当性は決して失われていないのであるが，そればかりでなくこの枠組みは，2 類型を超える資本主義の理解にも有用だという。すなわち両項の中間には，たしかに南欧を中心とする「混合市場経済」(mixed market economies: MMEs) [9]，および中東欧を中心とする「新興市場経済」(emerging market economies: EMEs) [10] という資本主義類型が存在するという。「混合」とは市場競争（LMEs）と戦略的コーディネーション（CMEs）の混合という意味であり，「新興」とはここでは旧社会主義から資本主義へと新たに転換をとげつつあるという意味でのそれである。

　こうして，これまで例外的ケースとされていたフランスやイタリアなどが「混合市場経済」へとグループ化され，さらには EU の東方拡大という新しい現実を前にして中東欧をも積極的に包括する資本主義分類が提示された。だがしかし，MMEs や EMEs では，諸制度はうまくコーディネートされておらず，したがって LMEs や CMEs といった純粋型にくらべて経済パフォーマンスは劣っているとして，資本主義のタイプとしては一段低いところに位置づけられる。経済を構成する諸制度がきちんと補完性をもち，経済システムとして整合性をもち，それゆえ長期的生命力のあるモデルとしては，あくまでも LMEs と CMEs の二つであって，それ以外は仮に類型化されうるとしてもパフォーマンスの悪い「二流」のモデルだ，ということであろう。

　さて LMEs，CMEs という旧来の対象諸国に加えて，南欧や中東欧といった新しい諸国をも視野に入れて資本主義を見るとき，どうしても新しい分類基準を設定する必要がある，とハンケらはいう。それが「国家の役割」「国家と経済の関係」である。つまり LMEs でも CMEs でも，国家は経済に対して一定の距離をおいた関係にあり，国家は経済に対して調整者の位置にあった。LMEs では国家は，精緻な法的枠組みを設定したうえで，そのなかでは企業に自由に活動させたし，CMEs の代表ドイツでは，大きな福祉国家が形成されたとはいえ，国家が経済において果たす直接的役割は小さなものであった。ところが戦後フランスの「エタティスム」（国有企業，企業金融管理）や，イタリア・スペインの「補償国家」（自主的労使関係の不在に対する国家による補償）にみるように，MMEs では国家は経済における中心的アクターとしての役割を

図表 6-8　拡大されたコーディネーション類型

		国家−経済関係	
		緊密な関係	距離をおいた関係
階級的利害編成	断片化	エタティスム （1990年代以前のフランス）	LMEs （イギリス，バルト諸国）
	組織化	補償国家 （イタリア，スペイン，若干の EMEs）	CMEs （ドイツ，スロベニア）

出所：Hancké, Rhodes and Thatcher（2007: 25）

果たしている。EMEs のすべてではないが，そのうちのいくつかの国にあっても，同じである。対象諸国を拡大するとき「国家の役割」という軸が不可欠となる。

　もう1点，「階級ベースの利害編成」という軸を考えてみる。これは，とりわけ労働者の利害を守るための組織がうまく制度化されているか，そうではなく労働者がバラバラに断片化されているかといった指標である。これはさきのキッチェルトらでも垣間見えていた観点であり，また次にみるポントゥソンでは前面に押し出される観点である。こうして「企業のコーディネーション様式」という，いわば超階級的・脱階級的基準から出発した VOC にとって，部分的ながらも労使関係視点が回復されることになったともいえるが，概して階級利害がうまく構造化されているのは CMEs，そうでなく断片化されているのは LMEs といった分類となっている。以上の「国家−経済関係」を横軸とし，「利害編成」を縦軸としてヨーロッパ諸国を分類すると，**図表 6-8** が得られる。

　図表には LMEs，CMEs のほか，エタティスム，補償国家を加えて，合計四つの資本主義が示唆されている。こうした座標軸のうえでは，さきの MMEs や EMEs は固有のまとまりをもたず適宜分散されている。MMEs のうちフランスはエタティスムに，イタリアは補償国家に，さらに EMEs は LMEs（バルト諸国），CMEs（スロベニア），補償国家（その他の中欧諸国）に[11]，という具合である。ハンケらによると，これら四つはヨーロッパ資本主義の確定

した類型論でなく，あくまでも「コーディネーションの理念型」「分析のための論理的カテゴリー」である。その意味で，VOCの原点たるLMEsとCMEsという2類型論は，依然として固守されるべきだ。逆に，当初のVOCが国家視点を欠いたのは，LMEsもCMEsもともに国家の経済的役割が間接的だという共通の基盤に立っていたので，あえて国家を分類基準とする必要がなかったからなのだ。だからこのことはVOCの内在的欠陥ではなく，むしろLMEsとCMEsを鮮明に「発見」させたという役割を担ったのである。こうかれらは主張する。

自由な市場経済 対 社会的市場経済

Pontusson（2005a, b）も，VOCに対して，とりわけそこにおける政治・紛争・権力視点の欠如に対して批判していたが，これを積極的に補正して独自の展開をする。ポントゥソン自身はVOC学派に属するわけではないが，VOCの成果を高く評価するがゆえに，その問題点をきびしく指摘していた。そこからさらに新しい二分法が提起される。核心はCMEsの再検討にある。すなわちホール／ソスキスのCMEs概念にあっては，その内部での各国間相違が無視され，日本，ドイツ，スウェーデンが等置されてしまう。LMEsについても，アメリカとイギリスの等置にはもう少し慎重を期すべきでないか。こう疑問を提示する。

こうした欠点は，VOCがもっぱら「企業コーディネーション」という一元的視野でのみ分類していることに由来する。そうではなく，これに交差して「階級妥協の制度化」という軸を設定してみたらどうだろうか。階級妥協の制度化とは，労使の団体交渉制度，社会福祉・雇用保障の公的供給にみるように，労使対立においてどこまで相互の妥協点をさぐり，それを制度化しているかという尺度である。この視点はたしかにKitschelt et al.（1999）にあっても意識されていたが，あまり重要な位置を占めていなかった。ポントゥソンは企業コーディネーションと並んで，それと同等の──否それ以上の──重要性をもつ基準として，この階級妥協の制度化という軸を設定する。

そして，こうした制度化が進んだ資本主義を「社会的市場経済」（SMEs: social market economies）と名づける。多分に戦後ドイツ（西）を想起させる

図表 6-9 ポントゥソンの資本主義類型化

		企業コーディネーション	
		−	+
階級妥協の制度化	−	アメリカ	日本
	+	イギリス（サッチャー以前）	スウェーデン，ドイツ

出所：Pontusson（2005b:168）

名称だが，ドイツのほかスウェーデンなどもこれに属するという（細かくいえばドイツは大陸型 SMEs，スウェーデンは北欧型 SMEs と分類される）。CMEs が労使を共通にくくったうえで企業コーディネーションのあり方に焦点を当てたのに対して，SMEs は労使コンフリクトや政治的権力に視点を定めた呼称である。この階級妥協視点を導入すると，実は LMEs についても一枚岩とはいかず，階級妥協の制度化が進んだ（少なくともサッチャー以前の）イギリスと，そうでないアメリカが識別される。さらに日本は，企業コーディネーションのあり方では CMEs ではあるが，他方，労働組合も労働運動も弱体で階級妥協の制度化が進んでおらず，公的福祉の供給も低く，要するに SMEs ではありえない。こうして日本とドイツ・スウェーデンとは，明らかに異なる類型として認識される。以上を整理したのが**図表 6-9** である。

　キッチェルトらでは階級妥協は従属的な視点にすぎなかったが，ポントゥソンは企業コーディネーションとともに階級妥協をも独立した軸に格上げする。そのうえでポントゥソンの力点はむしろ階級妥協の制度化に置かれ，最終的に，制度化の進んだ SMEs とそうでない LMEs とが以下のように国別分類される。

SMEs：ドイツ，オーストリア，スイス，ベルギー，オランダ（以上，大陸型），デンマーク，スウェーデン，ノルウェー，フィンランド（以上，北欧型）

LMEs：アメリカ，カナダ，イギリス（サッチャー以後），アイルランド，オーストラリア，ニュージーランド

見られるように，ここには日本，フランス，イタリアは含まれない。これら諸国は SMEs にも LMEs にもフィットしないという。こうしてポントゥソンは，SMEs（北欧型，大陸型），LMEs と並べてこれら3国を独立的に扱いつつ，マクロ・パフォーマンスの比較分析へと分け入っていく。その実証には見るべきものが多い。また，「社会的市場経済」という概念のうちには「社会」と「市場」のかかわりが暗示されていて，まことに興味深い（第 7, 8 章参照）。しかしいま，比較資本主義分析の方法論としてみたとき彼の議論は，(1) 日仏伊を例外視するという問題点に加えて，(2) 結局は労使関係／階級妥協視点という，かつてのコーポラティズム論的基準（Goldthorpe ed. 1984）への先祖がえりになっていないか，という疑問も湧いてこよう。

1) これは 1991 年時点の指摘であるが，それから 15 年以上経った今日から振り返ってみるとき，この指摘はある意味で日本経済の将来を予言しているかのようである。もっとも，そうだからといって，日本経済がアメリカ的類型に変化したのだと見るのは早計である。
2) レギュラシオン理論においても，効率・公正において劣るアメリカ経済が 1990 年代に復活した理由が問われていた。レギュラシオン理論の解答はアルベールとは異なって，「効率」「公正」に代わって「即応性」の優位する時代への転換という点に求められていたことは，第 5 章 2 節にみた。
3) 「福祉資本主義」welfare capitalism という用語は，周知のとおりエスピン=アンデルセンの『福祉資本主義の三つの世界』（Esping-Andersen 1990）にも登場する。この場合，「福祉資本主義」の 1 類型としていわゆる福祉国家の発達度が低いとされる自由主義型（米・加・豪）が挙げられており，これと保守主義（独・仏など）および社会民主主義（北欧諸国）とが対比される構図となっている。つまり「福祉資本主義」は事実上「福祉国家レジーム」と同義の総称概念であって，ドーアのように「株式市場資本主義」と対比される特殊概念ではない。ここでの問題はドーア的類型化一般への疑問でなく，そのうちの「福祉資本主義」に日本を含めることへの疑義である。なおエスピン=アンデルセンの議論については，次章第 1 節参照。
4) 青木昌彦の比較制度分析（comparative institutional analysis: CIA）について一言触れておく。青木の場合も出発点はやはり 2 類型論にあったが，ただし対比されるべき 2 項はアルベールや（すぐ後にみる）VOC におけるドイツ対アメリカではなく，すぐれて日本対アメリカとして設定されている。独米対比的 2 類型論が多いなかで，これはかなり出色の多様性論をなしているが，おそらくそれは，日本経済の経験を経済学の言葉でもって世界に伝えようという意図の結果だと思われる。「A 企業」「J 企業」という用語にも示されるように，青木の比較対象は企業構造ないし産業組織を中心と

するものであるが,すでに十分に「経済システム」(資本主義)の比較たりえている(Aoki 1988; 青木 1995)。最近の青木は，全体的制度配置の多様性という視点から2類型論を超えるモデルを提起している。すなわち，純理論的モデルを別にすれば，アメリカ型 (A)，ドイツ型 (D)，日本型 (J) のほかに，近年の情報技術革命によって新たに生まれたシリコンバレー型 (SV) およびグローバル型 (GL) として，さしあたり5類型の全体的制度配置の存在を確認している (Aoki 2001: 訳 411-21)。

5) 図表の数字についての注記。GDP 成長率は指定された期間の GDP 年平均成長。1人当たり GDP は指定された期間平均の購買力平価での1人当たり GDP(ドル表示)。失業率は年失業率。なおオーストリアの失業率の時系列は 1964 年に始まり，オランダのそれは 1969 年に始まる。

6) 念のため補足すれば，これと同じような細分化は，VOC の中心的論者のひとりたるソスキスによってもすでになされているのであって，必ずしもキッチェルトらだけのものではない。それを端的に示しているのが，同じ Kitschelt et al. eds. (1999) に収録されたソスキスの論文 (Soskice 1999) であろう。

7) この点は，近年のホールがヨーロッパ諸国について，戦後期から 2000 年代にわたる長期的な資本主義的多様性の推移を検証しつつ，最終的に，「大きな共通のトレンドがあるにもかかわらず，ヨーロッパの政治経済は共通のリベラル・モデルに急激に収斂しているわけではない」(Hall 2007: 78) と結論づけていることとも符合する。

8) Kitschelt et al. (1999) を早期に検討したものとして，宮本太郎 (2000) を参照。

9) MMEs の概念は最初，Hall and Gingerich (2004:35) で以下のように導入された。「この第三の国別グループ〔スペイン，ポルトガル，イタリア，フランス〕は，戦略的コーディネーション〔LMEs の市場競争関係とは異なって CMEs によく見られる企業間協力関係〕にかかわる制度的特質を多くもっているが，ここでは『混合市場経済』と呼ばれる。というのもこれら諸国は，資本主義多様性の研究では，決定的には他の二つのカテゴリーに分類されないからである。」

10) ここに「新興市場経済」とは，新たに EU に加盟した中東欧諸国を指している。前注の MMEs がいわば南欧（フランスを含めればラテン諸国）を指し，この EMEs が中東欧を指していて，全体としてヨーロッパ中心の分析であるが，それは書名にも示されるとおり，著者たちによる対象範囲の限定のゆえである。

11) 移行経済諸国の多様な軌道については VOC アプローチやレギュラシオン・アプローチなどにもとづいて，多彩な研究が開花しはじめた。さしあたり Chavance (2002), Chavance and Magnin (2006), King (2002, 2007), Feldmann (2006, 2007), Bohle and Greskovits (2007a, b), Lane and Myant eds. (2007) などを参照。

第7章　さまざまな資本主義
――二分法を超えて――

　ホール／ソスキスの VOC（資本主義の多様性）アプローチへの批判は，さしあたり類型化にかかわる問題点と，それを超えて社会＝歴史認識の根幹にかかわる問題点に大別できるかもしれない。後者について本格的には次章で論ずることにして，この章では前者を中心に議論を深めてみよう。主要 OECD 諸国に限定したところでも，資本主義を LMEs と CMEs に 2 分類して事足りるのか。そもそも日本とドイツを，日本とスウェーデンを，同じモデルに括ることができるのだろうか。またフランスやイタリアには位置があたえられていなかったが，それでいいのか。

　たしかに VOC 的 2 類型論は単純明快ではあるが，しかしその分，資本主義モデル論としては粗雑にすぎ，欠落も多い。したがって VOC は，多様性論への出発点ではあっても，その終結点ではない。多様性論を 2 類型論で終わらせることはできないのである。こうして，前章でみた VOC の部分的修正の試み以外に，むしろ根本的に VOC とは異なる基準に立脚した 3〜5 類型論が構想され，二分法を超えるべくさまざまな議論が展開されてきた。その最高の到達点は，おそらくフランス・レギュラシオン派の仕事のうちに，とりわけブルーノ・アマーブルの「五つの資本主義」論のうちにあろう。本章は主要にはレギュラシオン派の議論に焦点を当てるが，その前に主として政治学の領域で展開されている福祉国家類型論について振り返っておこう。

1　三つの福祉国家

比較福祉国家論
　前章第 4 節にみた VOC 補正の試みは，類型化の基準として，VOC が設定した企業活動のコーディネーション様式という視点に加えて，新しく階級妥協

の制度化・組織化のあり方という視点を設定するものであった。そして後者を構成する重要な要素として，社会福祉ないし福祉国家のあり方が前面に登場していた。資本主義比較の基準として福祉という領域はおそらく欠かせないものであろう。いやそれ以上に，福祉国家の比較はたんに狭く福祉国家論を越えて，比較資本主義論に対して大きな示唆をあたえるかもしれない。その意味で，エスピン゠アンデルセンに代表される近年の比較福祉国家論は，比較資本主義論とも交錯する論点を大いに含んでいる。

「福祉国家の危機」が叫ばれるようになった 20 世紀末，Esping-Andersen (1990) が福祉国家研究に一大革新をもたらしたことは広く知られ，また高く評価されている。第一に彼は，経済発展（例えば 1 人当たり GDP）とともに福祉国家（例えば社会保障費）は発展していくといった，経済主義的かつ単線段階論的な福祉国家論を批判して，福祉国家形成における政治的要因（例えば階級連合）を重視し，かつそれが各国別に多様であるがゆえの福祉国家の多様性という観点を押し出した。それは危機のなか，多様な展開をみせる現代資本主義の内奥に深く迫るものであった。こうして従来からの収斂論的な福祉国家観は後退し，以後，福祉国家類型論ないし比較福祉国家論が花開くことになった。『福祉資本主義の三つの世界』という書名はそれを象徴している。

エスピン゠アンデルセンの貢献としては，第二に，福祉国家の定義でもあり比較基準でもあるものとして，「脱商品化」と「社会的階層化」という二つの指標を設定したことであり，かつそれらを統計分析に耐えうるよう操作化したことである。これによって，例えば社会保障費割合といった表面的な指標ではなく，より理論的な福祉国家研究への道が開かれた。とりわけ「脱商品化」という指標は重要であり，これは「個人あるいは家族が市場参加〔とくに労働力の商品化〕の有無にかかわらず社会的に認められた一定水準の生活を維持することがどれだけできるか，というその程度」（Esping-Andersen 1990: 訳 41）を示すものとされる。脱商品化は労働力商品の廃止そのものではないが，資本主義のなかにあって市場の世話にならなくてもどれだけ生活できるか（市場原理からの免責）の指標であり，社会的権利の強さの反映でもある。他方，「社会的階層化」とはやや逆説的な概念である。彼は，「福祉国家は，ただ不平等な構造に介入しこれを是正しうるメカニズムであるばかりでなく，それ自体が階層

化の制度なのである」(ibid.: 訳 25) と語って，福祉国家のうちには平等化と階層化の双方の力学が作用していると考える．福祉をめぐる連帯が全国民的規模でなされるか，職域・団体レベルでなされるか，あるいは二重構造的な社会的分断を再生産する形でなされるか．それは福祉国家による階層化の性格や高低を規定する．

ところで脱商品化という概念は，福祉国家の本質を捉えていてきわめて有効であるが，しかしフェミニズムの側からの強力な批判に遭遇した．エスピン＝アンデルセンの言葉でそれを要約すれば，「多くのフェミニストにとって，問題は，ほとんどの福祉国家が，最悪のケースでは商品化以前の立場に女性を閉じ込め，その状態を再生産していることであり，最良のケースでも女性に課せられた仕事と家事の二重の負担をほとんど軽減していないことである．脱商品化という概念は，福祉国家がまずもって女性の商品化に手を貸さないかぎり，女性にとっては役に立たない」(Esping-Andersen 1999: 訳 76) という問題である．ここにおいて彼は，脱商品化は賃労働関係（労働力商品化）に全面的に編入された個人にとってのみ意味をもち，「商品化以前」の個人（とりわけ家族に縛りつけられた女性）にとっては意味をもたないことを認識し，新たな福祉国家指標として福祉的義務の「脱家族化」を追加する．脱家族化とは，福祉や介護にかかわる家庭責任を福祉国家などを通じて緩和しうる程度のことであり，さらには，家族の世話にならなくてもどれだけ生活できるかの程度でもある．それはまた，とりわけ女性にとって労働力商品化の前提条件をなす．こうしてエスピン＝アンデルセンは，最終的には，脱商品化，階層化，脱家族化という三つの指標から福祉国家を類型化する．

第三の，そして最もよく知られた貢献は，福祉国家類型として，自由主義，保守主義ないしコーポラティズム，社会民主主義という三つのレジームを析出したことである．これとかかわって，福祉供給主体として大きく国家，市場，家族の三つを同定し，どの国においてもこの 3 者は複合的に存在するのであろうが，そのうちどれが支配的な供給主体となるかに応じて，それぞれ独自な「福祉国家レジーム」ないし「福祉レジーム」を形成しているものとみる．そして自由主義レジーム（米・加・豪）では，市場が中心的役割を果たすので脱商品化の程度は最低で，社会の二重構造的階層化が維持されるが，脱家族化という

図表 7-1　三つの福祉レジーム

	自由主義	社会民主主義	保守主義
役　割			
家族の──	周辺的	周辺的	中心的
市場の──	中心的	周辺的	周辺的
国家の──	周辺的	中心的	補完的
福祉国家			
連帯の支配的様式	個人的	普遍的	血縁 コーポラティズム 国家主義
連帯の支配的所在	市場	国家	家族
脱商品化の程度	最小限	最大限	高度（稼得者にとって）
典型例	アメリカ	スウェーデン	ドイツ イタリア

出所：Esping-Andersen (1999: 訳 129)

点では進んでいる。裏がえしていえば，国家はミーンズテスト付きの扶助など，最低限の保障を行うにすぎない。保守主義レジーム（独・墺・仏・伊）では，男性労働者を中心にした職域ごとの社会保険制度が発達しており，このかぎりでは脱商品化はかなり進んでいると同時に，職業的地位の格差が維持されていて階層化は高く，また福祉供給における家族の役割が大きくて脱家族化が低い。社会民主主義レジーム（スウェーデンをはじめとする北欧諸国）は国家が中心となって普遍主義的な福祉を展開している。そこでは脱商品化と脱家族化が最高度に進展し，階層化は抑制されて平等化が進んでいる。

　以上にかんしてエスピン＝アンデルセン自身，**図表 7-1** のように整理している。欧米における福祉レジームのあり方という視角からではあるが，ここには「三つの資本主義」が析出されている。

エスピン=アンデルセンを超えて

ここからも判明するように，彼の「三つの世界」とはあくまでも固有の対象を欧米諸国に限定したうえでの類型論であって，日本やアジアは直接の対象となっていない。たしかにエスピン=アンデルセン自身，日本は「自由主義と保守主義との特殊な合成型」（Esping-Andersen 1990: 訳 xiii）だとも指摘しているが，くわしい分析を経たうえでの話ではない。したがって日本人研究者を中心に，日本をどう位置づけるかの議論が活発に展開されてきた。それは時として，エスピン=アンデルセン自身の枠組みや指標を修正するものでもあった。

例えば新川（2005: 272-8）は脱商品化と社会的階層化の両軸を維持しつつも，エスピン=アンデルセンによる3類型のほかに，第4類型として家族主義的な「南欧型」（低脱商品化・高階層化）を設定し，このなかに日本をも繰り入れる[1]。武川（1999: 136）は脱商品化と脱家父長制化[2] という軸を設定して，日本はその両面において進んでいないタイプとして位置づける。これに対して埋橋（1997: 160）は，基本的にエスピン=アンデルセンを継承して，日本は「リベラル・タイプの要素を多分にもつコーポラティスト・タイプに分類される」という。同じく宮本（2003: 18）は，ひとまずエスピン=アンデルセンに即しつつ，自由主義，保守主義，社会民主主義という三つのレジームを三角形で図示する。そのうえで，各レジームの中間ないし境界に位置する諸国の位置づけを行っているが（図表7-2 参照），そこでもやはり，日本は保守主義（階層性，家族役割）と自由主義（低給付水準，低再分配効果）の中間に位置づけられている。

図表7-2 は宮本の図に即しつつも，そのなかにエスピン=アンデルセンの三つの福祉レジーム指標（点線の矢印）を書き入れてみたものである。エスピン=アンデルセンによる脱商品化，階層化，脱家族化という3指標を総合して福祉国家レジームを分類すれば，このように，自由主義は脱家族化と階層化によって，保守主義は階層化と脱商品化によって，社会民主主義は脱商品化と脱家族化によって特徴づけられる。そして，それぞれを理念型的に代表する国は順にアメリカ，ドイツ，スウェーデンであり，これらの間に中間的ケースの諸国がいくつか存在するという構図を示すのであろう。

いずれにしても，日本をどう位置づけるかという上記の試みのうちには，日本の位置づけに成功しているか否かとは別に，エスピン=アンデルセンを超え

図表 7-2　福祉国家の諸類型

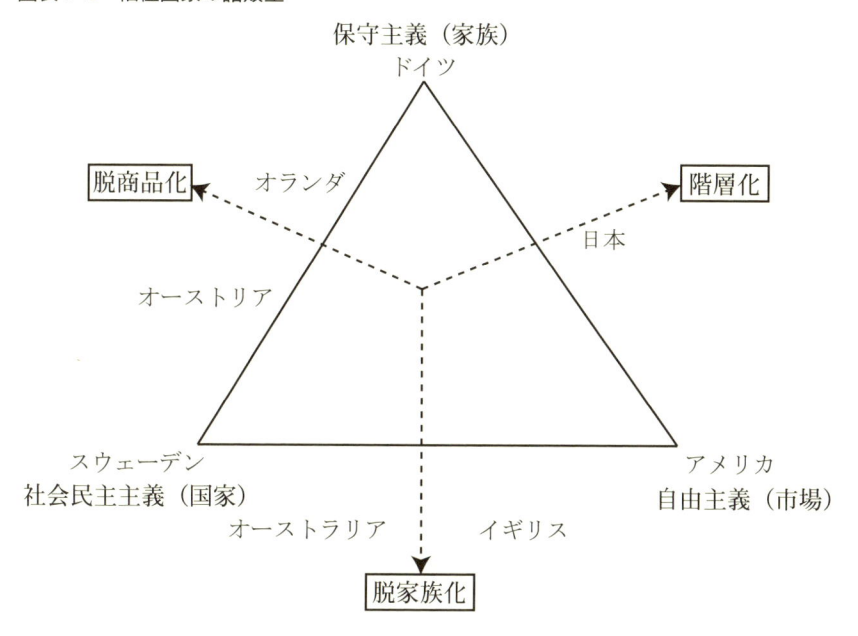

```
              保守主義（家族）
                ドイツ
                 ▲
                /│\
    脱商品化◄-- / │ \ --► 階層化
         オランダ │
              /   │   \
            /     │日本  \
          /       │       \
    オーストリア  │
        /         │         \
       /          │          \
      /           │           \
     /            ▼            \
    /─────────────────────────\
  スウェーデン                アメリカ
 社会民主主義（国家）    自由主義（市場）
        オーストラリア │ イギリス
                     ▼
                  脱家族化
```

出所：宮本（2003: 18）　一部加筆

て，福祉国家類型や資本主義類型を考察していく場合の新しい視点が胚胎している。例えば新川（2005）の設定する「南欧型」は，その内容やそこに日本を含めるという論点はともかく，いわゆる先進諸国に限ってもエスピン＝アンデルセン的3類型におさまらない経済社会の存在を明示していて興味深い[3]。また宮本（2003）の議論は，上にみたようにエスピン＝アンデルセンの3類型論を整理して示唆的であるだけでなく，福祉レジーム論を雇用レジームとの関連において，さらには生産レジーム（Soskice 1999）との関連において捉え，こうして福祉国家多様性論と資本主義多様性論を総合しようとする意図が窺える。さらにまた，武川（1999）や埋橋（1997）のうちには，類型論の段階論化，類型論の動態化といった表現とともに，類型論という歴史なき静態論の世界から歴史的変化を捉える視点へとどう展開していくかという重要な論点が開拓されてもいる。それはもちろん，類型論以前の先進－後進といった「直線的世界」

7　さまざまな資本主義　135

(埋橋 1997: 9）への先祖がえりではなく，類型論を踏まえた動態論・段階論の構築という課題であり，空間的可変性と時間的可変性の統合的理解という課題である。こうした試みはたんに比較福祉国家論のみならず，広く比較資本主義分析にも大いなる示唆をあたえることになろう。

2　四つの資本主義

ボワイエの方法的反省

　本章は以下，レギュラシオン学派による比較資本主義分析を検討する。最初に述べたように，その最高の到達点はおそらくブルーノ・アマーブルの「五つの資本主義」論にあろうが，それに先だってこの学派を長年導いてきたロベール・ボワイエの資本主義多様性論を確認しておこう。ボワイエとアマーブルは，イノベーション・システムの多様性に関する共著（Amable, Barré et Boyer 1997）を出していることからも分かるように，まったく異なった議論を展開しているわけではない。しかし，問題関心や世代の相違も手伝って，両者の間には方法論上，微妙なズレが存在していることも事実である[4]。結果的に，アマーブルの5類型論に対して，ボワイエのそれは「四つの資本主義」論として特徴づけられるが，同時にそこには，たんなる類型論を越えて，資本主義の多様性を生み出す要因に関するある重要な認識が胚胎している。

　ボワイエが資本主義多様性論を本格的に展開するに当たっては，彼自身においてある重大な方法的反省が必要であったはずである。すでに第4章第4節で述べたように，彼をリーダーのひとりとするレギュラシオン理論は，第一に「フォーディズム」を戦後先進資本主義の標準的形態と想定することから出発したのであり，第二に，これと関連して当初は，多様性論よりも歴史動態論に，類型論よりも段階論に主要な関心があったはずだからである。多様性論や類型論を展開するということはフォーディズム概念を標準化・一般化しないということであり，むしろこれを相対化し特殊化することなしにはありえない。

　この点，のちのボワイエは，「フォーディズム」はアメリカ分析やフランス分析から抽出された概念であったが，「他の諸国を対象とした研究がふえるにつれて，フォーディズムはごく少数の国を特徴づけるものでしかないということを認識せざるをえなかった」と語り，「文字通りのフォーディズム・モデル

は普及していないことが確認されねばならなかった」と述懐している（Boyer 2004a: 訳 74）。では，レギュラシオン理論が当初なぜ「フォーディズム」概念を一般化していたかというと，それは段階論的問題関心のゆえである。レギュラシオン理論は戦後先進諸国の成長と危機という問題関心から出発したのであり，要するに「フォーディズムの成長と危機」という構図のうちに世界を捉えることから出発した。ということは必然的に，フォーディズム的危機の「後」すなわち「次段階」を展望し勝ちとるという関心と結びついており，要するに段階論的・歴史論的関心のなかにあった。しかし，フォーディズムの「後」すなわちアフター・フォーディズムを実際に分析してみると，一般的・標準的と想定されたフォーディズムに代わる別の何らかの一般的形態（発展様式）は見えてこない。むしろ各国別進路の分岐や多様性の方が顕著である。とすると，一般的モデルの存在を想定してその歴史的・段階論的変化を問うという，当初の設問は根底から再考されねばならない。少なくともそれが絶対化されてはならない。つまり，これまたボワイエの回顧であるが，「レギュラシオン理論はもともと……資本主義の諸段階についての分析であった。しかしながら，フォーディズム……に取って代わりうる諸蓄積体制についての研究によって，資本主義には複数の諸形態が共存するという問題が前面に出てきた」（ibid.: 訳 63）というわけである。

　もちろん，ボワイエ自身のなかに当初，資本主義の複数性への問題関心がなかったわけではない。例えば，フォーディズムといっても各国別に多様な変種があるのだとして，「真正フォーディズム」（アメリカ），「国家主導型フォーディズム」（フランス），「フレックス・フォーディズム」（西ドイツ），「ひび割れたフォーディズム」（イギリス），さらには「ハイブリッド・フォーディズム」（日本）といった分類をしたりしていた（Boyer 1990: 訳 38-39）。見てのとおり，複数性といっても各国別に形容詞を当てはめるにとどまって，分析にもとづく類型化がなされているわけでない。しかもこれらは，あくまでもフォーディズムという一般モデル内の各種変種だとされて，未だ 'One model, many national brands' といった枠組み内での多様性論でしかない。

　しかし他方，同じ論文でボワイエは，1990 年代の資本主義を展望して「国民的軌道」論を打ち出し，「分散的・逆コース型軌道」（アメリカ），「ミクロ・コー

7　さまざまな資本主義　137

ポラティズム型軌道」（日本），「社会民主主義型軌道」（スウェーデン，ドイツ），「ハイブリッド型軌道」（フランス，イタリア，イギリス）という形で，先進諸国の進路を四つに類型化する認識を示してもいた（第 4 章の**図表 4-2** 参照）。'Many models, many national trajectories' の認識であり，ここでは標準的モデルの存在は想定されていない。しかし，これらの分類は，結局は賃労働関係に中心視点を置いたそれであって制度諸形態全般を視野にいれたものではないし，したがって調整様式総体の比較でもない。加えて，ドイツが社会民主主義型に類別されたり，フランス・イタリア・イギリスが同一カテゴリーに入れられたりしていて，各国の類型論的位置も不安定である。

　そのボワイエが，あらためて「四つの資本主義」論として自らの多様性論を確定するようになるのは，おそらくアマーブルらとの共同作業（Amable, Barré et Boyer 1997）を通してであり，またそのなかで先述の方法的反省を踏まえてのことであっただろう。フォーディズム概念の脱標準化，段階論的関心の相対化という先の論点に加えて，新たに注目されるにいたった VOC を意識しこれを乗りこえるべく，多軸的なアプローチ（非二分法）や政治的契機の重視を方法論的に押し出しつつ，最終的にレギュラシオン理論の課題をこう設定する。「レギュラシオン理論の支配的特徴は，長期の歴史的時間における変遷と資本主義諸形態の多様性を不断に組み合わせていこうとする点にある」（Boyer 2004a: 訳 85 強調は引用者），と。レギュラシオン理論の目指すべきものは段階論と類型論の統合，比較分析と動態分析の統合だと宣言した形になっているが，振り返ってみればそれは，この理論の出発当初，ボワイエ自身が核心問題として設定していた課題——「経済的社会的動態の時間的空間的可変性」（Boyer 1986a: 訳 61）を解くこと——とはるかに呼応している。すなわち，時間的可変性と空間的可変性の統合的理解という課題である。

調整様式の多様性

　このように方法論の反省と類型化の変遷を経てきたボワイエであるが，彼がほぼ最終的に到達した資本主義多様性論は**図表 7-3** に集約的に表現される。以下，これに即してボワイエ的多様性論のポイントを追ってみるが，この図表は最初，アマーブルらとの共著で「4 大調整様式の概括表」（Amable, Barré et

図表 7-3　ボワイエにおける資本主義の多様性

	\multicolumn{4}{c}{レギュラシオン}
	市場主導型	メゾ・コーポラティズム型（企業主導型）	公共的／欧州統合型（フランスの例）（国家主導型）	社会民主主義型（団体主導型）
1　総体的ロジックと支配原理				
	市場ロジックがほとんどすべての制度諸形態の編成原理	生産にかんする多様化と、**大規模経済単位内**での連帯と可動性の原理	生産・需要・制度的コード化の面での**公共的介入**が生みだす経済循環	社会・経済の多くの点のルールにかんする社会的パートナー間の交渉
2　制度諸形態への含意				
賃労働関係	賃金交渉の大幅な分権化、報酬の個別化、労働市場の分断	大企業内の賃金妥協、他方で賃金上昇の同期化	雇用・労働時間・賃金・社会保障の規則にかんする強力な制度化の傾向	中短期的競争力という制約下で、団体交渉の集権化という伝統
競争	立法による集中の制限、ある寡占競争から他のそれへの再編成	大企業は多数の市場に存在し、製品市場における大企業間競争は相対的に熾烈	公共的規制や業界団体の誘導によって緩和された競争、高い資本集中度	大企業の数は少ないが高度に国際化されており、それゆえ競争にさらされている
貨幣・金融	中央銀行の独立性、金融市場のロジック、多数の金融革新、金融による強力な企業支配	資金調達および資本割当における系列およびメインバンクの役割、公的当局（財務省、中央銀行）による強力な統制	国家が強力に統制する信用および通貨政策、中央銀行の自律性は伝統的に弱い、財務省の決定的役割	主として銀行型の金融、完全雇用や競争力を目的とする通貨政策
国家	一連のエージェンシーや統制機関へと断片化、政治市場での競争によってその拡大は大きく制限される	大企業では提供できない公共サービスやコーディネーションを保証、規模は小さいが役割は大	質・量とも公共的介入の強力な発展――国有企業、規制、公共支出、社会保障……	財政的移転や制限的規制の拡大に示される多数の公共的介入
国際的編入	自由貿易原則への固執、地位や規模に応じて自律性には大小がある（米／英の違い）	技術的・経済的発展という要請によって条件づけられた貿易上・金融上の選択	対外関係への強力な国家統制という伝統（関税、規格、割当、金融フローの制限）	技術的・組織的イノベーションを通して競争力原理を受容
3　調整様式の特徴				
	精緻な法的装置の支配下での大幅に**市場的な調整**	**大企業**によるメゾ経済レベルでの調整、市場や国家は二次的	マクロ経済的調節の中心は**国家**、市場や企業は国家のゲームのルールに従う	制度諸形態の核心には**三者（政労使）**の交渉がある
4　以下への帰結				
イノベーション	急進的イノベーションにもとづくシュンペーター波、特許やイノベーション益を個人化するロジックが支配	漸進的だが収益性のよいイノベーションを行うことによって、製品・工程の模倣・適応をする傾向	大規模投資や長期的時間幅を想定した急進的イノベーション、フォーディズム型の（つまり相対的に集権的な）イノベーションへの適応	周辺的であれ急進的であれ、社会・経済問題の解決に結びついたイノベーション
産業特化	急進的イノベーションと結びついた諸セクター――情報、宇宙、薬品、金融、レジャー産業	大幅なコーディネーションを必要とし局所的だが累積的な能力を動員するセクター――自動車、エレクトロニクス、ロボット	大規模公共インフラと結びついたセクター――運輸、電気通信、航空、宇宙、軍備	社会的需要に対応したり（健康、安全、環境……）技術向上によって自然資源を開発したりするセクター

出所：Boyer（2004a：訳 118-9）一部補訂

Boyer 1997: 194-5）として提示され，やがてボワイエの VOC 批判論文（Boyer 2002b: 158-9）で「レギュラシオン理論による資本主義の多様性」と改題されて再掲され，以後こうした資本主義の多様性を整理した表として，ボワイエの議論にはしばしば登場するものである（Boyer 2004a: 訳 118-9; Boyer 2005b: 530-2）。こうしたタイトル変遷からも推察されるように，ボワイエにとって「資本主義の多様性」の問題はすぐれて「調整様式の多様性」の問題へと落ち着く。もちろん「蓄積体制の多様性」への視野がないわけではなかろうが[5]，さしあたりは調整様式に重点が置かれている。

　この図表に見るとおり，主要 OECD 諸国に関するボワイエ的類型化の基本は「市場主導型」（代表国はアメリカ），「メゾ・コーポラティズム型」（日本），「公共的／欧州統合型」（フランスのほか，ドイツ・イタリア・オランダなど），「社会民主主義型」（スカンジナビア諸国）という，四つの資本主義論である。かつての国民的軌道論も 4 類型を提示するものであったが，いまや名称も所属国も少なからず変化している。

　アメリカをはじめアングロサクソン諸国はいまや「市場主導型」とされる。日本を特徴づける名称は，かつての「ミクロ・コーポラティズム型」から「メゾ・コーポラティズム型」へと変化した。北欧などの全国レベルでのマクロ・コーポラティズムとちがって，日本（特に大企業）では個別企業内での労使合意が賃金・労働条件の調整をリードするという認識から「ミクロ・コーポラティズム」と呼ばれていたが，その大企業は単独で存立・行動するのでなく，系列・業界団体・経営者連合など各種のメゾレベル組織のなかで他企業との連携を保持しつつ行動しているということから，いまや「メゾ・コーポラティズム」と規定される。その点を踏まえてさえいれば，これをあえて「企業主導型」と理解してもよかろう。「公共的／欧州統合型」とは事実上，EU の中心をなす大陸欧州諸国を特徴づけるものであるが，これは別のところで「国家主導型」とも呼ばれ，経済社会の調整における国家の役割が大きい型である。最後に「社会民主主義型」は，スウェーデンに代表される（されていた）ように，社会民主党政権の長期支配のもと，政労使という三つの社会的パートナーの代表が集権的交渉によって賃金・労働条件はもちろん，マクロ経済政策や福祉政策までをも決定し調整していくシステムである。他の資本主義モデルと比較するとき，

「労働組合」という「団体」(アソシエーション)の役割が決定的に大きいので,「団体主導型」と呼びうるかもしれない(場合によっては「市民社会主導型」(コミュニティ)と呼んでもよいかもしれない)。いずれにしてもボワイエの4類型にあっては,地理的名称は意識的に回避されているが,これは類型化はあくまでも概念的になされるべきであって,地理的属性によってなされるべきでないという信念の反映である。

さて,**図表 7-3** にあらためて立ち入ると,いまやボワイエは,たんに賃労働関係だけでなく,競争形態,貨幣・金融形態,国家形態,そして国際的編入という形で,五つの制度諸形態すべてを視野に入れた類型化を試みている(図表中の 2)。その五つの制度諸形態は総体として固有の調整様式を生み出す(図表中の 3)。そして,そうした調整様式の特徴が,各モデルに特徴的なイノベーション・パターンと産業特化をもたらすと同時に(図表中の 4),そしてそれ以上に,資本主義の多様性を生み出す(図表中の 1)。図表の 1(総体的ロジックと支配原理)と 3(調整様式の特徴)の諸項目の説明文において,太字で示した部分の照応関係に注意されたい。すなわち市場主導型にあっては「市場ロジック」と「市場的な調整」,メゾ・コーポラティズム型では「大規模経済単位」と「大企業」,欧州統合型では「公共的介入」と「国家」,そして社会民主主義型にあっては「社会的パートナー」と「三者(政労使)」である。要するに「調整様式の多様性」は「資本主義の多様性」を規定するのである。

振り返ってみれば,レギュラシオン理論は出発当初における段階論的問題関心が強烈であった時期には「競争的調整様式」と「独占的(管理された)調整様式」の二つを識別するのみであった。そしてこれらは「イギリス型資本主義」(19 世紀)と「フォーディズム型資本主義」(20 世紀後半)という,2 段階の資本主義認識に帰結した。いまや類型論的関心から 21 世紀現代の資本主義について,ボワイエは以上のように,少なくとも四つの調整様式,四つの資本主義を識別するに至る[6]。加えてまた,この四つの資本主義=調整様式を特徴づけるものとして「市場」「企業」「国家」「団体」(「市民社会」)という象徴的な用語が登場したことにも,次章との関係であらかじめ注意しておきたい[7]。

7 さまざまな資本主義 141

3 アマーブルの方法的基盤

社会的イノベーション・生産システム

　もう一度，前章にみた VOC（資本主義の多様性）アプローチに戻ると，LMEs と CMEs というホール／ソスキスらの二分法は，市場主導型資本主義とは異なる資本主義類型が厳存することを示して鮮烈ではあるが，「資本主義の多様性」とはこの 2 類型の提示で事足りるのか。多様性とは二様性のことなのか。ドイツと日本ははたして同じ資本主義なのか。フランスやイタリアの位置づけが曖昧であったが，それでよいのか。独米対比が中心であったが，ドイツは本当にアメリカの対極にあるのか。こうした疑問は尽きない。もっとも，制度構造の相違がイノベーション能力や比較優位産業の相違を規定するという VOC 的論点は，比較資本主義分析において大いに展開されていかねばならないだろう。VOC のこうした長所を生かしつつ，他方，上記の欠点をどう克服するか。そこから，レギュラシオン第二世代を代表するブルーノ・アマーブルの比較資本主義論が展開される。そしてその原点はイノベーション・システムの問題にある。

　アマーブルは早くから，ボワイエらとともに，そして場合によればむしろボワイエらをリードしながら，イノベーション・システムの比較分析を行っていた（Amable, Barré et Boyer 1997）。そこから「社会的イノベーション・生産システム」(social systems of innovation and production: SSIP or SSIPs) という概念が析出されてくるが，それは，国際比較や多様性を考える場合の基軸視点を各国の技術競争力のあり方に置くものである。技術競争力のうちには，各国のマクロ・パフォーマンスや制度的特徴が反映されている。そして**図表 7-4** にかかわって言えば，技術競争力を構成するのは，科学セクター（アイデアの生産），技術セクター（アイデアの人工物への転換），製造セクター（人工物の商品品への転換）の間の相互作用のあり方であり，これによって製造セクターでの技能，イノベーション能力，産業競争力や産業特化のパターンの特徴が形成される。これはいわば各国のイノベーション特性・産業特化特性である。そして，このイノベーション特性が効果的に形成・維持されるためには，これをとりまく制度諸エリアのなかでも，教育・訓練制度，金融制度，労使関係制度の

図表 7-4　社会的イノベーション・生産システム

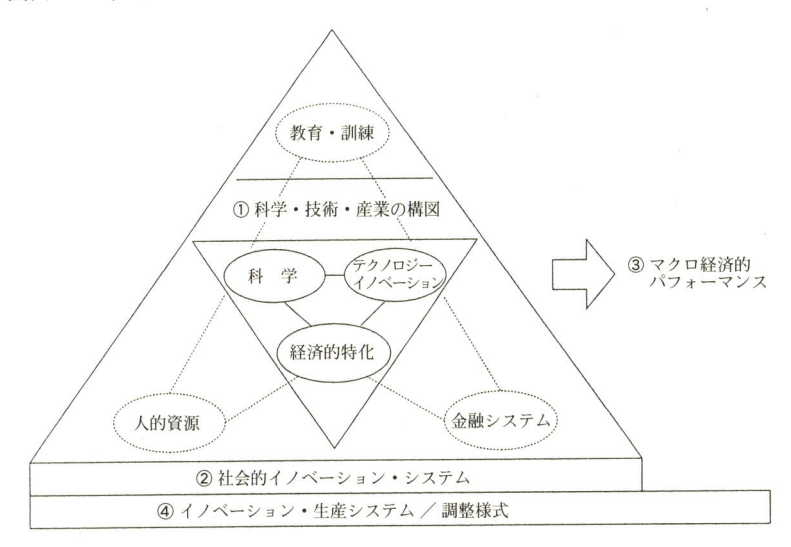

（図：三角形の中に以下の要素が配置されている）
- 教育・訓練
- ① 科学・技術・産業の構図
  - 科学
  - テクノロジーイノベーション
  - 経済的特化
- 人的資源
- 金融システム
- ② 社会的イノベーション・システム
- ④ イノベーション・生産システム／調整様式
- ③ マクロ経済的パフォーマンス

出所：Amable, Barré et Boyer (1997:127)

三つが決定的に重要であり，また相互補完関係にあるものとしてのこの3者が問われねばならない。要するに，国際比較に際して核心に置かれるべき1国ないし1社会の基本単位を，イノベーション特性（科学－技術－産業）と制度特性（教育－労働－金融）との複合的システムとして抽出し，これをSSIPとして概念化する（安孫子 2003）。

したがってSSIPの独自性は，これをボワイエ的な五つの制度諸形態との対比でいえば，従来あまり明確な位置づけをあたえられなかったイノベーション特性（科学－技術－産業）を中核に据えたこと，また，賃労働関係（教育・社会保障を含む），貨幣形態，競争形態あたりを中心にして，それらの補完的総体のうちに制度特性をみたこと，といった点にある。それはたしかに，賃労働関係視点を中軸にすえてフォーディズムや国民的軌道を分析した1990年代初頭までのレギュラシオン理論を超えて，今日のグローバル競争のもと，比較優位を確保するために総力を挙げている各国の資本主義と，それゆえの資本主義

7　さまざまな資本主義　143

の多様化といった現実を捕捉するための有効な概念的枠組みを提供していよう。

　アマーブルのこうした議論の背後には，VOC 批判のみならず，ヴィンテージ・レギュラシオン（レギュラシオン第一世代）への批判もある。第一世代は「五つの制度諸形態」を区別したが，その5領域の仕切りはけっこう曖昧であり，その曖昧さは制度的ヒエラルキーの逆転（第4章第4節および第5章第2節参照）を論ずるとき露呈されてしまう。フォーディズム時代からグローバリズム現代へと，制度の階層性は逆転した。では今日，「賃労働関係」に代わってヒエラルキー的上位を占めるのは「貨幣形態」（アグリエッタ）なのか，「競争形態」（プチ）なのか，「国際体制」（ボワイエ）なのか。レギュラシオニストの間で見解が分かれてしまうのは，かれらにおける現実認識の差以上に，制度諸形態認識の差に根ざしている。そもそも制度諸エリアを機械的に5分すること自体が無理なのであって，5エリアへの分割を乗りこえたところに新しい分析概念を築く必要がある。SSIP というアマーブル的概念には，そうした思いが込められている。

　さらにまた，すでに指摘したことであるが，ヴィンテージ・レギュラシオンの「フォーディズム」概念に見られるように，フォーディズムの一般化・標準化に対しても，アマーブルは手きびしい（Amable 2000）。特定の発展モデルを一般化したり理想化したりすることなく，さらには「良い資本主義」「悪い資本主義」といった価値判断を混入することなく，資本主義の多様性を客観的に析出すること，——これがアマーブルが追求する比較資本主義分析である。それはまた，独米対比（とりわけ VOC の場合）や日米対比といった，特定国中心の国際比較を乗りこえるということでもある。

アマーブルの方法と手続き

　以上のような「社会的イノベーション・生産システム」論を根本に置きつつ，加えて制度形成に関する政治的要素の重要性を強調しつつ，アマーブルは「五つの資本主義」論を本格的に展開する（Amable 2003）。何度も言うように，おそらくこれは今日における比較資本主義分析の最高の到達点のひとつであろう。はじめに彼の方法と分析手続きを簡潔に整理しておこう。

(1) 資本主義の比較はたんにマクロ経済指標を比較するのみでなく，あくまでも制度の比較を基本に据えるべきである。
(2) 比較されるべき制度は，何らか単一の制度（例えば労働制度，金融制度，国家形態など）とか，せいぜい二つの制度（例えば労働制度と金融制度）を取りあげるのみで満足すべきでなく，多数の制度が視野に入れられるべきである。
(3) その多数の諸制度は混然雑然たる総体としてでなく，多くの場合「制度補完性」をなして存在するのであり，そうした補完性のうちにある制度総体を比較する必要がある。
(4) 資本主義比較の当面の争点はアメリカ型資本主義の「効率性」「先進性」「制度優位性」いかんにあるのだから，補完的制度総体は産業競争力（イノベーション能力）に焦点を当てる形で検討されるべきである（この点はホール／ソスキスと共通する）。
(5) それゆえまず，諸制度のなかでも狭義のイノベーションにかかわる諸制度（科学－技術－技能）と，これを取りまくより広い諸制度（労働－金融－教育）に焦点をあてて，それら制度総体を「社会的イノベーション・生産システム」（SSIP）と概念化する（Amable 2003: 訳119）。
(6) 資本主義の類型化にあたっては，このSSIP（広義でとれば労働－金融－教育）を核心に据えつつも，さらに広く製品市場競争や社会福祉のあり方を視野に入れて，製品市場，賃労働関係，金融，社会保障，教育という五つの制度エリアの総体を分析する。
(7) 理論分析による類型化のみならず，統計資料にもとづく類型化も試みられるべきである。統計資料としては主要OECD諸国の1990年代末の数字を利用し，これに関して，上記五つの制度エリアごとにシステム成分の分析を行って主成分を特定し，そのうえに立ってエリアごとに各国のクラスター化を行う。
(8) それらに基づいて，製品市場エリアをベースとして，考慮する制度エリアを賃労働関係，金融，福祉，教育と順次追加しつつ，すべての制度変数を統合してゆく。各段階で因子分析とクラスター分析を重ねてゆく。

4 五つの資本主義

さまざまな制度補完性

さて，上記の（3）にいう「制度補完性」とは，最初の第1章で「ある領域のある制度の存在・機能が他の領域の他の制度の存在・機能によって強化されること」として示したものである。とはいっても，そのかぎりではきわめて抽象的な規定でしかない。各国資本主義の現実に即して「制度補完性」とは何なのか。言葉としてしばしば語られる割には,その具体像は断片的にはともかく，総体としては意外と検討されていない。アマーブルは，すぐのちに見る五つの資本主義モデルにつき，詳細な制度補完性の検出を行っているので（Amable 2003: 訳 137-140），ここにそれを確認しておくのがよかろう（**図表 7-5**）。資本主義の各種モデルはそれぞれに特徴的な制度補完性を内蔵しているのであり，つまりはさまざまな制度補完性が存在するのである。もっとも，これをめぐるアマーブルの分析は詳細を極めているので，図表はそれを適宜縮約して，いっそう見やすくしてある。

図表 7-5 は，アマーブルのいう 5 類型の資本主義につき，諸制度（さしあたり製品市場，労働市場，金融システム，社会保障，教育システムの 5 領域の制度）がどのように補完関係にあるかを一覧表にしたものである。一例をとると「市場ベース型資本主義」にあっては，例えば製品市場競争を軸にして見れば，そこでの競争の熾烈さは雇用のフレキシビリティによって補完され（製品市場－労働市場間補完），同じく製品市場の競争圧力は株式市場を中心とする洗練され迅速性のある金融システムによって補完され（製品市場－金融システム間補完），公的社会保障が低水準なので企業は高い課税を免れ（製品市場－社会保障間補完），競争ゆえの急速な構造変化により特殊的技能でなく一般的技能を中心とした教育システムが整備されている（製品市場－教育システム間補完）。その他の制度エリア間の補完性も，図表にみるとおり明らかであろう。

同じようにして「アジア型資本主義」には，長期企業戦略（製品市場）と雇用安定（労働市場），長期企業戦略（製品市場）と短期金融制約不在・企業統治非洗練（金融），競争規制（製品市場）と低福祉国家・高企業福利（社会保障），長期企業戦略（製品市場）と企業内教育（教育），等々，といった形の制度補

図表 7-5　五つの資本主義における制度補完性

	製品市場	労働市場	金融システム	社会保障	教育システム		
市場ベース型資本主義	製品市場		製品市場の熾烈な競争圧力による雇用のフレキシビリティとの補完性	製品市場の競争圧力と洗練された金融市場による迅速な金融との補完性	公的社会保障の低水準ゆえに企業に高い課税を課す必要なし	急速な構造変化ゆえに一般的技能を備えた柔軟な労働力を要請	製品市場
	労働市場	長期的企業戦略による長期企業ベースの労働市場による構造変化		短期的収益の優先ゆえに雇用保障は低水準	流動的な労働市場は失業リスクゆえ社会保障需要を低下させる	低水準の雇用保障と一般的技能への投資との補完性	労働市場
アジア型資本主義	金融システム	短期金融制約の不在による長期企業戦略；企業統治は洗練されない	大企業における短期制約の不在が、雇用安定を可能とする		公的社会保障は低水準；金融市場ベース（民間保険）によるリスク分散	株主保護中心の金融ゆえに特殊的技能への投資なし	金融システム
	社会保障	公的福祉の未発達と企業福利・競争規制の補完性；低福祉・低企業負担	雇用安定と公的福祉低発達の補完性；低福祉ゆえ労働者は企業に依存	公的社会保障の低さは民間福祉基金の発展を促進		特殊的技能投資への保障はないゆえ一般的技能中心の教育	社会保障
	教育システム	企業内教育は高度な教育を必要とす；高度教育と洗練された消費者	雇用安定と特殊的技能教育；効率的中等教育と企業内教育		社会保障の低水準ゆえに過度の特殊的技能投資は抑制		教育システム
大陸欧州型資本主義	製品市場		内部競争圧力の緩和によるやや高い雇用保障；それゆえ構造変化は停滞	競争圧力の緩和による安定的な金融一産業関係；企業の長期戦略が可能	生産性上昇→生産スリム化戦略は高度な社会保障によってのみ可能	品質ベース競争は労働者の高度な一般的教育が前提；専門的技能に有利	製品市場
	労働市場	競争圧力ゆえのフレキシビリティの必要；企業間コーディネーション可		短期的利潤制約の不在と雇用安定との補完性	雇用保障と中程度に高い社会保障の補完性；職域別の社会保険制度	雇用保障と特殊的技能への投資との補完性	労働市場
社会民主主義型資本主義	金融システム	「忍耐強い資本」によって企業の長期戦略が可能	短期制約がないので雇用保障が可能		比較的高い福祉と個人的なリスク分散の不必要性との補完性		金融システム
	社会保障	競争圧力ゆえのリスクは高い社会保障を必要とし、高い課税水準となる	高い社会保障と労働のフレキシビリティとの補完性	高度な福祉国家は市場ベースのリスク分散・民間保険を不要とする		比較的高度な社会保障と特殊的技能の獲得との補完性	社会保障
	教育システム	対外競争力のため高度な熟練労働者が必要；高教育と洗練された消費者	特殊的技能の保護と雇用保障；フレキシビリティの必要性と可能性		社会保障の充実と特殊的技能への投資との補完性		教育システム
南欧型（地中海型）資本主義	製品市場		低競争圧力ゆえに雇用安定（大企業）；雇用保障ゆえに構造変化緩慢	低競争圧力ゆえに金融一産業関係安定；金融未発達ゆえに構造変化緩慢	低福祉支出ゆえに課税による国内市場のゆがみは小さい	高度熟練労働力不要の産業構造（小企業）；それゆえハイテク産業未発達	製品市場
	労働市場			金融の短期制約欠如と雇用安定との補完性	事実上の雇用安定と相対的に低い社会保障との補完性	雇用安定と労働能力向上不要との補完性；高熟練教育に不向きな制度	労働市場
	金融システム				低福祉は個人によるリスク分散を必要とするが、分散の可能性は小さい		金融システム
	社会保障					低福祉は特殊的技能投資を抑止し、それが高福祉要求を弱める	社会保障
	教育システム						教育システム

出所：Amable（2003：訳 138-141）引用者による大幅縮約・変更あり

完性が存在する。

以下,「大陸欧州型」「社会民主主義型」「南欧型(地中海型)」についても同然である。なお市場ベース型を除く4モデルにあっては,「金融システム」と「教育システム」の補完性は明確な形では存在しない。「金融」という領域が最もグローバル化され普遍化されやすく,逆に「教育」(人材形成)は最も国民的特徴を帯びやすい領域のひとつであってみれば,両者の間に明確な補完関係が存在しないことも大いにありうることであろう。

5 類型の資本主義

以上のうえに立って,アマーブルはまずは定性的な分析を通して,五つの資本主義モデルを類型化する。アマーブルがそれぞれに付与した名称は,すでに上記に紹介してしまったが,あらためて言うと「市場ベース型」「アジア型」「大陸欧州型」「社会民主主義型」「地中海型(南欧型)」の五つである(**図表7-6参照**)。

第一の「市場ベース型」には,アメリカをはじめアングロサクソン諸国が該当する。ここでは製品市場での競争圧力が強く,そこから労働市場も各種規制が撤廃されてフレキシブル化する。つまり低賃金・短期・不安定雇用が多くなるが,その代わり失業期間は短期で再就職は容易である。対応して企業金融は株式市場が中心をなし,忍耐強くはないが迅速な資金を供給している。福祉制度は遅れており,個人が特殊的技能に投資するリスクは大きいので,いきおい競争的教育システムを通した一般的技能の形成が中心となる。バイオ,情報,航空宇宙などでイノベーション能力が高い。

第二は「アジア型」資本主義であり,日本と韓国がこれに属する。大企業中心の経済社会編成をなし,しかも日本を例にとって言えば,系列,企業集団,業界団体,金融機関,そして政府との緊密な協調関係にある大企業が主導している(企業主導型ないしメゾ・コーポラティズム型とも呼ばれうる)。製品市場も労働市場も大企業によってある程度統御されており,メインバンクによる長期金融は企業に長期戦略の開発を可能にし,大企業による長期雇用慣行は労働者に特殊的技能への投資を可能にする。国家レベルの社会保障は低水準にとどまる。エレクトロニクスや自動車・工作機械部門に強い。

図表 7-6　現代資本主義の 5 モデル

現代資本主義のモデル	制度領域					比較優位産業	代表的例示国
	製品市場	労働市場	金　融	福　祉	教　育		
市場ベース型	規制緩和されていて競争圧力が高い	フレキシブル化（解雇・賃金設定の自由）	株式市場中心，即応性はあるが忍耐強くない資本	リベラル福祉国家モデル，すなわち低福祉	競争的教育システム，一般的技能中心	バイオ情報航空宇宙	アメリカイギリス
アジア型	大企業を中心にして「統御」された製品市場競争	大企業を中心に統御された労働市場，長期雇用慣行	銀行ベース，メインバンクによる長期金融	社会保障は低水準	私立の高等教育制度，企業による社内教育	エレクトロニクス機械	日本韓国
大陸欧州型	競争的ないしゆるやかに規制された製品市場	調整された労働市場，それほどフレキシブル化されていない	金融機関ベース，忍耐強い資本	発達した社会保障，コーポラティズム・モデル	公的教育制度，技能教育はそれほど充実していない	特になし	ドイツフランス
社会民主主義型	貿易立国の小国が多く，対外競争圧力が大きい	労働のフレキシビリティはけっこう大きい	銀行ベース	きわめて高度な社会保障，普遍主義モデル	高度な公的技能教育	健康関連木材	スウェーデンフィンランド
地中海型（南欧型）	強く規制された製品市場	強く規制された労働市場，社会保障の代わりに雇用保障	銀行ベース	限定された福祉国家	教育制度の弱さ	繊維衣服皮革	イタリアスペイン

出所：Amable（2003: 訳 203）を参考にしつつも独自に作成

　第三に「大陸欧州型」とでも呼ぶべきモデルがある。ドイツ，フランス，オーストリア，オランダなど，ヨーロッパ大陸の中央部分に位置する多くの国が入る。社会保障は進んでいるグループに入るが，社会民主主義型モデルほどではない。その代わりに，社会民主主義型モデルよりも雇用保障は進んでいる。つまり労働市場はそれほどフレキシブル化されておらず，技能教育もそれほど充実していない。そしてフランスの航空・軍需産業，ドイツの化学・薬品など，各国ごとには目立つ産業もあるが，しかしモデル全体に共通して特別に競争力のある産業をもたないのが特徴である。

　第四の「社会民主主義型」モデルを代表するのは，もちろん北欧諸国である。貿易に依存する小国が多く，対外競争の圧力が強いので，労働のフレキシビリティはけっこう高い。しかし，そのフレキシビリティを市場的調整にゆだねるのでなく，高度な公的技能教育，積極的労働市場政策，適度な雇用保障，高度

な社会保障など，制度的工夫によって実現しようとしているのが特徴である。医療福祉・環境関連や木材関連の諸産業に比較優位をもつ。

そして第五に「地中海型（南欧型）」として，イタリア，スペイン，ポルトガル，ギリシャがクラスターを形成する。製品市場も労働市場も規制が強く，大陸欧州型にくらべて雇用保障は充実しているが，社会保障は劣っている。高等教育制度が充実しておらず，一般的に低賃金・低技能な産業が主流をなす。貿易面では繊維・衣料・皮革など，いわばローテク産業に特化している。

図表 7-6 は定性的にみた特徴による分類であるが，アマーブルはさらに，OECD の膨大な資料を利用しつつ，各種制度を一定の基準に従ってスコア化し定量化する。そこから最終的に，各国を市場軸（横軸）と福祉軸（縦軸）からなる平面上にプロットした。それが**図表 7-7** である（Amable 2003: 訳 204）。ここでは横軸の内容がやや複雑になっているので，その実質を崩すことなく分かりやすい形に一本化し，加えて**図表 7-7** のようにプロットされた各国を楕円でグループ化すれば，**図表 7-8** が得られる。ここでは，市場軸とは市場が自由化されているか規制されているかを意味し，福祉軸とは福祉国家が発達しているか否かを意味する。こうして現代資本主義の多様性は，**図表 7-8** のように 5 類型として確認することができる。定性的分析（**図表 7-6**）からのみならず，定量的分析（**図表 7-8**）からも，やはり五つの資本主義が識別されてくる。ここでは，さまざまな資本主義が「市場」と「福祉」を基準として分類されているが，アマーブルが期せずして析出したこの両基準は，たんに類型化のための基準以上のことを語りだしているはずである（次章参照）。

大まかに言って，五つのモデルは両軸の四つの端点と原点周辺に位置し，きわめて対照的な構図のうちに配置されている。**図表 7-8** にみる座標軸に即して各モデルを特徴づければ，市場ベース型は「自由市場型」（福祉は中程度），アジア型は「低福祉型」（市場自由化は中程度），社会民主主義型は「高福祉型」（市場自由化は中程度），地中海型は「規制市場型」（福祉は中程度），そして大陸欧州型は「中間型」（市場自由化は中程度，福祉は――やや高いがあえて言えば――中程度）と見ることができる。モデル名に地理的名称を避けたいのであれば，このように換言することもできよう。

以上に立脚するとき，従来の――あるいは常識的な――多様性論とは異なっ

図表 7-7　アマーブルによる諸国の定量的位置

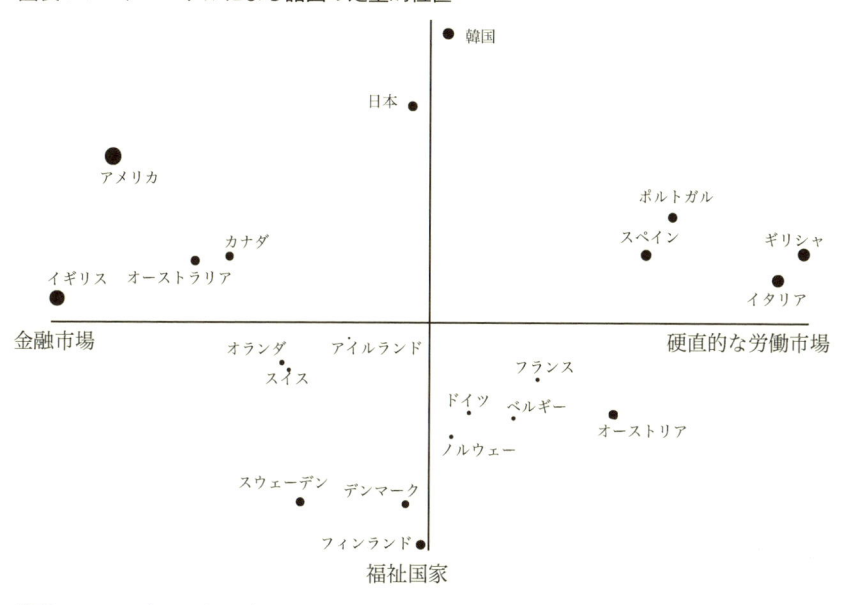

出所：Amable（2003: 訳 204）

図表 7-8　市場軸・福祉軸からみた 5 モデルの位置

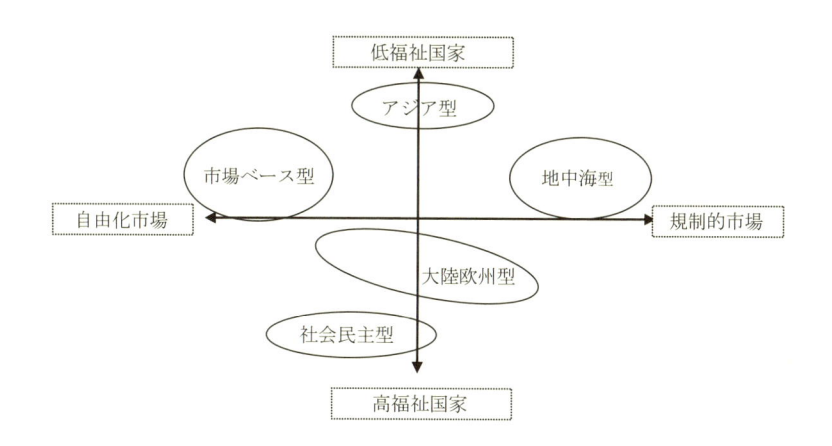

7　さまざまな資本主義　151

た新しい知見が得られる。箇条書きしておこう。

(1) ホール／ソスキスのいうLMEs（市場ベース型）の諸国は同質性が高く，他のモデルとはっきり区別される。これに対してCMEs（大陸欧州型，社会民主主義型，アジア型）は決して同質的諸国から成っておらず，異質性が高い。つまりLMEs以外をCMEsとして一括することには無理がある。
(2) 市場の自由化度という点で「市場ベース型」の対極にあるのは「アジア型」「社会民主主義型」「大陸欧州型」のいずれでもなく，「地中海型」である。そのかぎりでは，しばしばなされる独米対比，日米対比，米国－北欧対比は相対化される必要がある。
(3) 福祉国家という点で「社会民主主義型」の対極にあるのは，「市場ベース型」でなく「アジア型」である。
(4) 大陸欧州型ということでドイツとフランスが同じモデルに属することになったが，これはホール／ソスキスにおけるフランスの欠如という難点を克服している。同じくイタリアも，地中海型のうちに場所をあたえられている。
(5) 大陸欧州型（特にドイツ）はライン型（CMEs）の代表とされ，しばしばアングロサクソン型（LMEs）の対極にあるものとされるが，しかしこの5モデル配置のなかに置いてみるとき，大陸欧州型は5モデルの中間点（原点近く）に位置しており，相対的に中庸を得た（特徴のない）モデルだといえる。したがって，しばしば独米対比がなされるが，ドイツがどこまでアメリカと対照的なのかは，諸国全体の配置のなかで冷静に判断される必要がある。
(6) 大陸欧州型は，市場のフレキシビリティ（横軸）の点では，市場ベース型と地中海型との中間点に位置しているが，福祉国家（縦軸）では社会民主主義型のトーンダウン・ヴァージョンをなす。大陸欧州型は社会民主主義型にくらべて，社会保障は小さいが雇用保障（長期雇用）は大きい。地中海型になると，社会保障はさらに小さくなるが，雇用保障はさらに大きくなる。
(7) 個別の諸国についていえば，アイルランドは英語国民であるが，他の英語圏諸国とちがって大陸欧州型に属する。ノルウェーは北欧諸国のひとつであるが，少なくとも近年は社会民主主義型でなく大陸欧州型にクラスター化される。

以上のうえに最後に，資本主義諸モデルの経済パフォーマンスや，優秀なパフォーマンスを示すモデルへの世界的収斂いかんという核心的問題に対して，アマーブルはさらなる統計分析を通して，こう結論づける。

　第一に，経済パフォーマンス（さしあたり GDP 成長率，生産性，失業率）の点で高い実績を示すものとして，「規制緩和された製品市場－コーディネートされない労使関係－市場的な金融」の制度補完性総体だけでなく，「規制された製品市場－コーディネートされた労使関係－集権化された金融」のそれも検出される（Amable 2003: 訳 244-255）。つまり市場ベース型モデルのみが「効率的」なわけではない。

　第二に，1980 年代末と 1990 年代末における各国のモデル的位置を，さしあたりモデルの核心をなす「社会的イノベーション・生産システム」について比較したところによると，両時期ともに，市場ベース型，メゾ・コーポラティズム型（アジア型），公共型（大陸欧州型），社会民主主義型という 4 類型の SSIPs が確認される。さらに言えば 1990 年代末，公共型には独仏の本体部分のほかに二つの変種が析出され，合計 6 モデルが識別されうる。加えて各国はノルウェーを例外として，両時期とも同じモデルに属している（Amable 2003: 訳 123; Amable and Petit 2001）。以上のことは，グローバリゼーション下にあってアメリカ型資本主義への各国の収斂は検出されず，現代資本主義の多様性が存続していることを意味する[8]。アマーブルの著作のオリジナル・タイトルは「現代資本主義の多様性」であった。

1) これに対しては武川（2007: 178）からの批判がある。
2) のちの武川（2007: 32）では「脱ジェンダー化」と言い直される。
3) 本章第 4 節でみるように，アマーブルは資本主義類型のひとつとして「地中海（南欧）」型を設定する。
4) くわしくは Amable（2000）における「ヴィンテージ・レギュラシオン」批判を見よ。また本書第 4 章第 4 節も参照。
5) ボワイエが蓄積体制（成長体制）の多様性について最も多面的に提示しているのは，やや古いものであるが Boyer（1994a）であろう。
6) 第 5 章でみた「金融主導型資本主義」は，市場主導型の 1 亜種と考えることができよう。

7 さまざまな資本主義　153

7) さらに言えば，ボワイエにおける「市場」「企業」「国家」「団体」と，前章第 4 節でみた VOC 補正の試みにおける「市場」（LMEs）と「全国」「部門」「集団（企業）」（CMEs の 3 分類）という視点とのある種の共通項についても，次章での議論との関係において注意を払っておきたい。

8) Pryor（2005）は，1990 年の OECD 諸国について，五つの制度領域（製品市場，労働市場，生産と企業セクター，政府部門，金融セクター）の 40 指標を対象としたクラスター分析をし，以下の結論を引き出している（前章の**図表 6-1** 参照）。(1) OECD 諸国は四つにクラスター化するのが妥当である。すなわち，①アングロサクソン型（米英加豪のほか日本とスイスも），②北欧型（スウェーデン，ノルウェー，フィンランド，デンマーク），③西欧型（ドイツ，オランダ，ベルギー，そして留保つきでフランス），④南欧型（イタリア，スペイン，ポルトガル，ギリシャ），である。(2) マクロ経済パフォーマンスは，経済システムによって大きく異なることはない。つまりアメリカ型のみがパフォーマンスがよいということは言えない。(3) 長期で見れば，各クラスターごとに凝集化傾向（同一システム内での収斂化）があり，クラスター間には発散化傾向（異なったシステム間の分岐化）があるが，中期ではともにそれは言えない，と。プライヤーの 4 類型論はアマーブルの 5 類型論と重なるところもあって興味深い。しかし，類型化において日本がアングロサクソン・モデルに分類されている点は，決定的に問題であろう。ホール／ソスキス（あるいはアルベール）では日本は，LMEs（アングロサクソン型）に対抗する CMEs（ライン型）に分類されていたし，アマーブルでも日本はアングロサクソン的な市場ベース型とは遠い位置にあったことを想起するとき，日本の扱いはプライヤー的分類の最大の問題点をなす。

第8章　資本原理と社会原理
——類型論から動態論へ——

　以上，二つの章にわたって，現代における比較資本主義分析の代表的成果を見てきた。第6章にみた「二つの資本主義」論は，通例ひとつの比較尺度のもとに二分法という形で単純明快な類型化を行う。それによって，アメリカ型以外の資本主義タイプの可能性と現実性をまことにストレートに押し出す。資本主義分類としてはやや粗雑な面があろうが，しかしその分，アメリカ型資本主義への収斂論に対する強烈な批判意識が表明されている。他方，第7章にみた「さまざまな資本主義」論は，比較基準として複数の尺度を採用しつつ，資本主義のうちに3〜5類型を識別するものであり，いっそう緻密かつ客観的な類型化に到達している。両者のどちらが正しいかという問いには一般的な解答はない。目的に応じた類型化を試みるしかないであろう。そのうえで本章では，主としてレギュラシオン学派による多様性論を念頭におきつつ，そこから示唆される社会＝歴史認識について原理的な省察をしておきたい。

1　資本原理と社会原理の対抗と補完

アマーブル的座標軸の意味するもの

　前章で見たように，アマーブル的多様性論は比較資本主義分析の今日的到達点のひとつを代表するものである。アマーブルは製品市場，労働市場，金融システム，福祉システム，教育システムという5領域の制度を視野に入れつつも，最終的にこれをいわば「市場軸」と「福祉軸」に集約し，その座標系のなかに資本主義の5類型を同定した。ところでこの市場軸と福祉軸という2軸は，まことに示唆的かつ象徴的な意味を内包している。すなわち「市場」と「福祉」は，少し見方を広げれば，たんに現代資本主義の多様性を理解する基準としてのみならず，資本主義そのもの——さらに広げれば人類史一般——の動因と変容を

理解するための視角として応用しうる。「市場」は究極的に「資本」の活動によって担われ，かつ規定されている。「福祉」とは，より一般的には人びとの「社会的連帯」であり「社会」である[1]。それゆえ以下では，「市場」よりも端的に「資本」という語を,また「福祉」よりもやや広げて「社会」という語を使って，「資本原理」と「社会原理」という概念を設定する。

ここに資本原理とは,マルクスを引き合いに出すまでもなく G－W－G'（自己増殖する価値）の運動世界であり，貨幣，金融，利潤，対外性，世界，変化といった語でイメージされる人間の活動世界である。他方，社会原理とは，P……P（人間と自然の社会的物質代謝過程）の世界であり，大地，労働，生活，地域，日常性，連帯，安定の世界である。社会＝歴史認識の根底にこうした二つの原理を置くことは，用語こそ異なれ，じつはこれまで多くの論者によって提示されてきたことであり，格別に新鮮なことではない。Polanyi (1957) は「経済的自由主義の原理」と「社会防衛の原理」との「二重の運動」として近代史を捉えていたし，Braudel (1979) が「物質文明・経済・資本主義」を主題化したとき，「物質文明（および経済）」はいわば社会原理に，「資本主義」は資本原理に相当している。あるいは Braudel (1997) には「資本主義の社会的起源について」という論文もあり，「資本」と「社会」はブローデルの基礎視角をなしていたと言える。さらにまた，開発経済学の分野では「市場経済と慣習経済」（石川 1990），「資本主義と基層社会」（原 2000）といった問題設定がごく普通に見られるが，これも見方によれば資本原理と社会原理の別様の表現だと考えられる。こうした視角は低開発や歴史を解くためだけでなく，まさに現代の OECD 経済の解明のためにも有効なのである[2]。

こういう概念＝視角を設定すると，近代史は資本原理と社会原理の「対抗」と「補完」のうちに展開されてきたことが分かる。否,たんに近代史のみならず，およそ人類史一般もこの両原理の葛藤のうちに展開されてきたのであろう[3]。両原理は対抗しながらも補完しあい，組み合わさりながらも反発し，こうして近代史や人類史は歴史的な駆動力を得てきた。社会原理は安定をもたらすが，しかし停滞と固陋に陥りやすい。それのみに満足できないのが人間であって，人間は必ずや対外世界や貨幣を求めて，いわば資本原理に身を投じる。資本原理によってもたらされる新しい物産や価値は人びとを魅惑し，社会や世界を変

化させていく。資本原理は進取と革新の原理であるが、しかしまた不安定の原理でもある。人びとは安定のなかにも変化を求め、変化のなかにも安定を求める。歴史は、資本主義の歴史に限らずおよそ人類史は、そういった両原理の対抗と補完のうちに、すなわち両原理の弁証法のうちに展開してきたと見ることができる。

　ここで強調しておきたいことは、第一に、資本原理と社会原理はたんに「対抗」しあっているだけでなく、同時に「補完」しあってもいるという視点が重要だということである。「対抗」は直感的に理解しやすいかもしれないが、両原理は——その比重はともかく——共存し、そして「補完」しあってきたと捉えるべきである。第二に、ここでは資本原理をネガティブなもの、社会原理をポジティブなものと価値評価していないということである。われわれは、資本原理のうちにポジ（革新性）とネガ（不安定性）があるのと同様、社会原理のうちにもポジ（安定性）とネガ（停滞性）があると理解する。

資本主義の社会的調整

　近代以降は、社会原理に対して資本原理が大きく優越し支配的になった時代である。以前は、資本原理は存在するとしても多くの場合、社会原理のうちに埋め込まれていたのであるが、近代以降、資本原理はある意味で社会原理から自立し、そしてさらに社会原理を包摂し、支配することになった。そのことは広範に承認されている事実であり、むしろ常識である。だからこそ、近代は「資本主義」と呼ばれるのであり、あるいは市場が社会から「離床」した時代と言われ、資本形式が生産を包摂した時代だとされる。このように現代の資本主義社会は、資本原理が社会の全面を覆った社会であるが、かといって社会原理が消滅したわけではもちろんない。

　さて、このように「社会」から自由になった「資本」は巨大な変革力を発揮するのだが、しかし決定的に問題なのは、その資本は必ず暴走し、その暴走を自ら止める力は資本原理そのもののうちには存在しないということである。資本原理が暴走すれば、やがて社会は不安定化し破壊される。しかし社会が破壊されれば、実は資本自体も存立しえなくなる。このとき、資本原理の暴走に歯止めをかけるものは社会原理のうちにしかない。つまり社会の側からの資本主

義の調整がなされることになる。その調整がうまくなされれば，社会は安定しつつも発展し，資本は制御されつつも成長をとげる。調整がうまくいかなければ，資本も社会も危機に陥る。要するに，資本主義とは社会的に調整されねばならず，社会によって飼いならされねばならないのである。そのためには，あらためて社会原理が強く要請されるし，その社会原理の内実も時代とともに進化していかなければならない。

　資本原理と社会原理の対抗と補完，社会原理による資本原理の調整という視角に立脚するとき，われわれはあらためてレギュラシオン理論の原点的な認識の重要性に気づかされる。アグリエッタは語っていた。「資本主義とはそれ自身のうちにそれを調整する原理をもたない変化させる力である。資本主義の調整原理は資本蓄積を進歩の方向に誘導する社会的諸媒介の一貫性のうちにある」(Aglietta 1976, nouvelle éd. de 1997: 増補新版訳（27）強調は引用者)，と。すなわち，資本主義とは限りなく大きな「変化させる力」である。しかし，資本主義は「それ自身のうちにそれを調整する原理をもたない」のであり，無限に暴走する可能性をもつ。このとき資本主義を調整する力は「社会的諸媒介」すなわち「社会」のうちにしかない。要するに，資本原理は社会原理によって調整されねばならないのであり，資本主義は社会的に調整されねばならないのである。そしてこれこそ，レギュラシオン理論の基本メッセージなのである（本書第3章第3節参照）[4]。

　資本主義は社会的に調整されねばならないという考えは，当然ながら，資本主義（市場経済）そのもののうちに自己調整能力や自己安定化能力を見る新古典派経済学とは対立することになる。かといって逆に，資本主義（商品生産）は無政府的であり，したがって自己調整能力がないから，商品生産を廃絶して価格なき計画経済を樹立せよという，一昔前のマルクス主義とも対立する。新古典派が事実上，社会そのものを市場＝資本の原理で覆い尽くすこと（社会の市場化＝資本化）を意図していたとすれば，旧マルクス主義は資本や市場を廃絶してすべてを社会原理によって運営せよ（市場＝資本の社会化）と主張していたのであり，しかもその「社会」はすぐれて「国家」によって代表されていた。いずれも非現実的である。「社会なき資本」でも「資本なき社会」でもなく，「資本を社会によって調整すること」が追求されねばならない。資本原理と社

会原理を歴史の駆動力と見るかぎり，そうであらざるをえない．

　もうひとつ補足的に言及すれば，資本主義の社会的調整という観点は，「資本なき市場」「資本主義なき市場経済」を実現せよという議論に対しても懐疑的である．これは「資本」と「市場」を峻別せよという議論であるが，そこには「市場」は商品交換の場として自由平等の関係を生み出すが，「資本」は権力と支配の関係だといった像が重ねあわされていよう．また「市場」は善だが「資本」は悪といった価値判断が滑り込んでいるのかもしれない．これは古典的にはプルードンの議論であるが，現代においても Bowles and Gintis（1998）における資産再分配的平等市場論や，これにヒントを得たと思われる法政大学比較経済研究所／佐藤編（2003）における平等的市場への希求に見ることができる．しかし，マルクスの古典的なプルードン批判を引合いに出すまでもなく，貨幣は資本に転化するのであり，市場経済は資本主義に転化するのであって，そうであるからには，市場経済を残して資本主義を廃止せよというのはいかにも非論理的かつ非現実的な議論である．「資本なき社会」「社会なき資本」がありえないのと同様，「資本なき市場」もありえない．

　最後にもう一度，レギュラシオン理論に戻って確認すれば，アマーブルが市場軸と福祉軸のうえに各国をプロットし，そこから資本主義の諸類型を導き出したということは，資本主義の多様性をもたらす要因として，資本原理の強度（資本原理が規制されているか否か）および社会原理の強度（福祉国家という形で示される社会的連帯が強いか否か）を事実上抽出したということである．そしてそこには，資本原理がどこまで社会原理によって調整され制御されているかという視点も内包されていよう．資本主義の多様性は，歴史，文化，伝統，さらには世界情勢や地政学的位置など，多様な要因によって規定されていると言えようが，これを分析的に腑分けすれば，まずは資本原理／社会原理の強弱という要因を挙げて然るべきであろう．だがしかし，それがすべてではない．

2　社会的調整の多様性

社会原理の支配的編成形態

　今日の資本原理優勢の時代にあって，社会原理は弱体化し危機に瀕しているが，しかし完全に死滅しているわけではない．かといって逆に，社会原理は死

図表 8-1　各種コーディネーション原理の分類

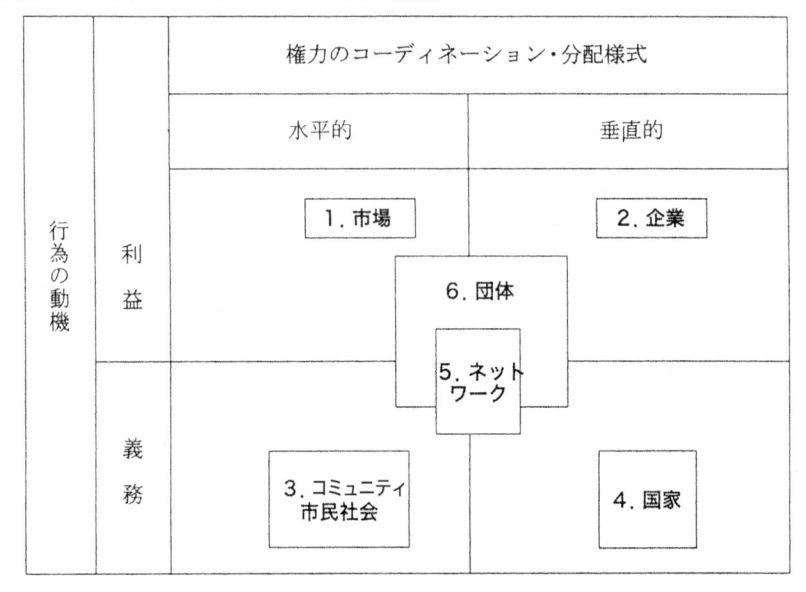

	権力のコーディネーション・分配様式	
	水平的	垂直的
行為の動機 / 利益	1. 市場	2. 企業
	6. 団体	
	5. ネットワーク	
行為の動機 / 義務	3. コミュニティ／市民社会	4. 国家

出所：Boyer（2004a: 訳 121）

滅してはいないものの，資本原理を十分に調整しえておらず，それゆえに数々の社会的危機に見舞われている。現代の時代的トレンドとして大局的にこう押さえたうえで，しかしひとくちに「社会」「社会原理」といっても実はあまりに茫漠としている。さきに「社会原理」をひとまず，大地，労働，生活，地域，日常性，連帯，安定といった語で表象される人間活動と述べたが，それらの様相は各国（各モデル）ごと時代ごとにまちまちである。そこで以下，資本主義の諸類型と関連させつつ「社会」の種々相について整理しておきたい。

　図表 8-1 は Boyer（2004a: 訳 121）のものであるが [5]，これによれば経済社会のコーディネーション原理ないし調整形態は「市場」「企業」「コミュニティ／市民社会」「国家」という四つに分類される。分類の基準は，各人の行為の動機が利益目的か義務的か，権力の分配様式が水平的か垂直的かにあり，これに従って 4 分されている。これに加えて最近では，各種の「ネットワーク」や「団体（アソシエーション）」といった中間形態も重要性を高めており，それが図表の中央部に示

されている。なお「コミュニティ」とは広範な概念であるが，さしあたり共同体・家族から地域社会までを含んでいよう。

ここにおいて「市場」は資本原理を代表する場であるのに対して，「コミュニティ／市民社会」や「国家」は何らかの形で社会原理を体現している。ただし「市場」も一種の社会編成原理だと考えることもでき，その意味で市場は資本原理による社会編成の場だと見ることもできる。また「企業」については，これを株主が主権をもつという企業＝財産観的に見れば資本原理を代表するものであろうが，法人実在説に立つ企業＝共同体観的に見れば，企業はある種の社会原理を代表している面がある[6]。要するに**図表 8-1** から読み取ってしかるべきは，ひとくちに「社会」といっても「企業」「コミュニティ／市民社会」「国家」さらには「団体」「ネットワーク」など，多様な編成形態がありうるということであり，場合によっては「市場」も社会編成の1原理たりうるということである。

一般に，いかなる時代のいかなる経済社会もこれら4～6個のコーディネーション原理を内蔵しており，何らかの比重におけるそれらの複合体として存在する。しかし，それらのうちどれが中心的・支配的なコーディネーション原理となるかは，国や時代によって，あるいは資本主義類型のいかんによって異なる。「社会原理」の支配的編成形態は国や時代によって異なるのである。そうした相違は歴史，伝統，文化と言われるものに多分に由来していようが，いずれにしても現代資本主義の多様性を規定する要因としては，このような社会原理の支配的編成形態の多様性という視点を欠くことはできなかろう。資本主義的多様性の規定要因として，前節では資本原理／社会原理の強弱という指標を抽出したが，これに加えてここに見るように，社会原理の支配的編成形態——企業，コミュニティ／市民社会，国家，団体，（市場）——という指標も重きをなす。

四つの「社会」

話を具体化した方がよい。さしあたりボワイエ的4類型論に即してみるのがよかろう。前章の**図表 7-3** でボワイエは四つの資本主義モデルにつき，それぞれの「総体的ロジックと支配原理」をどう特徴づけていたか。また，それぞ

図表 8-2　支配的社会編成原理と資本主義類型

	資本主義類型			
	市場主導型	メゾ・コーポラティズム型（企業主導型）	公共的／欧州統合型（国家主導型）	社会民主主義型（団体主導型）
総体的ロジックと支配原理	**市場ロジック**がほとんどすべての制度諸形態の編成原理	生産に関する多様化と，**大規模経済単位**内での連帯と可動性の原理	生産・需要・制度的コード化の面での**公共的介入**が生み出す経済循環	社会・経済の多くのルールに関する**社会的パートナー**間の交渉
調整様式の特徴	精緻な法的装置の支配下での大幅に**市場**的な調整	**大企業**によるメゾ経済レベルでの調節，市場や国家は二次的	マクロ経済的調節の中心は**国家**，市場や企業は国家のゲームのルールに従う	制度諸形態の核心には三者（**政労使**）の交渉がある

出所：Boyer（2004a: 訳 118-9）抜粋（一部補訂）

れの「調整様式の特徴」をどう規定していたか。**図表 7-3** より関連する部分を抽出すれば**図表 8-2** を得る。ボワイエのいう「調整様式の特徴」は，そのまま各類型の経済社会の「総体的ロジックと支配原理」と直結している。調整様式の多様性とは，多分に社会原理の支配的編成形態の多様性を表している。

　すなわち「市場主導型」（アマーブルでは「市場ベース型」）では，「市場」による調整が支配的であり，つまりは資本原理（市場原理）が社会の全面を覆い，いわば資本原理によって社会が編成されている。逆にいえば，それ以外の固有の社会原理がきわめて脆弱であり，しばしば社会的統合が解体して社会が分裂している。もっとも資本原理への社会的調整がまったく存在しないのではなく，例えばアメリカを例にとれば，強力な「国家」（精緻な法的装置）が「市場」へのルール設定者および監視役として厳存しており，また資本原理の暴走に対して——十分であるか否かはともかく——さまざまな「ボランティア団体」「慈善団体」による社会的調整がなされている。

　他方「社会民主主義型」にあっては，社会は「政労使」とりわけ「労働組合」によって代表されている。労働組合は「団体（アソシエーション）」でもあり，あるいは見方によっては「コミュニティ／市民社会」でもあろうが，とりあえず前者として理解しておく。ここでは労働組合を中心として，政労使の三者（社会的パートナー）

の交渉と協議によってマクロ経済政策や社会的ルールが決定されているのであり，社会はそのような「団体」を中心に編成されている。これはいわば団体主導型の資本主義類型をなす。

「公共的／欧州統合型」（アマーブルでは「大陸欧州型」にほぼ相当する）は，まさに「公共型」とも言われるように，そこでは社会は「国家」によって代表される。国家はマクロ経済的調節や制度化の中心に位置しており，いわば国家主導型である。これらに対して「メゾ・コーポラティズム型」（アマーブルでは「アジア型」）にあっては，さしあたり日本を中心にしていえば，社会は「企業」によって代表される。企業主導型である。少なくとも1990年代までの日本では，企業（特に大企業）は，たんなる利潤追求組織であるにとどまらず，同時に従業員の共同体として，終身雇用制・年功賃金制にみるようなある種の社会原理を体現していた（補足すれば「家族」も社会原理の重要な体現者であった）。ボワイエ的4類型論には登場しないが，アマーブルの「地中海型」について言及すれば，ここでの社会原理はすぐれて「国家」および「家族」によって担われている。

要するに，どの資本主義類型にあっても社会原理による資本原理の調整がなされているが，その際の「社会」なるものは，あるいは「社会的統合」の基軸は，それぞれ市場（市場主導型），政労使団体とりわけ労働組合（社会民主主義型），国家（公共型），企業（メゾ・コーポラティズム型）というように異なるということである。資本主義は社会的に調整されねばならないが，その「社会」なるものがすぐれて何に集約・代表されるかは歴史的国民的に多様であり，こうした「社会的調整の多様性」が「資本主義の多様性」を深く規定しているのであろう。調整様式分析なくして比較資本主義分析はありえない。

3　比較分析という手法

20世紀前半の歴史学から

考えてみれば，自国を他国と比較する，ある経済社会を他のそれと比較するといったことは，社会科学においてごく自然かつ普通になされていることである。本書冒頭でも述べたように，経済社会の比較は経済学の歴史とともに古い。その意味では，とりたてて「比較資本主義分析」と銘打たなくてもよいかもし

れないが，しかしこう銘打つことによって，比較という手法を社会科学のなかに自覚的・意識的に取り込むという意義はあるだろう。事実，比較や類型化といった手法の意義は，社会科学の先達たちによってしばしば表明されてきたところである[7]。

　社会科学のなかで「比較という方法」が強く意識されてきたのは経済史の領域においてである。例えば古く第一次世界大戦後，アンリ・ピレンヌは「歴史学における比較という方法について」(Pirenne 1923) と題する講演を行ったが，そこには戦争への強烈な批判的反省が滲んでいた。すなわち彼は，戦争期間中，交戦国が動員したのは化学（爆薬・毒ガス生産）と歴史学（戦争の正当化）であったとしつつ，時の政治家による自民族優越主義（人種理論）キャンペーンの僕（しもべ）に成り下がった歴史学を糾弾した。そして，こうした偏狭なる自国中心史観を乗り越えるべくピレンヌが提唱するのが，「比較」を通した「全体性」の学問であり，これによってのみわれわれは「一時的激情」を超えて「学問的認識の高み」に到達しうるのだとした。ピレンヌの古典的名言を聞こう。

　「私たちが国民の独創性と個性を理解しようとするならば，私たちに残されている方法はただひとつ，比較という方法です。実際，比較という方法によって，それによってのみ，私たちは学問的認識の高みに登ることができるのです。もし私たちが国民史の枠内にとどまっているならば，絶対にこの高みには到達しないのです」(ibid.: 訳 15-6 強調は原著者)。「これらの偏見〔人種的偏見，政治的偏見，国民的偏見〕から解放されるためには，人間は高みに登らなければなりません。そこから見ると，歴史の全体がその発展の尊厳のなかに立ち現れ，この光景の崇高さの前にその時々の一時的激情が落ち着き鎮静するあの高みにまで登らなければなりません。比較という方法によらずして，いかにしてこの高みに到達できるのでしょうか。……比較という方法によって，そしてそれによってのみ，歴史学は一個の学問となることができ，感情の偶像から解放されることができるのです」(ibid.: 訳 18)。

　ピレンヌのこの比較論的方法はやがて1930年代，さらにいっそうの確信となって「一国史」から「比較史」「普遍史」への視座転換を迫ることになる。「比較という方法のみが歴史家たちの人種的・政治的・民族的偏見を縮減することができる。こうした偏見は否応なく人びとを落とし穴にはめる。つまり人びと

は，自国史を他国民の歴史と結びつける紐帯を理解することができないので，一国の歴史という狭い限界内に閉じ込められてそれを誤解していると非難されることになる。これほど多くの歴史家が不偏不党性に欠けるのは，偏見のせいではなく情報不足のせいである。自らの民衆を管理する力をなくした者は必ず自分たちの独創性を誇張し，実際には借り物でしかないものを自分たちが誉れ高くも発見したのだとする。こうした人間は他国民を理解できないがゆえに不公正であり，その知識は排他的なので，感情がもたらす偶像に欺かれやすい。比較という方法によって，歴史はその真正の視野において現れることになる。これによって巨大だと思われていたことが微小なこととなり，輝かしくも国民的天分だとされていたことがしばしば，模倣精神の単なる表現だと暴露される。しかし，比較という方法の視点は普遍史の視点以外の何ものでもない。それゆえ，歴史がその発展の全体性において考察されるにつれて，また特定ないし国民的な歴史を一般的進化という作用のなかで研究するのに慣れてくるにつれて，歴史的方法に固有な弱点は少なくなるであろう」（Pirenne 1931: 444-5 強調は引用者）。

　民族主義的人種理論批判というピレンヌの1923年講演に多大な刺激を受けつつ，これを歴史学の方法の革新へと導いていったのが，フランス・アナール学派の始祖マルク・ブロックであった。1920～30年代，歴史学の世界は実証主義全盛の時代であり，局部的事実の確定と記述に終始していた。これを批判しつつアナール学派は，諸事実の「連関」を重視し，さらには連関を支える「構造」「全体」を問う。その際の不可欠な手法が，ふたたび「比較」であった。彼はいう。

　「比較するということは，1個ないし若干の相異なる社会状況，一見したところ相互に一定の類似性があると思われる二つないし若干の現象を選び出し，それらの変化の道すじを描写し，それらの間の類似点と相違点を確定し，そして類似点についても相違点についても可能なかぎり説明することである」（Bloch 1928: 訳 5）[8]。

戦後の社会科学から

　ピレンヌにも大いに示唆を受けたと思われる大塚久雄は，戦後日本の社会科

学を代表するひとつの成果たる「大塚史学」を樹立した。その大塚は「比較経済史」というジャンルの開拓に意欲を燃やしつつ語る。「しっかりした基準ないし座標を意識的に設定した上で，むしろ積極的に，比較ということをやっていく。そうすれば，歴史学の視野はいっそう広げられ，また深められていくのではないだろうか。もしそうだとすれば，比較ということは歴史学における研究方法の付録といった程度のものではなくて，実は，史料にもとづく事象ということと並んで，事実の確認のために不可欠な今一つの重要な方法的操作だと考えねばならないのではないか。……現象の奥底にかくされている大切なことがらを史実の中から掘り起こしていくこと，これこそが『比較史的方法の目指すもの』にほかならない」（大塚 1980; 著作集第 11 巻 : 53-4 強調は引用者）。「いきなり普遍的な理論に関連させたりするのでもなく，またいきなりアクチュアルな問題や特殊な一地域にだけ視野をせばめていくのでもなく，その両方に目を配りながら，歴史現象に固有な多様性のなかから比較を通じて一歩一歩，近代化を可能ならしめるような歴史的・地理的諸条件を，理念型として確定していこうとするのである」（大塚 1972; 著作集第 11 巻 : 106 強調は引用者）。

　比較はまずは自他の類似と相違の認識をもたらすが，それを通じてその先，「現象の奥底にかくされている大切なことがら」を発見させてくれる。大塚の比較経済史にとって，それは「近代化を可能ならしめるような歴史的・地理的条件」であったが，現代資本主義論にあってはそれは，例えば「経済発展を可能ならしめるような歴史的・制度的条件」と読み替えることができる。比較という手続きはたんに異同の列挙に終わらない。比較は比較で終わらず「現象の奥底」にあるものへと到達するのであり，また到達すべきである。まことに，「比較は社会科学において一般化——つまり最終的には理論——に到達する王道のひとつである」（Boyer 2004a: 訳 273）。われわれが「資本原理」と「社会原理」という概念で語ったものは，そのような「現象の奥底」にある社会＝歴史の駆動力であり，ある種の「一般化」である[9]。

　加えて指摘しておきたい。上来，比較論的方法を通しての普遍化・一般化・理論化という側面を中心に見てきたが，比較の意義はこれに尽きない。一般に特定の経済社会を分析するに当たって，その社会の各種性質がもつ他との共通性や特殊性は比較論的視点をぬきには析出しえない。しかし，ある社会が国際

比較的にもつある特殊性・例外性とは，多くの場合，比重は小さいが他の社会にも存在しうる要素なのであり，それがある社会ではたまたま——というより何らかの事情に規定されて——強烈に表出しているという可能性がある。ある社会はその社会がもつある特質のゆえに，ある要素において国際比較的にみて典型的な現われ方をするのである。特殊性ゆえに典型となるのであり，例外のなかに典型があるのである。この点はかつて，内田義彦が日本の経済や学問のひずみを念頭におきながら，「『特質』があるから『典型』になる。そういうロジックがある。そこでどうしても『比較』という視点の導入が必要になる」（内田 1974: 327; 著作集第6巻: 267）と語っていたことである。要するに比較論的方法は，彼我の異同（特殊性と一般性）の確認とか，個別特殊事例から一般理論化への媒介とかいった意義からさらに進んで，最終的には，「例外」のなかに「典型」を見る（他国の特殊な経験のなかに自国が学ぶべき普遍的問題を見分ける）ということを教えてくれるのであり，またそういうものとしての比較論的方法の意義が確認されるべきである。

　さて，一般に比較分析は広範な内容を含むが，本書ではすぐれて類型化＝類型分析に焦点を当ててきた。比較分析のなかには各国別比較やセクター別比較だってありうるが，本書では諸国の類型化とその類型間比較いう視点を中心に据えてきた。そこで比較分析のなかでも類型比較をすることの意味について，ここで反省しておく必要がある。これについては，すでに「比較福祉国家論」あるいは「福祉国家類型論」の先導者エスピン＝アンデルセンによる透徹した指摘がある。エスピン＝アンデルセンは類型化の意義と限界について，以下のように述べる。

　「類型化は少なくとも三つの理由から有益である。第一に，類型化は分析の手間を省き，無数の木でなく森を見る助けとなる。第二に，さまざまな種類を決定的な属性にまとめることができれば，分析する側は，運動の根底にあるなんらかの論理的連関や，おそらく因果関係さえ容易につかみだすことができる。第三に，類型化は仮説の提出や検証にとって有益な手段となる。／類型化に問題があるとすれば，その簡便さがニュアンスを犠牲にしてもたらされるからであり，とりわけ，それが静態的だからである。類型化が提供するのは，ある場所ある時代の瞬間的なスナップ写真のようなものであり，変化の過程や，新し

い種の誕生を捉えることは容易ではない」（Esping-Andersen 1999: 訳 115　強調は引用者）。

　類型化は「木」でなく「森」を見させることによって，現代資本主義の大局的理解をもたらす。類型化は表面でなく「根底」を照らす。「奥底」（大塚）といい「根底」（エスピン＝アンデルセン）といい，比較や類型化はこのように現象の深部を照らし出すのであり，それによって運動の論理を示唆するのである。類型化にはこうした積極的意義がある。他方，類型化の限界としては第一に，「森」という大局的視点はどうしても細かい「ニュアンス」を犠牲にしがちである。とりわけ第二に，類型化は動きのないスナップ写真であって「静態的」であることを避けられない。要するに類型論は資本主義の大局的かつ根底的な認識をもたらすが，しかし決定的に静態的構図しか描き出さない。静態論を動態論へと，類型論を段階論へと，空間的可変性論を時間的可変性論へと，社会認識を歴史認識へとつなげていくことが，次なる課題であろう。

4　比較分析から動態分析へ

近現代史の趨勢転換

　そうした課題への第一歩として，われわれが比較資本主義分析から取り出した根底的認識たる「資本原理」「社会原理」からすると，近現代史はどのような像を結ぶのかについて，試論的な議論を提示しておきたい。さきに見たように，社会原理による資本原理の調整ということをとりわけ強調しなければならないのは，グローバリゼーション時代の今日，資本原理が優勢化し，社会原理が弱体化し，社会原理が資本原理を十分に調整しえていない，という時代状況があるからである。フォーディズム崩壊後の現代は，資本原理の暴走と社会原理の危機の時代だといってよい。繰りかえすがこの課題は，比較資本主義分析から抽出された成果を歴史認識へと敷衍していくことでもあり，類型論を新しい段階論や動態論へとつなぐことでもある[10]。要するに資本主義は，その空間的可変性（多様性）と時間的可変性（歴史性）の両面から認識されるべきである。そして，この「経済的社会的動態の時間的空間的可変性」（Boyer 1986a: 訳 61）の分析とは，ほかならぬレギュラシオン理論の初発の問題意識でもあった（本書第 3 章第 4 節参照）。

そのような視点に立つとき,この 200 年ほどは,資本原理が強くなる時代（資本原理の暴走の時代）と社会原理が強くなる時代（資本の社会的調整が成功した時代）という形で,歴史の趨勢(トレンド)が転換してきたといった像が浮かび上がる。

すなわち 19 世紀から 1920 年代にかけては,「自由競争」の時代と言われ,また「自己調整的市場」の時代と言われるように,資本や市場の原理が浸透し暴走して,社会や生活の原理が解体された時代だと見ることができる。それをポランニーは「悪魔のひき臼」satanic mill と表現した。古典的自由主義はこの時代の資本原理を代弁した (Polanyi 1957)。

これに対する社会の側からの自己防衛は,これまた Polanyi (1957) によれば,ようやく 1930 年代から始まった。ニューディール（米）,計画経済（露）,ファシズム（日独伊）と形はさまざまであったし,歪んだ形をともなっていたが,これらはともかくも資本（市場）の独走をチェックしようとするものであった。ポランニーはこれを「大転換」great transformation と形容した（ただし彼はこの「転換」を一度きりのものと考えた）。やがて世界は第二次大戦へと突入したが,戦後の先進諸国にできあがったものは,社会の側から資本を調整するような経済体制（フォーディズム）であった。「埋め込まれた自由主義」(Ruggie 1982) と言ってもよい[11]。

例えば労使関係は,単純に市場的関係にゆだねられるのでなく,労働組合や団体交渉を通して制度化され,これによって労使関係における資本の暴走が抑制された。あるいは国際貿易も単純なる自由貿易主義でなく,IMF/GATT 体制という形で制度化されたなかでの自由貿易であった。つまり社会原理が力を得て,これがうまく資本原理を調整した。資本の社会的調整がある程度成功したのである。その結果,資本も発展したが（高度成長）,社会も安定化した（福祉国家）。そのフォーディズム時代を象徴する経済学はケインズ主義であった。「社会主義」ソ連の建設と解体は,多分に歪んだ形においてではあれ,まさにこの「社会原理」の興隆と衰退と歩調を合わせていたのであった。

そして 1970 年代以降,フォーディズムが危機に陥るとともに今日に至るまで——ポランニー的視角から整理すれば,そしてポランニーの予測に反して——資本原理が再度前面に出て暴走する時代となった。当初の 1970〜80 年代は国際競争の激化とアメリカ経済の衰退が目立ったが,やがて 1990 年代以降,

アメリカは「ニュー・エコノミー」的復活をとげた。これとともに市場原理主義も,「新自由主義」という党派的呼称から「グローバリズム」という超党派的呼称へと脱皮し[12],資本原理の今日的展開をイデオロギー的に支えている。今日,資本原理のグローバルな暴走によって,社会は窒息し,社会的統合は解体しつつある。われわれはまだ,グローバリズムという名の資本原理を飼いならしえていない。われわれはまだ,グローバル資本主義を調整すべき有効な社会原理を構築しえていないのであり,その意味でいわば「第二の大転換」が要請されているのである。

このように歴史は,資本原理→社会原理→資本原理という形で二つのトレンドの間で交替してきたかの観がある。いわば趨勢転換(トレンド)の歴史である。さきには資本原理と社会原理という概念によって現代資本主義の空間的(同時代的)多様性を検出したが,同じ概念を用いてその現代を歴史的に位置づけてみるとき,同時代的に多様性を示す現代資本主義の全体が今日,大きくは資本原理の優勢という時代的趨勢のうちにあることが見えてくる。ただし,トレンドにおいて資本原理が優勢だということは,各国各類型が資本原理的なものに収斂しているということを意味しない。資本主義はトレンドを共有しつつも多様性を示しているのであって,そういうものとして現代を理解する必要がある(**図表 6-7B**参照)。

以上のように,資本原理と社会原理はたんに多様性分析の基準であるにとどまらず,歴史分析の基準としても意味をもつのであるが,同じような認識は,あの『資本主義 対 資本主義』のミシェル・アルベールにも見られる(Albert 1991)。彼は終章で「資本主義の三つの時代」を画定することによって,この名著を閉じている。すなわち第一の時代は「国家に対抗する資本主義 capitalisme contre l'Etat の時代」であり,これは象徴的にいえば,1791年のルシャプリエ法の制定,すなわち労働組合の禁止と商業・産業の自由の宣言に始まる。第二の時代は「国家の枠組みのなかでの資本主義 capitalisme encadré par l'Etat の時代」である。これは100年後の1891年に始まったという。この時代,市場の行き過ぎを抑え資本主義の暴力を緩和すべく,国家が出動した。こうしてほぼ1世紀間,民主主義と国家の力によって資本主義を抑制し,手なづけてきたのだが,いまや事態は逆転して第三の時代に入った。それは「国家の代わり

としての資本主義 capitalisme à la place de l'Etat の時代」とされる。これは同書出版の1991年から始まったとされているが，その10年ほど前からのレーガン・サッチャーの保守革命とその成功に加えて，この年，湾岸戦争でアメリカが勝利したことの波及効果も勘案されている。後知恵的にいえば，1991年末の社会主義ソ連の崩壊も，この新しい資本の時代を象徴する出来事であろう。「市場は善，国家は悪」の合言葉に集約される時代でもあり，それが現代である。

以上のようにアルベールは，要約すれば 資本→国家→資本 という歴史的趨勢転換を摘出している。われわれが社会原理と言ってきたものはすぐれて「国家」に集約されており，また時期区分もポランニー的なそれとはやや異なる。そういった相違を割り引いたうえで，なおかつわれわれは，ここにも 資本原理→社会原理→資本原理 という趨勢転換の歴史を読みとることができる。

多様性と構造変化

趨勢転換はいわば歴史の大道の議論であるが，経済学としてはもう少し緻密な変化の理論と実証が求められていよう。すなわち特定の構造，特定の類型をなす各国の資本主義はどのように変化するのか。どのような動態のうちにあるのか。これに関しては，さまざまな接近法があろうが，アマーブルとボワイエに即してみよう。

アマーブルが資本主義比較の中核に「社会的イノベーション・生産システム」(SSIP) の問題を置いていたことは先にみた（第7章第3節）。これは各国資本主義の特徴を，イノベーション特性（科学－技術－産業）とそれを外から支える制度特性（労働－金融－教育）の複合体を基軸にして理解しようとするものであった。これに関する計量的計測から各国をグループ化し，かつそれを経年的に追跡すれば，各国がどのように類型的に固定ないし移動したかが判明する。Amable（2003）はそれを1980年代末と1990年代末の2時点について行い，こう述べる。1980年代末に見られた「市場ベース型」「メゾ・コーポラティズム型」「ヨーロッパ統合／公共型」「社会民主主義型」という四つのSSIPは，1990年代末においてなお存続しているが，他方でしかし，市場ベース型の影響力が強まり，ヨーロッパ・モデルのうちに「アルプス型」「地中海型」という新しい変種が出現した。個別の国レベルでは，例えばノルウェーはかつての

社会民主主義型から市場ベース型に移行し，イタリアは独仏から別れて地中海型をなすに至った。一般に各国は市場ベース型に収斂していないばかりでなく，ヨーロッパに関してはむしろ多様性が強まった，と。このようにアマーブルは，類型化というスナップ写真の異時点間比較を通して資本主義の動態に接近する。

　ボワイエの場合は，より理論的かつ方法論的である。さきに見たようにボワイエは，資本主義の多様性をすぐれて調整様式の多様性のうちに見ていた。レギュラシオン理論からすれば，これは蓄積体制の多様性への問題関心を排除するものではもちろんない。蓄積体制と調整様式の総体は「発展様式」（発展モデル，発展構造）をなす（第3章第3節参照）。あるいは，さきに資本原理と社会原理の強弱・組合せとして語ったものは，レギュラシオン理論的にはおそらく，蓄積体制と調整様式からなる発展構造という問題へと具体化されて然るべきである。要するに資本主義の多様性とは最終的には発展構造の多様性であり，資本主義の動態的変化とは発展構造の変化すなわち「構造変化」に帰着する。そして，これまたレギュラシオン理論の基本的理解によれば，発展様式ないし発展構造を規定するものは制度諸形態である（**図表 3-1** 参照）。その意味で制度変化の理論を固めることこそ，多様性分析を動態分析につなげる第一歩となる。

　その制度変化の理論についての全面的な展開は本書の課題ではないが，そのための基本的要素となるべき考え方について，これを Boyer（2004a）に即しながら次の3点にまとめておこう。第一に「内部代謝」endométabolisme という観点である。これは「発展様式がそれ自身の内的力学のインパクトを受けて自らを変容させていくこと」（ibid.: 訳 260-1）と説明されているように，制度の機能そのものによって中長期的に制度そのものが変容を余儀なくされていくことであり，人目にはつきがたいが制度変化にとって決定的要因をなす[13]。一連の周縁的変化は積もり積もって，ついにどこかの時点で制度や発展構造そのものを大きく変化させる。しばしば蓄積体制や調整様式はその成功そのものによって危機に陥るというが，まさにそのような変化要因である。例えば大量生産の成功で人びとがゆたかになり，そのことが製品差別化生産を促進するといった場合である。

第二に「ハイブリッド化」hybridation である。さきの内部代謝が時間軸上の変化であるとしたら，このハイブリッド化はより多く空間軸での変化であり，要するに「他の空間〔国〕で有効性が証明された制度を模倣し移植する試みが，ある独自な構図の形成に道を開いていくということ」(ibid.: 訳 261) である。各国はしばしば優秀とされる他国の制度を導入しようとするが，しかし他国とまったく同じ制度に帰結することはまずない。導入された制度はそれまでの自国の制度や文脈と混ざり合いハイブリッド化して，ある独自な第三の構図をもたらすことが多い。場合によっては模倣元よりはるかに劣悪な制度が，また逆にはるかに優秀な制度が，生まれることだって多い。戦後日本におけるフォード・システムの模倣的導入が結果的にトヨタ・システムを生み出したことなどが，その好例である。いずれにしても，こうしたハイブリッド化という要因こそは，たとえ優勢な資本主義モデルによる世界の支配があったとしても，諸国は同一モデルに収斂しはしないことの積極的根拠である。

　第三の視点は，制度変化における「政治的要因」の重要性である。制度の形成や変化は，合理的選択をする経済的個人の利得最大化ゲームの結果としては決して説明できないのであって，「公的介入」「国家」(ibid.: 訳 262-4)「社会政治的グループ」「支配的社会ブロック」(Amable 2003: 訳 69-77) といった政治的要因ぬきにはありえない。制度はコンフリクトをめぐる政治的妥協（「制度化された妥協」）として存在するのであって，制度形成・変化とはきわめて政治的なことなのである（アマーブルほか 2008）。繰りかえすが，制度の形成・変化は，ゲーム理論であれ取引コスト理論であれ，いわゆる狭き経済学主義によっては決して解明できないのである。また，以上と深くかかわるが，「制度階層性の逆転」ということも制度変化を規定している。支配的な制度が時代とともに変化することであり，例えばフォーディズム時代の労働制度の支配から今日のグローバリズム時代における国際金融制度の支配への逆転である。そうした制度階層性の逆転の裏には，支配的社会政治的ブロックがかつての労働－経営から今日の経営－金融のブロックへと転換したこと――そのような政治的要因――がある。

　このように内部代謝，ハイブリッド化，政治的要因といった作用を受けつつ，制度は変化していく。その制度変化はやがて発展様式の変化，すなわち構造変

化をもたらす。そうした構造変化のなかで各国や類型の多様性一般が失われることはないにしても，多様性のあり方は変化しうる。前項でみた近現代史の趨勢転換のうちには，このような多様性と構造変化が内包されているのであり，歴史は多様性と構造変化を内蔵した趨勢転換としてある。それが比較資本主義分析の示唆する歴史進化の様相である。

1) 近年，とりわけヨーロッパで議論されている "flexicurity"（労働の flexibility と福祉・教育を中心とした security の組合せ）という戦略においても，大きくは「市場ないし資本」(flexibility) と「福祉ないし社会」(security) との妥協・調整の問題として読み直すことができよう。フレキシキュリティについては，さしあたり Bredgaard, Larsen and Madsen（2005），European Commission（2006），Boyer（2006）を参照。
2) さらに社会主義経済論／移行経済論の分野では，岩田（1993, 2008）が「市場」「計画」「協議」という体制分析の 3 基準を示しつつ人類史の整理を試みているが，そこでの「市場」と「計画／協議」はおそらく「資本原理」と「社会原理」に相当していよう。その他，堀林（2006）は資本主義も社会主義も含めて「市場経済」と「社会防衛」，あるいは「市場原理」と「社会の原理」という対抗関係を抽出している。
3) 資本原理と社会原理の対抗と補完というこの社会＝歴史認識は，今村仁司がその畢生の大著『社会性の哲学』に遺した最後の言葉と響きあう。今村は人類学から多くを吸収しつつ「贈与体制」と「交換体制」を対比し，それぞれにおける正義を「平等」（存在そのものにおける同等性＝相互扶助）と「等価」（不平等の枠内での量的同等性＝成果と功績に応じた配分）として抽出する。そのうえで「これまでの諸社会は……二つの正義（平等と等価）を何らかの仕方で結合してきた」「人類史は図式的にいえば贈与と交換の組み合せの運動であった」「人間の社会……は二つの相反的原理を構成要素として含んでいる」（今村 2007: 465, 450, 546）と語る。われわれそこに，資本的なもの（等価原理）と社会的なもの（平等原理）の対抗と補完という社会＝歴史認識を読みとって然るべきであろう。付け加えていうならば，今村（2007: 465-7, 531-3）はこれにとどまらず，平等と等価という二つの正義（同等性）概念を調停し統合すべき概念として，「公正（衡平）」としての正義という概念を展望し，また歴史的に検証している。それは「等価が生み出す格差を解消し，等価の正義の実質を質的平等へと限りなく近づけて，二つの正義の事実的同一化をはかること」とされる。こうして今村は，「量的等価性を質的同等性へ接近させること」のうちに人類史の羅針盤を置く。
4) この点はすでに古典的に，フランソワ・ペルーが「資本主義の論理」と「政治的秩序の論理」という概念によって捉えていたことと相即する。「資本主義」と「社会」「伝統」「政治」との対比に注意しつつ読まれたい。「資本主義の論理は，主としてイノベーションによって実現される最大限貨幣利得の論理である。／あらゆる資本主義社会は社会セクターのおかげで正常に機能しており，このセクターは利得の精神とか，最大限利得の追求とかによって浸潤されたり鼓舞されたりしてはならないのである。高官，

軍人，司法官，司祭，芸術家，学者がこうした精神に支配されるとき，社会は崩壊し，およそ経済形態は脅威にさらされる。……資本主義以前から存在しこれと無縁なある精神が，不特定の期間，資本主義経済が機能する枠組みを支えるのである。だが資本主義経済は，その拡張と成功それ自体によって，大衆の評価と感謝を受けるにつれて，またそれが快適な暮らしと物質的ゆたかさへの志向を発展させるにつれて，伝統的制度や精神構造——これらなしには社会的秩序はおよそありえない——を傷つけるのである。……／ところで資本主義は，自ら必要とする政治的秩序の原理や資源を提供しないばかりでなく，資本主義が発展すると政治的統合への要求やそのための技術を危うくするのである」(Perroux 1948: 訳 110-1 強調は引用者)。

5) この図表の初出は Hollingsworth and Boyer eds.(1997: 9)であるが，これを Boyer(2004a)に転用するに際し，ボワイエはマイナー・チェンジを行っている。すなわち「2. ヒエラルキー」→「2. 企業」，「3. コミュニティ」→「3. コミュニティ／市民社会」である。変更後のものの方が分かりやすいので，ここではそれを利用する。

6) 第 6 章第 1 節にみた Dore（2000）の議論を参照せよ。

7) 社会科学が比較という視点を本質的に内包していること，そのうえでその視点を自覚化することの意義については，政治学でもしばしば語られるところである。「社会科学の偉大な研究業績の多くは，論述に当たって，本質的には，比較・分類といった作業を基礎に展開されている。社会科学は比較という作業をパートナーとして要求していると表現しても良かろう」(岡沢／宮本編 1997: 6)。「政治経済学の中心に比較の観点がおのずと内包されているのであれば，わざわざ比較政治経済学という必要もないといえそうであるが……政治経済学という言葉が氾濫する昨今の状況の中で，本書が意味する政治経済学の特徴を明らかにし，差別化をはかるために，比較の観点をあえて強調したい」(新川／井戸／宮本／眞柄 2004: 10)。

8) ただし，ブロックにとって比較史は絶対的なものではない。「比較の方法は大きな可能性をもっており，私は，この方法の一般化と完成が，今日，歴史研究に課されている最も緊急の必要事のひとつだと考えている。しかしこの方法は，すべての問題を解決しうるというわけではない」(Bloch 1928: 訳 3)。当然といえば当然のことであろう。比較のためには，その「前」と「後」の課題がしっかりと見据えられていなければならないからである。

9) 近年の経済史研究において比較論的方法を意識しつつ高い成果をおさめているのが，斎藤（1997, 2008）である。

10) 類型論から動態論へと述べたが，これはもちろん，動態論から類型論への眼を排除するものでなく，最終的にはむしろ両方向の視角が必要であろう。生物世界において，進化（動態）が種差（類型）を生み出すと同時に，生み出された種（類型）の内部変異や対外的反応がまた新しい進化（動態）をもたらすのと同様，経済社会の世界においても，進化と種別は相互作用的なものとしてある。

11) 「埋め込まれた自由主義」については，八木（2007），中山（2007）を参照。

12) ここで「新自由主義」について一言，補足しておこう。それは端的に「市場原理主義」と呼ばれる思想および政策体系であり，要するに「自由な市場」の発展を旨とする政

策思想である。新自由主義は1970年代におけるケインズ政策の挫折のあと，とりわけイギリス・サッチャー政権（1979年）やアメリカ・レーガン政権（1981年）の成立によって先鞭をつけられ，1990年代においては社会主義の崩壊と市場経済への移行，「ワシントン・コンセンサス」，WTO発足（1996年）によって加速し，今日，各国で民営化，規制緩和，貿易自由化，金融自由化，財政規律，福祉国家削減，小さな政府を唱導している。関連して以下，4点ほど補足しておきたい。

第一に，新自由主義の「新」たるゆえんは，それが「古典的自由主義」とは異なるということである。古典的自由主義は，18世紀末イギリスで重商主義体系への批判として始まり，いわゆるレッセ・フェールの思想として19世紀から20世紀初頭にかけて支配的となったものである。経済面でいえば，労働市場（労働力商品化の推進），金本位制（貨幣の自動創造メカニズム），自由貿易（財の国境間自由移動）が主な主張点であった（Polanyi 1957）。古典派経済学はそれを代表する思想のひとつである。これに対して現代の新自由主義は，何よりも福祉国家を批判し投機を含む金融自由化を主張する点で，古典的自由主義とは位相を異にしている。

第二に，新自由主義は「新保守主義」にも通じている。日本の文脈でいえば，旧保守主義がムラ，家族，縁故（コネ），互助，互恵といった，いわゆる旧共同体的価値およびそれにまつわる利権構造を保守しようとするのに対して，新保守主義は，市場，個人，能力，競争，効率といった市場経済的価値を拡大し貫徹しようとする。「保守」すべきものは何よりも「市場」なのである。コネを含む人格的依存関係を破壊して，「商品の論理」という物象的依存関係へと一面化しようとするといってもよい。そのかぎりで新保守主義は，いわゆる革新派が攻撃してきた官僚制や既得権益構造などの「旧弊」を解体しようとするのであり，その意味で「改革派」として登場することになる。

第三に，1990年代以降，金融とITを核とするアメリカの「ニュー・エコノミー」的復活とともに，新自由主義は「グローバリゼーション」「グローバリズム」という新しい法衣をまとうことに成功した。「新自由主義」の語はまだ政治的党派性を彷彿とさせる面があるが，「グローバル」というマジック・ワードとともに，市場原理主義は超党派的・普遍的相貌をもって立ち現れ，強力かつ広範に浸透することになった（新川 2005: 375）。いわく，グローバリゼーションは不可避である，グローバリゼーションのもと世界は均一化する，と。このとき決定的に注意すべきは，その「均一化」「収斂」のさきにアメリカ型経済システムが想定されていることである。要するに新自由主義は，アメリカ型経済モデルないし市場主導型資本主義の効率性と，それへの世界的収斂を唱える言説として機能しているのである。

第四に，今日，そのような新自由主義が興隆してきた社会構造的背景について，Dore（2004）を参照しつつ整理すると，歴史的要因（戦時国民的結束の風化），富裕化（互助意識から自助意識へ），ジェンダー革命（家族的連帯の衰退），人種的多様化（社会的連帯意識の希薄化），高齢化（福祉高負担への反発）などが挙げられよう。これに加えて，というよりもむしろより根本的な理由として，金融界の勢力伸張と，これにもとづく労使連合から金融－経営連合への支配的社会政治ブロックの転換（賃労働関係から国際金融への制度階層性の転換）も忘れてはならない。そして，これらの

変化はたしかにある確実な歴史の動向を示しており，その意味で新自由主義は一時的偶然的な事象ではなく，歴史的基盤をもったものである。

13) 第3章第2節で，レギュラシオンの基礎概念のひとつとして「危機」を説明したことを想起していただきたい。レギュラシオンが主要に注目してきたのは「大危機」(構造的危機) であるが，しかしその根底には「小危機」(循環性危機) の不断の発生と対応が横たわっていた。そして，小危機は当該の調整様式が正常に作用している証であるが，いまここで重要なのは，その小危機を通して同時に，当初の制度が少しずつ侵食され変形されていくという点である。それはいわば制度の日々の新陳代謝による内生的な変化であり，これを「内部代謝」と呼ぶ。あたかも生物体が日々の新陳代謝を通して，生・幼・青・壮・老・死という形で自らを変化させていくのにも似て，制度も内生的に変化していくのである。

第 9 章　比較のなかの日本資本主義
―― 企業主義の盛衰 ――

　前章までの議論で，今日の比較資本主義分析の主要な展開とそこから引き出すべき社会=歴史認識について考察してきた。そのうえでわれわれとしては，われわれを取り巻く日本資本主義が比較のなかで，また歴史のなかで，いかなる位置と内容をもっているかについて無関心ではいられない。まして日本経済は，バブル崩壊後の長期停滞を経て大きく変わろうとしている。何から何へと変化しつつあるのか，また，どう変化すべきなのか。そしてそれは，国際比較論的にみていかなる特徴をもっているのか。この章では「企業主義」という概念を軸にしつつ，そうした日本経済への接近を試みる。これまではいわば「外」から眺めていた日本を，いわば「内」から照らし出してみようというのが本章である。ただし日本資本主義についての細かい実証分析というよりも，各種の研究成果を踏まえながら，レギュラシオンの観点からその大まかな見取図を描くことに主眼をおきたい。

1　労使妥協と雇用保障

「企業主義」という見方

　1970〜80 年代，いわゆる長期世界不況のなか，日本経済は相対的に高い生産性上昇率や経済成長率を示し，またきわめて強い輸出競争力を発揮した。それを通して日本は，世界経済のうちに占める自らの位置を飛躍的に高め，いつしか「経済大国」と自認するようになった。「高度成長」（1950〜60 年代）から「経済大国」（1970〜80 年代）への道をたどった日本は，しかし 1990 年代以降は一転，いわゆるバブル不況に落ち込み「長期停滞」（1990 年代＋α）にあえいできた。2002 年ないし 03 年ごろから弱いながらも比較的長期の景気上昇局面が継続し，企業収益の改善，不良債権の解消が見られ，こうして長かっ

た停滞局面もようやく脱出したかと囁かれている昨今である。戦後日本経済は大きく，高度成長，経済大国[1]，長期停滞という三つの時期を経て今日に至っている。

　長期停滞期はいつしか「失われた10年（15年）」とも呼ばれるようになったが，レギュラシオン理論の観点からみれば，この時期の日本経済は明らかに「構造的危機」（大危機）をなすものであった。だがそれにしても，何がどう不調に陥ったのか。そもそも危機に先立つ成長の時代は，蓄積体制（成長体制）および調整様式／制度諸形態の面からどのように特徴づけられ，それがそれ自身の作用の結果（「内部代謝」）であれ「外圧」の結果であれ，どのように機能麻痺していったのであろうか。さらには危機のなかから垣間見えてくる新しい発展様式はいかなるものなのか。いかなるものであるべきか。本章は，1980年代までの日本を「成功裏」に導いた調整様式と成長体制を確定しつつ，その「成功」がいかに1990年代以降の「危機」に帰結し，そして危機のなか，また危機ののち，新たな発展様式をめぐっていかなる葛藤が繰り広げられているのかを問う。

　こうした問題関心から本節では最初に，戦後日本の発展様式について，これを導いた調整様式に関して「企業主義」companyismという見方を提示する。レギュラシオン理論が想定する調整様式は，第3章でみたとおり，賃労働関係，貨幣・金融関係，企業間関係（競争形態），国家形態，国際体制という五つの制度諸形態の総体からなるが，以下では賃労働関係と貨幣・金融関係（付随的に企業間関係）に焦点を当てる。調整様式をいわば「労働」と「金融」を軸にして把握することになるが，この2軸は現代日本において大きな問題的焦点（非正規雇用の拡大／格差社会，世界的金融不安／株価低迷）をなしていると同時に，前章でみたように，社会＝歴史認識の根幹としての社会原理と資本原理を象徴的に代表していた。

　「企業主義」という用語の選択にはいくつかの理由がある。決定的には本節の以下の展開のなかで明らかになるが，それ以外にもこの語は，これまで見てきた比較資本主義分析の成果からも示唆を受けている。比較資本主義論のなかで，日本はどう位置づけられ特徴づけられていたか。第6章にみた2類型論にあっては日本は，あるいはアングロサクソン型に対する協調重視のライン型と

して（アルベール），あるいは株式市場資本主義に対する長期的関係重視の福祉資本主義として（ドーア），あるいは LMEs に対する非市場的協力重視の CMEs として（ホール／ソスキス），いずれもドイツと並んで位置をあたえられていた。日本はアングロサクソン圏とちがって，市場以外の調整装置が発達している資本主義だとされている。

では市場以外の何が特徴的なのか。VOC 補正の試みのなかで日本は，同じ CMEs でも全国単位や産業別単位のコーディネーションでなく，系列など企業集団別のコーディネーションの国として特徴づけられていた（第 6 章第 4 節）。さらに第 7 章におけるレギュラシオン学派の 4 〜 5 類型論にあっては，米英／北欧／独仏などとはちがってメゾ・コーポラティズム型ないし企業主導型として（ボワイエ），あるいは，米英／北欧／独仏／南欧ともちがってアジア型として（アマーブル），規定されていた。つまり，大企業によるメゾ経済レベルでの調節がなされている経済として（ボワイエ，**図表 7-3**），あるいは，大企業において短期金融制約がないので長期企業戦略が可能となり，それによって雇用安定が確保されると同時に，反面，公的福祉が発達しない経済として（アマーブル，**図表 7-5**），描かれていた。いずれにおいても「企業」（とりわけ大企業およびそのネットワーク）が重視されており，市場以外の調整装置として「企業」の果たす役割が傑出している資本主義といった像が浮かび上がる。いわば外側から「企業主導型」と規定されたものを，その内側に入って「企業主義」として捉えかえしてみようというわけである。

付言すれば，日本ではしばしば，「農村を見ずして戦前日本はわからないが，企業を見ずして戦後日本はわからない」と語られてきた[2]。戦前日本の帝国主義・軍国主義の重要な基盤は「農村の貧窮」にあったといわれるが，それと同様に，戦後日本の高度成長・経済大国化の秘密は「企業の繁栄」にあり，さらには「企業を中心とした独特な社会編成」にあるということであろう。それほどに「企業」ないし「会社」という特定の組織集団は，戦後および現代の日本を理解するに当たって鍵をなしている。マクロ経済的調節において占める役割においても，制度諸形態のうちに占める比重や独自性においても，人びとの行動や意識を規定する力においても，市場・国家でなく，あるいは市民社会・組合・地域・家族でもなくて，「企業」こそが決定的な影響力を行使してきた。

さしあたり「企業主義」とは,このような表象を要約する言葉としてもある[3]。

雇用をめぐる労使妥協

企業主義的レギュラシオンとは企業主義的妥協といってもよい。「労働」と「金融」に焦点を当ててこれを規定すれば,それは「雇用保障をめぐる労使妥協」と「経営保障をめぐる金融妥協」を二つの核とし,この両者の相同的かつ補完的な連関構造として存在した。金融妥協については次節にまわし,まずは戦後日本において形成された労使妥協のあり方について解剖してみたい。といってもここでは,いわゆる大企業男子正規従業員に典型的にみられる労使妥協の性格を問題にする。当然ながら,この層のみをもって日本的賃労働関係を代表させることはできず,これと密接に接合し補完しあって存在する周辺的労働者層(中小企業労働者,女子労働者,非正規労働者など)を視野に入れなければならないが,それについてはレギュラシオン・アプローチの側からもすでにすぐれた研究が出ている[4]。ここでは,そうした研究を前提としつつも,直接には大企業男子正社員層に焦点をしぼる。なぜならば,この層は近年において細くなったとはいえ,これまで労働者全体の2～3割を構成してきたのみならず,この層における労使妥協のあり方のうちには,戦後日本に典型的かつ支配的な社会的価値規範が集約的に表現されているからである。

この層において労使妥協は,最も根底的に何をめぐってなされてきたか。こう問うた場合,それは「雇用そのもの」だと答えるのが妥当であろう。この点はすでに多くの研究が明らかにしているところである。例えば仁田 (1995) は,「戦後労働運動の最大の課題の一つは解雇防止にあった」とし,戦後労使関係史上の重要点として,「解雇はよくないことであり,避けるべきであるという労使の暗黙の合意」が成立し,それが「社会規範化」したことを指摘する[5]。そしてこの点は,「アメリカの組合は……雇用の保証よりも賃金問題の方に熱心である」(Aoki 1988: 訳 104) と言われるように,アメリカ・フォーディズムにおける労使妥協がすぐれて「賃金」をめぐるそれであったことと大きな対照をなしている。この点をいま少し踏みこんでいうと,アメリカのフォーディズム的労使妥協は,

〈テーラー主義の受容〉対〈生産性インデックス賃金の提供〉

と公式化されるように[6]，すぐれて「賃金」「賃金上昇」をめぐる妥協としてあった。これに対して日本では，そのようなフォーディズム的賃金妥協は成立せず，かわりに労使妥協は「雇用」ないし「雇用保障」を核心的係争点として形成された。すなわち経営側は労働側に「雇用保障」を提供し，逆に労働側は経営側から要求される無限定の義務（職務）を受容し，つまりは「義務の無限定性」を受容した。

　ここに「義務の無限定性」とは，さしあたり「ある組織の成員が，将来引受けることを強く期待される責任ないし職務が，明確に限定されておらず，予測困難な状況」（岩田 1977）を指す。すなわち組織の成員は，自らの労働の内容や時間が事前の契約によって明確に定められておらず，したがって日々の職務の質や量においても，将来的に遂行するであろう職務の種類においても，相対的に無定型かつ流動的であることを指す。労働組合の問題としていえば，組合側は職務内容に関する組合規制 job control をしないということを意味する。そして大企業男子正規従業員は，このような無限定な義務ないし職務を受容する代わりに，その企業における雇用を保障される。もっとも現実には解雇や半強制的な退職もあるから，文字通りの雇用保障ではなく，むしろ経営側による解雇の暗黙的自粛といった方が正確であろう。それを踏まえたうえで，以下では一種の短縮形として「雇用保障」の語を用いる。

　以上のように，われわれは日本の賃労働関係の根底をなしてきたものとして，

　〈義務の無限定性の受容〉対〈雇用保障の提供〉

という妥協図式を見てとることができる（以下，**図表 9-1** 参照）。アメリカ・フォーディズムにあっては，労働内容の譲歩（テーラー主義的単純労働の受容）の対価として労働側が要求し獲得したものは「賃金」（生産性インデックス賃金）であったのに対して，日本では労働内容をめぐる譲歩（職務の無限定性の受容）の代償として「雇用」（雇用保障）を獲得したのである。しかもこの雇用保障とは，たんなる雇用確保でなく，あくまでも同一企業の枠内での継続的雇用の保障であり，つまりは企業主義的な雇用保障を意味する。そういう内容を含ん

図表 9-1　労使妥協の日米比較

		〈労働〉		〈資本〉
アメリカ・フォーディズム	〈賃金〉	テーラー主義の受容	vs.	生産性インデックス賃金の提供
	〈雇用〉	義務の限定性の確保	vs.	解雇の自由の確保
日本の企業主義	〈雇用〉	義務の無限定性の受容	vs.	雇用保障の提供

		〈受容したもの〉		〈獲得したもの〉
アメリカの労働者		経営への従属性	vs.	ジョブ・コントロール （＝限定された職務）
日本の労働者		経営への従属性	vs.	「ジョブレス」コントロール （＝雇用保障）

で，日本的妥協を根底的に特徴づけるのは，賃金妥協でなく雇用妥協だと言いうる。

　したがって，この「雇用」という観点から逆にアメリカ・フォーディズムを捉えなおしてみると，そこでは当然ながら雇用保障は労使の妥協項目として，日本におけるほど重きをなしていない。ということは，経営側は「解雇の自由」を確保するということである。もちろん現代経済においては労働保護の立法化や制度化がはかられてきたのであるから，アメリカといえども無制限な解雇の自由があるわけでなく，解雇は一定のルール（例えば先任権制度）のもとになされる。しかし一般に，日本——特に大企業男子正規従業員——とくらべた場合，アメリカでは解雇という雇用調整手段を発動することは社会的合意の範囲内のことである。そういう意味で経営側は「解雇の自由」を手にしている。

　そのかわりアメリカ労働者は，部分的・機能的にしか企業にコミットしないのであり，つまりは「義務の限定性」（職務内容の限定性・定量性）を確保するというわけである。テーラー主義は「単純作業の反復」であると同時に，個々の労働者にとって「職務内容の限定性」をも意味した。そして，この職務の限定性を実あるものにすべく，組合によるチェック（job control）がなされる。

9　比較のなかの日本資本主義　183

つまり，アメリカ的妥協を雇用面に焦点を当てて定式化すれば，あの

　　〈テーラー主義の受容〉対〈生産性インデックス賃金の提供〉

というフォーディズム的労使妥協の裏側には，これとセットになって

　　〈義務の限定性の確保〉対〈解雇の自由の確保〉

という一種の雇用妥協（むしろ解雇妥協）が存在していたと見ることができる。雇用に関するこうしたアメリカ的妥協と対比してみれば，これと180度逆転した形で存在する日本の雇用保障妥協，すなわち

　　〈義務の無限定性の受容〉対〈雇用保障の提供〉

の位置づけが理解されよう。戦後日本において，高度成長期を通じて次第に，そして経済大国期を通じて決定的に形成された労使妥協の根底にして核心たるものは，このような「雇用妥協」にあった[7]。

雇用妥協形成の背景

　では，日本における労使妥協の基軸は，なぜ「賃金」でなく「雇用」に収斂することになったのか。もちろんそれは，大きくは近代日本形成の歴史的社会的条件によっているのであろうが，さしあたり日本の労働者が労使関係をどういうものとして自覚し，どういう形で問題の「解決」をはかろうとしたかを，欧米（といっても多様かつ曖昧なので，典型的には英米を念頭におく）との対比で考えてみるとわかりやすい。栗田（1994）のすぐれた研究をも参考にしながら整理してみよう。

　問題の根本は，近代社会が一方では市民社会として人びとの自由や平等を謳いつつ，他方では資本主義社会として権力的な支配関係の貫徹ぬきには成立しない点にある。これは企業内部にあっては，労働者は労使の「対等性」を要求しつつも，実際には経営者への「従属性」を甘受せざるをえないという問題となる。このかぎりでいえば，直面した「問題」そのものにおいて日本と英米との間に差はない。しかし，この対等性と従属性の矛盾を労働者がどう「解決」しようとしたのか。まさにこの点において，日本と英米の間には顕著な対照性

が存在する。

　英米の場合，労働者はこの従属的関係の存在を承認し受容したうえで，それを企業内部の機能的役割分担の問題として，最大限に局部化し限定化した。労働者は企業内における自らの職務を最大限に限定し，限定された職務の遂行を契約し，そして契約範囲内であるかぎり職務にかかわる命令に服する。労働者は何よりも契約の主体として自己を確立しようとする。そのために労働者は，市民的な自由・平等・所有の理念のもと，労働力商品の売り手（商品所有者）として買い手（経営者）との対等的地位を徹底的に確保する。すなわち労働者は，労働力の販売主体として団結し（trade union としての労働組合），労働力の売買条件について経営者と交渉し（bargaining/negotiation としての取引），そして売買後においても，労働力の恣意的な使い方（つまり働かせ方）をチェックすべく組合規制の権利を行使する（job control）。企業内での従属性を市場での対等性——そしてその延長としての企業内労働に対する組合規制——によって「解決」するのである。あるいは労働者は従属的地位であることを受け入れるが，ただしそこに「契約」という関係と「契約内容の明示化（局部化）」とを持ちこむことによって，従属性を補償し，資本による支配を規制するのである。

　これに対して日本の労働者も，やはりまずは従属性を承認するが，ただしそれは個人個人において，従属性を一時的・過渡的なものとして限定的に観念することによってである。企業の外部に社会的関係や市場的関係を確立し，従属性をあくまでも企業内のこととして空間的に限定するのでなく，日本の場合には自らの個人史（キャリア形成）のなかで一時的・経過的なこととして，いわば時系列的に「解決」しようとするのである[8]。

　ただし，そうした従属性の一時的受容に当たっても欠かせない条件がある。「勤労者」として人格が十全に承認され（佐口 1991），さらには企業内の何人といえども「生産者」ないし「勤労者」としては同質かつ対等だという意識が労使に共有されることである。あるいは企業と部分的でなく全人格的にかかわる日本の労働者にあっては，この従属性（権力関係）という現実は，それを外部からチェックするというよりも，まずはその関係そのものを親子関係・家族関係・仲間関係など，序列の差はあるものの何らかの同質性ないし同類性の意

9　比較のなかの日本資本主義　185

識によって擬制し希薄化すべきこととしてあった。戦後日本における工職差別の撤廃や企業別組合の結成は，その現実化であった。「相違」にもとづく「契約」関係に訴えた英米と対比すれば，日本の労働者が求めたものは「同類」にもとづく「信頼」関係の形成であった。

　ひとまずはこうした形で「対等性」を獲得した日本の労働者は，しかしそこにとどまらない。労働者としてのいまの従属的地位は過渡的なものだという意識は，当然に，将来は労働者であることを脱出するというエネルギーとなって噴出する（昇進競争）。やがては経営者的地位に就きうる（あるいは接近しうる）という形での「対等性」の追求である。逆にいえば，労働者と経営者の相違は「階級関係」（英米）としてでなく，同じ労働者の「立場の相違」として観念されることになる（花田 1996）。労使関係は階級的断絶としてでなく，連綿としてつながった階梯上で個人が占める位置の時間的相違として観念されるわけである。従属性の（職場内的な）空間的限定と市場的（階級的）規制による対等性の確保という英米型に対比すれば，日本型は，従属性の（主観的な）時間的限定と（個人的な）従属性脱却努力による「対等性」の確保ということになる。

　さて，問題を雇用に戻そう。こうした日本的な従属性と対等性の問題処理構造において決定的に重要な前提は，同一企業に所属しつづけることであり，企業との長期的関係を築くことである。企業へのこうした長期的所属をあたえるものこそ「雇用保障」であることは，言をまたない。いまの従属的地位は，その同じ企業における雇用が継続するかぎりでのみ，これを将来的に脱却しうる展望も開かれる。もちろん，仮に同一企業にとどまったとしても，現実に従属性の脱却を果たしうるのは，あくまでも成功し昇進した一部の者に限られる。しかし日本企業にあっては，少なくとも入社当初にあっては，全員がそれを夢みうるほどに形式的ないし顕教的（タテマエ）にはひろく昇進可能性が開かれている。顕教としてであれ幻想としてであれ，とにかく雇用が維持されることこそ，労働者にとって決定的に重要なのである。

　英米の労働者にとって「対等性」への道は，自らが「雇用されている」という事実を最大限に部分化し限定化することにあった。これに対して日本の労働者にとっての道は，「雇用されている」という事実を最大限に維持することにあり，逆に「雇用を失う」という事実をできるだけ限定化することにあった。

日本人は「対等性」をあくまでも「雇用」のなかで追求したのである。それが日本の労働者の支配的な雇用観をなしてきた。換言すれば，英米労働者が，

〈従属性受容〉対〈ジョブ・コントロール〉

という形の取引をしたとすれば，日本の労働者は，比喩的にいえば，

〈従属性受容〉対〈ジョブロス・コントロール〉

という形の取引をしたわけである（**図表 9-1** の下部参照）。あるいは日本の労働者は，職務内容（job）に関しては規制することなく，かわりに失職（job-loss）そのものを規制した。英米労働者は契約外の労働内容の押しつけを拒否したが，労働喪失のリスクはある意味でこれを甘受したのに対して，日本の労働者は意に反した労働喪失を拒否したが，労働内容の押し付けや変更はこれを甘受したのであった。

　言うまでもなく，日本におけるそうした取引は明文としては決して存在せず，労使双方ともに「暗黙の期待」にとどまり，したがってしばしば，経営側に有利な力関係によって破棄されるが，それでもこうした妥協が，タテマエとしてはやはり大企業労使の間に成立していたといえる。そのような含意において，日本的妥協の根底にして核心をなすものは，企業という枠のなかでの「雇用妥協」であったといえる。

能力主義と成長主義

　さきの「雇用をめぐる労使妥協」という論点については，ただちに補足が必要である。すなわち，妥協はすぐれて「雇用」をめぐるものであったということは，しかし，日本において「賃金」をめぐる妥協が存在しなかったということではない。「企業主義的妥協」とも言ってきたように，日本における労使妥協は全国単位でも産業部門単位でもなく，すぐれて企業単位でなされてきた。その企業内レベルにおける日本の賃金体系をみるとき，それは「職能給化された年功賃金」（平野 1996）として特徴づけられる。すなわち戦後日本の賃金は，少なくとも近年における「成果給」の導入以前にあっては，年功給と職能給の組合せとして体系化されていた。そして，年功給の背後には生活保障の思想ない

し合意が，また職能給の背後には能力主義の思想ないし合意が存在していた[9]。

　こうした思想ないし合意は，さきにみた雇用妥協を想起すれば容易に理解しうる。すなわち第一に，大企業男子正規従業員にとって雇用とは企業への全人格的関与を意味し，雇用の場では労使の同質性が求められ，そして企業は人生の共同体としての意義をもつとすれば，そこから当然に，賃金はたんなる労働の対価であることをこえて，そこに家族全体の生活保障（さらには社会保障）としての性格が付与されなければならない。年功給はそういった生活保障妥協を表現している。

　第二に，前項でみたように，日本の労働者は社内における自らの当面の従属的位置を受容したうえで，これを将来に向かって時系列的に脱却していこうとする。日本の労働者がそういう存在であるとすれば，賃金はその「脱却」（つまり昇進昇格）の努力と到達点に対しても支払われねばならないことを意味する。ここから労働者にとって——また「昇進した労働者」たる経営者にとっても——能力向上は至上命令となり，そしてそれが賃金体系の重要な構成要素となる。英米労働者のように労働者間競争を防止することによって自らの利益を守ろうとするのでなく，労働者間の競争を勝ち抜くことによって自らの利益を守ろうとする日本の労働者にとっては，何らかの形で「能力」が評価される仕組みが必要であった。こうして賃金体系は能力を反映するものでなければならず，職能給はそうした「能力主義妥協」の産物としてあった。

　能力主義妥協は能力主義競争を意味する。能力の自己開発をめぐって，日本の労働者は企業内において激しい能力主義競争に身をゆだねることになる。それは必然的に昇給・昇格・昇進をめぐる競争であり，つまりは企業内における出世競争である。そして日本企業は，個人の能力を長い時間をかけて判定するので，つまり「おそい選抜」（小池 1991）がなされるので，この競争は長期にわたる競争となる。しかも毎年毎年のレベルでは，能力の評価格差はそれほど大きくないので，競争の敗者にも復活の可能性があるから，これは従業員にとって有効なインセンティブ・メカニズムとして作用する。毎年の「微妙な格差」は長期的には決定的な格差となるが，日常的にはきわめて強力なインセンティブ・メカニズムとして機能する（岩田 1977; 三戸 1981）。雇用保障と年功賃金の世界は静穏安閑の世界ではまったくないのである。それどころか雇用保障は，

この能力主義競争の装置を媒介にして，強力な生産性効果を発揮することになる（第3節参照）。

このように，賃金体系は生活保障妥協を基底におきつつも，すぐれて能力主義妥協を表現するものとして構成される。それによって日本の労働者は，時間的にも精神的にも企業のうちへと無限に巻き込まれていき，忠誠・献身を強いられてゆく。「義務の無限定性」はここに至って「企業への無限の関与・没入」となっていく。

ところがしかし，この無限の没入が賃金や昇進において報われるという保証はない。第一に労使間に昇進保証の契約文があるわけでないし，第二に役職の数は限られている。しかし，それでも比較的多数の昇給昇進欲求をみたす方法がひとつある。企業を拡大することである。企業が成長すれば，賃金の安定はもちろん，昇給の可能性は広がり，そして何よりも部課の新設を通して昇進ポストもふえる。企業成長は労働者にとっては昇進昇格の可能性を増大させ，経営者にとっては利潤やマーケットシェアを拡大する可能性を開き，そして両者にとって所属企業の社会的名声と威信を高める。企業の社会的成功は日本の文脈では，その企業に所属する個人の社会的成功を意味する。こうして企業成長こそは，労使間・労働者間の葛藤を「解決」する最後の道となる。

ここから赤字を覚悟してでも，マーケットシェアの拡大を主要な経営目標とする日本企業の行動パターンが必然化する。好況時に値上げ，不況時に解雇というアメリカ的な企業行動をとることなく，日本企業は好況時に従業員の残業と過労，不況時に雇用維持と企業赤字によってシェアを拡大する（吉田1993）。そして労働者もこれに同意する。すなわち，企業成長主義が労使間のひとつの妥協となる。そして，この「成長主義妥協」は，少なくともバブル崩壊前の日本においてうまく機能してきた[10]。

以上みたように，企業という枠内で形成される〈雇用妥協－能力主義妥協―成長主義妥協〉からなる日本的な労使妥協の体系は，これを総称して「企業主義的労使妥協」と呼ぶことができる。これは戦後日本の賃労働関係の根幹をなしていたものであり，次にみる「経営保障をめぐる金融妥協」とともに「企業主義的レギュラシオン」の一方の支柱をなしていたものである。そしてまた，こうした企業主義的労使妥協は主として中核的労働者層（大企業男子正規従業

員）について妥当するものであり，これと補完的に形成された周辺的労働者層については直接には当てはまらない。しかしそれでもなお，戦後日本社会は総体としては，こうした妥協を価値規範とし「ゲームのルール」として存在していたのである。

2　金融妥協と経営保障

メインバンクと株式持合い

以上,「労働」の側面における企業主義を見てきたのであるが,もう一方の「金融」においてはどうであったか。ここでも大企業を中心に見ることにするが，周知のように，戦後日本企業の資金調達構造はアメリカ型とは異なるものとして形成され機能してきた。すなわち，日本における非金融法人企業部門の負債構造は間接金融（銀行借入）の比率が高く，アメリカの場合と好対照をなす。ただし1990年代以降，直接金融（有価証券）の比率は大きく伸びているし，主要企業における資金調達源泉として内部資金が圧倒的な比率を占め，「銀行離れ」とも言われるように銀行借入比率は顕著に低下している[11]。このように1990年代以降の変化はあるものの，高度成長～経済大国期の日本企業における資金調達構造は銀行借入を中心とするものであった。

こうした銀行借入型のファイナンス構造は，どのようなガバナンス構造と結びついていたのか。これに関しては，すでに青木昌彦をはじめとする一連のすぐれた分析がある。それによれば戦後日本のコーポレート・ガバナンスの基軸は，メインバンクによる「状態依存型ガバナンス（コンティンジェント）」であって，これは株式市場や会社コントロール市場を中心とする英米型ガバナンスとは大きく異なっている。そして，少なくとも1980年代前半までは，こうしたメインバンクによる企業コントロールは有効性を発揮した。

メインバンク方式による企業ガバナンスはつぎのような構造をもつ（Aoki 1988; Aoki and Patrick eds. 1994; シェアード 1997; 伊藤 2007）。すなわち第一に，投資銀行やベンチャー・キャピタルや格付け機関（事前），資本市場（株主とりわけ機関投資家）や社外取締役（中間），企業買収や乗っ取りの市場（事後）でなく，ひとえにメインバンクが企業の投資プロジェクトや業績のモニタリングとコントロールを担う（モニタリング主体としてのメインバンク）。第二に，

こうして企業の投資プロジェクトは事前・中間・事後のすべてにわたって，もっぱらメインバンクによって統合的にモニターされる（統合的モニタリング）。第三に，そのメインバンクは，企業業績が通常の場合には企業から各種手数料収入や貸付利子を優先的に受け取るが，企業経営の危機といった非常時には各種の企業救済措置（追加融資，返済猶予，優遇金利，役員派遣など）を講ずる。それでも再建の見通しが立たない場合，メインバンクはその企業の破産や吸収合併にかかわる責任をとることになる（状態依存型ガバナンス）。

さらに，このメインバンク制と不可分なものとして企業間の株式持合いがあった。日本では1960年代，資本取引の自由化が推進されたが，これとともに外国資本による日本企業の乗っ取りを防止することを目的に，主要企業間で株式の持合いが進行し，これをもとにいわゆる企業集団が強化された。さらに1980年代後半のいわゆるバブル期には，各企業はエクイティ・ファイナンスを積極化し，多くの発行株が持合い株主の所有するところとなって，株式の持合い比率はさらに上昇した。バブル崩壊後の今日では，持合い比率は半減したといってよいが，1980年代までの日本経済にあっては，株式持合い制とメインバンク制が一体となって，日本的なコーポレート・ガバナンスを担っていた。

すなわち，一般に株式持合いの目的は，乗っ取り防止（安定株主工作），取引関係の密接化，企業集団の結束強化，そして株価工作にあると言われる（奥村 1991b）。そして，この「企業集団の結束強化」に含まれることであるが，相互に株式を持ち合っている企業間では，通常は公式・非公式に情報交換がなされる程度の関係であるが，いったんグループ内のある企業が経営危機に陥った場合には，グループは当該企業に対するコントロール行動に出る。それはけっして，たんに現経営陣の支援だけに尽きるものでなく，必要に応じて経営方針の変更や経営陣の刷新を要求するというように，硬軟両様のコントロール行動である。その中心となるのはグループ内の銀行（メインバンク）であり，このようにして日本の主要企業のコーポレート・ガバナンスは，企業－銀行関係と企業間関係の両面がセットとなって構築されていた[12]。

企業存続をめぐる妥協

以上，主としてバブル期あたりまでの日本の金融構造および企業統治構造を

「定型化された事実」のかぎりで見てきた。これをレギュラシオンの観点から整理すると，どういうことになるか。われわれはその構造のうちに，企業－銀行間ならびにグループ企業間におけるある特定の「取引」ないし「妥協」を見てとることができる。

　まず企業－銀行間についていうならば，企業はメインバンクにとって安定的な——時には過剰な——融資先となるだけでなく，決済口座を常設することによって各種手数料を支払い，メインバンクに優先的な収益機会を提供する。これに対して銀行が企業に提供するものは，融資，情報提供，経営モニタリングはもちろんのこととして，何よりも決定的には「経営の保障」——より正確には「企業存続の保障」[13]——である。金融をめぐるこうしたギブ・アンド・テイクの関係を「金融妥協」とよぶならば，企業－銀行間のこうした妥協は，

　　〈銀行への優先的な収益機会の提供〉対〈企業の経営保障〉

と定式化できるであろう。

　メインバンクへの優先的な収益機会の提供は，企業にとっては，自らの経営リスクに対する保険料のごときものである。こうした保険的関係はたんに企業－銀行間で成立していただけでない。株式持合いという企業間関係(企業集団)そのものが，経営保障という保険機能を有していたのである。株式持合いが企業の乗っ取り防止策として，安定株主工作の一環として発展したという経緯そのものからして，それが経営保障的な意味をもっていたことは容易に推察される。加えて，企業集団への参加企業はそうでない企業よりも，利益率の水準は劣っているがその安定性は大であることが報告されており[14]，企業集団の形成が一種の保険効果ないし経営保障効果をもっていたことがわかる。これを同じように，個別企業と企業グループ全体との妥協として定式化すれば，

　　〈グループ内企業への優遇措置〉対〈企業の経営保障〉

ということになる。資金調達・企業統治システムが同時に経営保障システムとしての役割を担うというのは，アメリカ的なガバナンス機構には見られない独自日本的な構造であった。

　以上にみたように，いわゆる日本的な金融・統治構造が同時にすぐれて企業

存続保障の構造をもっていたということは，さしあたり三つの意味がある。第一に，この経営保障としての金融妥協は，さきにみた雇用保障としての労使妥協と制度補完的な関係にある。すなわち，労使間の雇用保障妥協が現実性あるものになるためには，当然ながら各企業において，その企業経営が存続していくこと——しかも安定的に存続していくこと——が大前提をなす。そしてその大前提を提供するものこそ，グループ企業間および企業－メインバンク間の金融妥協によって現実化する企業存続保障なのである[15]。安定株主とメインバンクは安定雇用のためのいわば「担保」なのであり，あの雇用保障（終身雇用，長期雇用）を背後で支えていたのはこの金融妥協なのである。

第二に，こう見てくると，労使関係においても，企業間関係および企業－銀行間関係においても，戦後日本的なシステムの特徴は，当事者間の長期的かつ固定的な関係を構築していく点にあったことがわかる。少なくともアメリカ型のシステムと対比した場合，日本型にはそういう特徴がある。すなわち「終身雇用」にみられる長期固定的雇用関係，系列取引や株式持合いにみられる長期固定的取引関係，メインバンク制にみられる長期統合的な資金調達・企業統治・経営保障の関係といったことから判明するように，日本的システムは雇用・取引・金融の諸側面において，いずれも当事者間の長期的固定的関係を築くことのうえに形成されてきた。ドーアはこれを「長期的コミットメントの社会」と呼んだ（Dore 2000: 訳 31）[16]。長期的コミットメントによって当事者間に信頼関係と協調関係が形成され，これが同時にリスクに対する保険と保障のネットワークとなるわけであるが，それは反面，部外者や外部世界への無関心と不信，閉鎖性と排他性を生み，不透明と不公正の温床ともなった。

そして第三に，以上のように「労働」と「金融」の相同的かつ補完的な関係を軸にして大企業を中心に成立した戦後日本的システムは，雇用保障を核心かつ頂点とし，これを担保する形で経営保障がその外周にして底辺をなしつつ，企業そのものの存続と企業内における雇用の存続を第一義とするものとしてあった。戦後日本経済を調整したそういうシステムは，これをあらためて「企業主義的レギュラシオン」と規定してよかろう。

3 輸出主導型成長体制

　労働と金融を中心にして企業主義的レギュラシオンを解きほぐしてきたが，これがいかなる形で戦後日本の成長体制（蓄積体制）を媒介し操縦してきたのか。そもそも戦後日本に成立した成長体制（マクロ経済的構図）とは何であったのか。それを明らかにしなければ，調整様式論としても発展様式論としても完成しない。あたかもフォーディズムにおいて，〈テーラー主義受容〉対〈生産性インデックス賃金〉の労使妥協は，それが大量生産－大量消費の成長体制を刺激することによって調整様式の根幹を形成したように，企業主義的レギュラシオンなるものはいかなる意味において戦後日本の成長体制を軌道づけたのか。これが問われなければならない。

　成長体制に関するレギュラシオニストの研究は，大まかには以下のことを明らかにしている。すなわち高度成長期には，利潤ないし投資が起動力となって経済全体を引っ張るという「投資主導型」の構図が見られたが[17]，アフター・オイルショック期に至ると，輸出が経済の牽引車となり，それが輸出財産業を中心にした投資を誘発していくという「輸出主導型」へと転換していったということである（Uemura 1992, 2000）。

　ここに「投資（利潤）主導型」とは，世に「投資が投資をよぶ」と言われたように，生産性上昇の成果が何よりも企業利潤の増大に帰結し，それが投資にまわされて，再び生産性上昇がもたらされるという構図である。典型的フォーディズムにあっては，生産性上昇はまず賃金上昇に，そして消費上昇に帰結し，その消費が投資を刺激するという回路が形成されていたが（本書第4章の**図表4-1**参照），この〈生産性→賃金→消費→投資〉の回路と対比するとき，投資主導型は**図表9-2**における〈生産性→利潤→投資〉の矢印点線にみるように，投資形成および生産性形成における消費の占める地位が低い（遠山 1990b）。では1950～60年代，消費はどう形成されたのか。**図表9-2**に同じく矢印点線で示したように，それはより多く〈生産（需要）→雇用→賃金→消費→需要〉という回路のうちにあった（ボワイエ 1990）。すなわち経済成長（生産＝需要の拡大）が雇用を増加させ，それが賃金上昇，消費上昇をもたらして，再び経済が成長するという構図である。これは賃金が生産性にインデックスされてい

図表 9-2　戦後日本の成長体制と調整様式——大企業を中心として

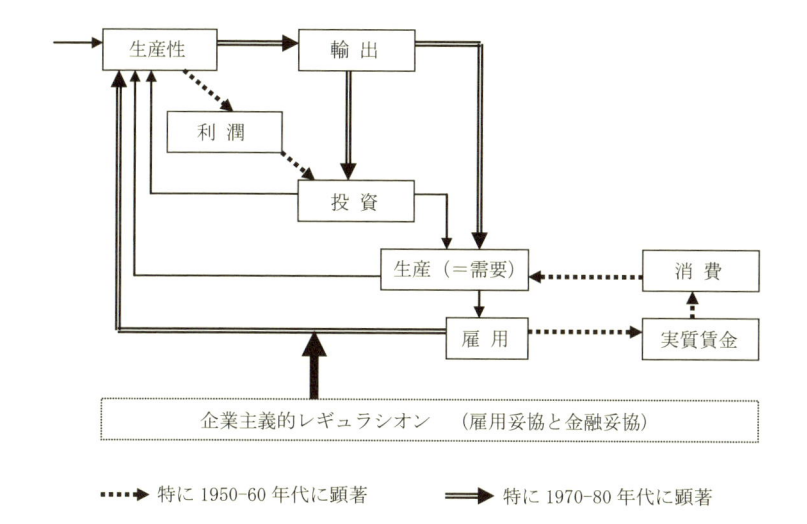

```
    ┌──→ 生産性 ─────→ 輸 出
    │      ↑↓ ┆           │
    │      │  ┆           │
    │      │  利 潤       │
    │      │    ┆         │
    │      │    ┆         ↓
    │      │    └──→ 投 資
    │      │              │
    │      │              ↓
    │      └──── 生産（＝需要）←┈┈ 消 費
    │                │              ↑
    │                ↓              │
    │              雇 用  ┈┈┈→ 実質賃金
    │                ↑
    │   ┌────────────┘
    └───┤
        │企業主義的レギュラシオン　（雇用妥協と金融妥協）
        └──────────────────────────────────
```

┈┈▶ 特に1950-60年代に顕著　　━━▶ 特に1970-80年代に顕著

たフォーディズムとちがって，賃金上昇は主として雇用増加（労働需要増加）に感応するという，古典的な19世紀型の回路である。図表ではもうひとつ，〈生産（＝需要）→生産性〉の回路にも注意を払っておきたい。これはカルドア＝フェルドーン型の収穫逓増効果（規模の経済効果）であるが（Boyer and Petit 1991），典型的フォーディズムと同じく，日本の高度成長期にもこの収穫逓増効果が観察された[18]。このようなマクロ経済的回路の成立によって，1950～60年代の日本は，まさに主要OECD諸国平均のほぼ2倍に当たる年率10％という，文字通り「高度成長」を遂げたのであった。

　だがしかしそのような成長体制は，1970年代の経済的激動（ニクソン・ショック，石油ショック，スタグフレーション）とともに壁に突き当たる。特に石油ショックによるエネルギー価格の高騰は，重厚長大型から軽薄短小型へと産業構造を転換させ，日本は企業における「省エネ」「減量経営」によってコスト削減に成功した。こうしてやがて，電機・自動車・工作機械といった産業を中心に輸出競争力が強化されて，折からのドル高も加勢した1980年代前半を中心に——しかし大まかには1970～80年代にわたって——「輸出主導型」とい

9　比較のなかの日本資本主義　195

われる成長体制が形成された。これによって日本経済は，高度成長期にくらべれば減速したとはいえ，それでも年率平均 4% 台という先進諸国では最高の成長を実現し，やがて「経済大国」を自認するに至り，バブル経済へと突き進んだ。こうした輸出主導型成長体制の概念的構図は**図表 9-2** に矢印二重線で示されている（というよりも点線部分を除いた構図である）。

すなわち第一に，輸出財を中心とする生産性上昇によって輸出が促進され，これが投資を刺激して経済が成長する。〈生産性→輸出→投資（→生産）〉の回路である。第二に，こうして形成された生産（＝需要）は，石油ショック後の日本において雇用の維持に貢献したのであり，諸外国とちがって〈輸出→生産→雇用〉の回路を形づくったのであった。要するに輸出主導型成長は，生産性上昇の成果を海外に漏出させることになったが，しかし日本経済においては，輸出増は生産増および雇用増をもたらすことによって，1980 年代，失業を抑制する効果をもった（宇仁 1998: 第 7 章）。この時代，先進資本主義諸国が高失業にあえぐなか，日本のみは低い失業率にとどまった秘密がそこにある。消費形成についていえば，高度成長期にみられた〈生産→雇用→賃金→消費→需要〉の回路は，かつてよりも弱くなった。以上をまとめれば，「需要レジーム」は輸出と投資によって主導され，消費はそこであまり主役を演じていなかったということである。

他方，「生産性レジーム」に関しては，戦後日本は一貫して投資効果（〈投資→生産性〉），カルドア的な規模の経済効果（〈生産（需要）→生産性〉），それに技術革新効果の存在が注目されてきた。のみならず，「雇用保障は生産性の上昇を促進する」という〈雇用→生産性〉の回路の存在が指摘されているが（磯谷／植村 1996），これは格別に日本について妥当する[19]。それを明確に図示したのが，**図表 9-2** における〈雇用→生産性〉の二重線である。雇用維持ないし雇用増が生産性上昇に連動していく回路である。1970～80 年代における輸出主導型成長体制の日本を何よりも特徴づけるのは，この〈雇用→生産性〉の回路なのである。

そして重要な点だが，まさにこの〈雇用→生産性〉の回路を支えたものこそ，あの「企業主義的レギュラシオン」であった。すなわち，企業存続保障が雇用保障を担保し，その雇用保障という労使妥協が媒介となって〈雇用〉は〈生産

性）へと媒介されていったのである．いくつか補足しておこう．第一に，こうした回路が妥当するのはさしあたり中核労働者（大企業男子正規従業員）であり，とりわけ輸出大企業におけるそれであろう．第二に，雇用保障さえあればストレートに生産性上昇効果に連動するというのでなく，雇用保障の黙契のもとでこそ有効に作用するインセンティブ・メカニズム，能力主義競争，熟練形成の存在こそが重要である．第三に，そうした〈雇用→生産性〉の回路は，高度成長期にも存在しえたであろうが，重要性をましたのは日本が「経済大国」化するアフター・オイルショック期においてであった．

　このように戦後日本の企業主義的レギュラシオンは，すぐれて生産性上昇装置として機能したのであり，戦後日本の生産性レジームを支えたのであった．これに反して企業主義的レギュラシオンは，いわゆる内需（なかでも消費需要）を刺激する装置となっていなかった．むしろそれは実質賃金の抑制装置として機能した．とりわけ1970年代中葉以降は，実質賃金は相対的に抑制されてきた．生産性の上昇と実質賃金の抑制がはたらくとき，需要は輸出に活路を求め，経済は輸出主導型となる（吉川 1992）．とくに1980年代前半は，これにドル高という国際環境も加わって，日本経済は文字通り輸出主導型成長の経路を驀進した（宇仁 1998）．それゆえ日本経済は，しばしば「輸出大国－生活小国」と形容されたが（金 1994），これについては次節で立ち入る．

　以上，高度成長期から1990年あたりまでの成長体制（蓄積体制）につき，これを「利潤（投資）主導型」から「輸出（投資）主導型」への転換としてフォローしてきた．転換点は1970年代の激動（レギュラシオン的にいえば「フォーディズムの危機」）にある．成長体制は転換したが，では調整様式はどうであったか．さきに企業主義的レギュラシオンについて見たように，これは高度成長期からアフター・オイルショック期にかけて定着し完成し強化しこそすれ，衰退したり転換したりはしなかった．つまり1990年までの戦後日本経済は，同じ企業主義調整様式のもとで成長体制を転換させたのであり，「フォーディズムの危機」といわれる時代，日本は「調整様式の転換なき蓄積体制の転換」を経験していたのであった．

4 企業主義の危機と新しい社会原理

デフレ不況の構図

アフター・オイルショック期における輸出主導型成長体制－企業主義的調整様式という発展様式は日本経済を「成功」に導き，日本は自他ともに「経済大国」ともてはやされた。「日本モデル」や「日本的経営」に世界の注目が集まるなか，プラザ合意（1985年）後の「円高不況」を克服した1987年以降になると，設備投資ブームに沸き，雇用が拡大して人手不足が深刻化し[20]，そして一般物価が安定するなか株価・地価の上昇が顕著になった[21]。当時は誰もがこれを「バブル」だとは思わず，日本経済の新しい繁栄の姿だと思いこんで「財テク」にいそしんだ。しかしやがて，1989～91年の金融引締め，不動産融資規制，土地税制改正を契機にしてバブルは崩壊し，以後，日本経済はバブルの後遺症から抜け出せないまま，起伏はあるものの「失われた10年（15年）」と呼ばれる長期不況・長期停滞に陥った。

バブルの膨張・崩壊という資産（土地・株式）価格の急騰・急落について述べたが，成長から危機への転化の根底には，設備投資の急伸と急落があった。長期停滞はむしろ，投資・消費・雇用といった実需の落ち込みから始まった。そしてこの危機は，やがて1995～96年にはある程度回復し，小幅ながら景気も上昇した。しかし，その後の財政再建政策，アジア経済危機，そして不良債権問題の深刻化などにより，1997年，金融システム崩壊と金融不安が激化するにおよんで，日本経済は1998年あたりからデフレという新しい局面に入った。それゆえ，1990年代以降の長期不況といっても，それは1995～96年の時期をはさんで，相異なる三つの時期に区別される。不況はバブル経済下の過剰投資に端を発しつつも，その後の政策的失敗や政治的無策を通して信用収縮やデフレへと至り，危機が長期化することになった。

そのデフレ不況についてみると，企業物価の方は1990年代前半より基本的に低下傾向にあったが，1990年代末からは，これに加えて消費者物価も明白に下落に転じた[22]。そして，長期停滞のなかでもどん底をなした1998～2002年には，物価下落に加えて需要が収縮し，名目はもちろん実質のGDP成長率も落ち込んだ[23]。こうして日本経済にあっては，物価下落と需要収縮が

同時進行し，いわゆる「デフレ不況」となった。

しかもこのデフレ不況は，それを構成するある要因が他の要因を刺激して悪循環を増幅させるという，いわゆる「デフレ・スパイラル」の様相を呈した。すなわち，銀行は経営困難に陥った企業に貸し渋りをして信用が収縮したが，その裏には銀行における膨大な「不良債権」がある。需要収縮の背後には企業の投資抑制と家計の消費抑制がある。その裏で企業は，収益を債務返済にあてるのが精一杯で，とても新規投資にまわす余裕がないという事情があり，そもそもデフレによる売上減と債務利子負担増によって「収益悪化」に見舞われていた。家計はといえば，雇用情勢や社会保障財政の悪化によって「将来不安」が高まり，当面の消費を抑制した。デフレはまた多大な国債を発行した政府にとって利子負担を重くする。加えて政府は，社会保障費や金融安定化対策費の増大による歳出増と不況ゆえの税収減などによる歳入減によって，「財政悪化」に落ち込んだ。要するに「収益悪化」（企業），「不良債権」（金融），「将来不安」（家計），「財政悪化」（政府）が因果関係的に負の連鎖を形成して，デフレ・スパイラルに陥った。

以上は，デフレ不況へとなだれ込んだ長期不況日本のごく平均的な素描であろう。あの「経済大国」日本はなぜ「長期停滞」日本へと落ち込んだのか。輸出主導型成長体制－企業主義的調整様式という「成功」した発展様式は，なぜ「危機」に，しかも「構造的危機」に転落したのか。答えは「成功」の構図そのもののうちにある。「成功」ゆえに「危機」が招来されたと理解する必要がある。それはまた，前章で制度変化・構造変化を原理的に問うたさい「内部代謝」として主題化した論点の応用問題でもある。すなわちそれは「発展様式がそれ自身の内的力学のインパクトを受けて自らを変容させていくこと」（Boyer 2004a: 訳 260-1）と定義されていたが，輸出主導－企業主義はその内部代謝そのものによって桎梏へと転化したのであった。図表 9-3 を利用しつつ説明しよう。

図表 9-3 の左端には企業主義日本の「成功の構図」が示されている。すでに説明したように，輸出大企業を中心とした企業主義妥協によって，雇用保障と経営保障のもと生産性が上昇し，これが輸出競争力を生んで輸出ドライブとなり，経済全体を牽引する。いわゆる輸出主導型成長体制である。それによる

図表 9-3　輸出主導－企業主義の成功とその帰結

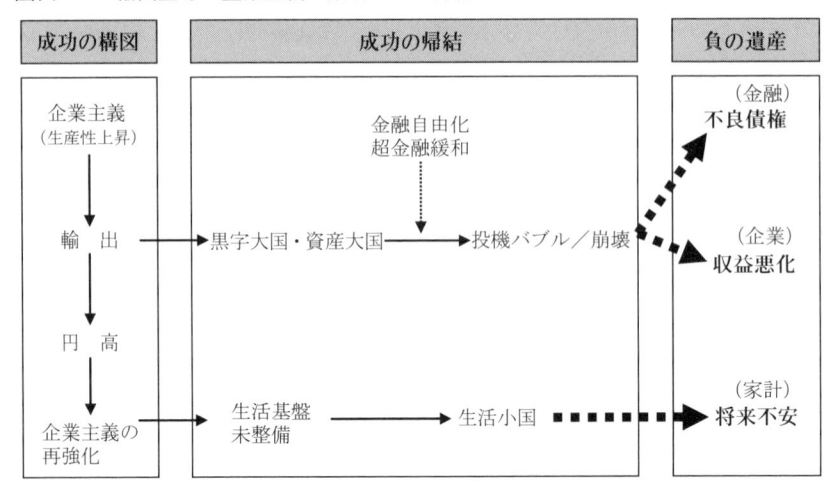

成功の構図	成功の帰結	負の遺産

```
企業主義
(生産性上昇)
   ↓
  輸　出　────→　黒字大国・資産大国　←┈┈　金融自由化
                        │              超金融緩和
   ↓                    ↓
                    投機バブル／崩壊　━━━━▶　（金融）不良債権
  円　高                              ┃
                                      ┗━━▶　（企業）収益悪化
   ↓
企業主義の　────→　生活基盤　────→　生活小国　━━━━▶　（家計）将来不安
  再強化           未整備
```

　貿易黒字の累積は円高となって輸出を困難にするが，日本企業はこのとき，企業主義的結束を再強化することによって生産性を再上昇させ，輸出を再強化することに成功した。企業主義の困難はこれを再強化することによって乗り越えてきた。それが1970〜80年代の成功の構図であった。〈企業主義→生産性→輸出→円高→企業主義〉という好循環の構図である。

　だがしかし，その好循環の影で別の要因が形成されていた。主として1980年代後半から顕著になるが，好循環の内的力学がそれ自身の作用によって別の要因を生み出し，自らを変容させるという内部代謝が始まっていた。それが図表中央部の「成功の帰結」である。すなわち輸出拡大は膨大な貿易黒字を堆積させ，日本はいつしか資産大国となっていった。いわゆる「カネ余り」であるが，これが過剰投資に向かうのみならず，折からの超金融緩和と金融自由化に煽られて株式・土地への投資（投機）へとなだれ込んだ。企業の「カネ余り」とそれゆえの「銀行離れ」に危機感をもった銀行も，高リスクの投機資金を積極的に貸し込んだ。これがバブル経済であり，そしてバブルの常としてそれは崩壊した。〈輸出主導→資産大国→バブルとその崩壊〉という経路である。

　加えて，企業主義の再強化とはいわゆる企業の論理の強化であり，これは「会

図表 9-4　デフレ不況の構図

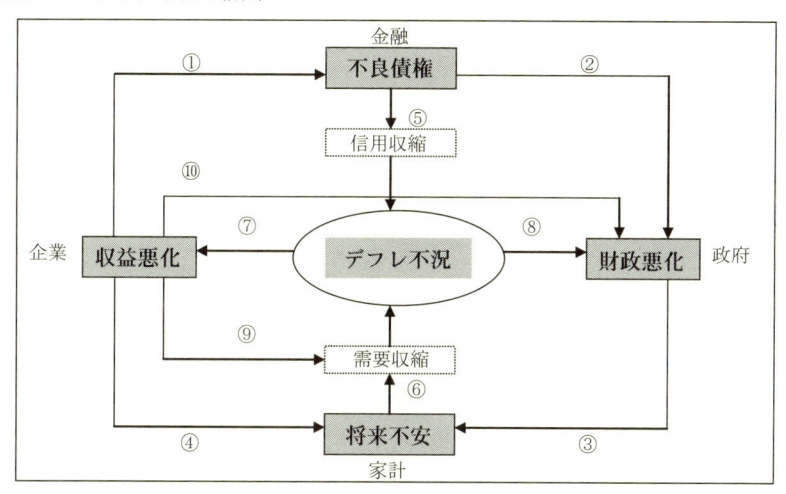

社人間」の大量生産を意味した。日本経済が貯めこんだ膨大な資産はバブル的投機に流れて，生活基盤の充実には振り向けられなかった。とりわけ高齢化社会を見越した準備には使われなかった。こうして資産大国は同時に生活小国をもなしたが，それは企業主義の必然的帰結であった。とりわけ少子高齢化社会を迎えて年金不安が重なり，生活インフラは貧弱なままに残された。要するに企業主義は〈企業主義の再強化→生活基盤の未整備→生活小国〉という副産物を生んだ。もうひとつ，図表には示していないが，円高は輸出大企業の海外移転に拍車をかけ，「産業空洞化」の懸念が広がるなか，大企業と取引関係にあった中小下請企業が少なからず経営困難に陥った。

こうして「成功」はバブル崩壊と生活小国という「負の遺産」を残すことになった。バブル崩壊直後の 1990 年代初頭，企業部門は「債務超過」「収益悪化」を，金融（銀行）部門は「不良債権」を，そして家計部門は「将来不安」をかかえることになった（**図表 9-3** の右端）。そこからやがて政府部門も「財政悪化」をかかえることになる。そして 1990 年代後半に至ると，これは，さきに見たあの「デフレ・スパイラル」へと帰着したのであり，その悪循環の構図は**図表 9-4** に示されている[24]。そしてこれこそが，企業主義的成功の最終的帰結で

9　比較のなかの日本資本主義　201

ある。日本経済は当初の企業主義的成功に酔いしれ,企業主義に過剰に適応し,そして機能麻痺に陥った。もちろん,グローバリゼーション(金融自由化など)という「外圧」の存在を否定するものではないが,これが「日本モデル」といわれた発展様式の「内部代謝」の結末である。「失われた10年(15年)」は何よりも企業主義日本の構造的危機を意味した。

新しい社会原理を求めて

日本経済は2003年あたりから長期停滞を脱出したとも言われている。たしかにこの頃からGDP成長率は弱いながらもプラスに転じ,やや遅れて物価も下げ止まった観を呈している。しかもそれが少なくとも2007年までは継続しており[25],この上昇局面はかなり持続的である。事実この間,企業は収益を回復し,債務をほぼ返済しおえて投資を積極化した。金融(銀行)も不良債権をほぼ処理しおえた。デフレ・スパイラルを構成した「収益悪化」と「不良債権」の2極は立ち直ったが,しかし家計(「将来不安」)と政府(「財政悪化」)という残り2極は取り残される形となった。日本経済は不十分ながら構造的危機を脱出しつつあるかに見えるが,とすると,新しい調整様式,新しい成長体制,そして新しい発展様式はどう定義されつつあるか。そして結局,日本経済はどう「構造変化」を遂げつつあるか。その全体像はまだはっきりしない。

ひとつだけはっきりしたことがある。「企業」は社会原理の担い手であることを放棄しつつあり,社会的調整原理としての「企業主義」は確実に弱体化したということである。第8章でみたように,一般に企業は「資本原理」の体現者であるが,日本の場合,企業は同時に「社会原理」の重要な担い手であった。雇用保障,年功給,企業福利などはそれを象徴的に表現していた。だがしかし長期停滞のなか,企業主義はいくつかの変質を遂げた。

第一に,雇用保障はいっそうの会社人間化と過重労働と引き換えにあった。労働強化・労働時間延長の果てに「過労死」へと至るケースが続出することになった。雇用は守るが生命は守らない[26]。ここまで来るともはや,日本では企業が社会原理を担い生活を守る存在だ,とは言えなくなる。企業主義的に保障される社会原理はきわめて一面的なものでしかないことが判明した。

第二に,日本企業は社会原理の担い手であることを放棄した。長引く不況は

企業の体力を極端に弱め，収益改善のため労働コストの低減が集中的に敢行された。正規雇用の縮小（リストラ，新規採用抑制），非正規雇用の拡大（全雇用者中の非正規の割合は3割にまで上昇），そして成果主義賃金の拡大（生活保障給の撤廃，賃金コストの低下）が示していることは，企業はもはや雇用すら守れないし，守るつもりもないということである。企業は自ら担っていた社会原理を放擲し，資本原理に純化することになった。それが言いすぎであれば，企業は社会原理の担当範囲を極度に縮小した[27]。このままでは安定した新しい労使妥協はおそらく成立しえず，企業に限定したかぎりでみても，長期雇用を保証する制度の再生が期待されている[28]。

　第三に，グローバル化や高齢化といった新しい経済環境は，企業主義的な枠組みではもはや対応できない重要問題を噴出させることになった。すなわち，社会の高齢化とともに福祉サービスが重要性をましたが，これらは企業の枠内でなく，むしろ政府・地方自治体・地域社会・市民的コミュニティといったレベルでこそ解決すべき課題であろう。またグローバリゼーションのもと，知識基盤社会の必要性が高まり，教育・技能形成・労働力移動の充実が要請されているが，ここにおいても企業主義の限界が露呈されている。これもまた，企業や産業の枠組みを超えて，さしあたり地域社会および国民社会のレベルで解決しなければならない課題である[29]（平野1996；宇仁2003；磯谷2004）。

　第四に，長期不況のなか，企業－メインバンク関係は解体し，企業間の株式持合い関係も弛緩し，かわって株式市場金融の比重が増し，株主のなかでは外国人投資家（機関投資家）のプレゼンスが高まった。かつての雇用妥協を支えていた金融妥協（メインバンク制，株式持合い）の影はもはや存在しない。その意味でも企業主義的レギュラシオンは解体を余儀なくされている。

　さて，解体しつつある企業主義に代わるべき新しい調整様式，新しい社会原理は芽生えているのか。小泉構造改革に代表される日本版新自由主義は，企業主義に代えて市場主義（資本原理）を強化することによってこれに対応しようとするが，それが有効である保証はない。それどころか，各種の格差を助長し社会原理の危機を深化させている。所得格差拡大，年金崩壊，教育危機，地域社会の消失，コミュニケーション能力の衰退など，市場原理主義は大いなる社会的危機をもたらした。

企業主義を市場原理に向かって超出するのでなく，新しい社会原理と社会組織の創出，それによる資本主義の新しい社会的調整が求められている。それはおそらく，日本経済において資本原理を調整すべき社会原理をもっと強いものにし，また，その社会原理の作用場にして担い手を，企業中心のものから，政府（中央・地方），地域社会，市民社会（コミュニティ），そして場合によれば市場など，多元的な主体のネットワークを中心とするものに転換していくことのなかで，像を結んでいくものかもしれない。いずれにしても，新しい社会原理の姿まだはっきりしない。そこに日本における当面の社会的危機があるのかもしれない。

1)「経済大国」の語はもちろんカッコ付きで使うべきものであるが，煩雑を避けるため適宜カッコを省略する。以下同じ。
2) 山田（1994a: 267）および Barshay（2004: 訳230）を参照。
3) なお，これと切りむすぶ内容をもったすぐれた日本経済論としては，すでに「会社主義」（馬場1991, 1997），「会社本位主義」（奥村1991a, 1991b, 1992），「企業中心社会」（大沢1993）といった概念とともに，少なからずの研究が蓄積されているところである。ここで指摘したいのは，それらをレギュラシオン・アプローチの研究プログラムにのせて「企業主義的レギュラシオン」として位置づけ，その延長上に日本の成長体制や発展様式を，そしてその今日的変容いかんを確定していくことが重要だということである。
4) レギュラシオン・アプローチの側からのすぐれた議論として，磯谷／植村／海老塚（1999）および Isogai, Ebizuka and Uemura（2000）による「階層的市場－企業ネクサス」論を参照。これはたんに大企業に焦点を当てるのでなく，企業組織（インセンティブ・メカニズム），労働市場（分断的労働市場），企業間関係（下請関係）という三つの制度領域間の構造的両立性のうちに，戦後日本の調整様式の核心を見ようとするものである。議論が不断に進化しているが，その最新の展開としては磯谷（2007）および植村（2007a）を参照。
5) ボワイエ／ジュイヤール（1999: 358）も，「・日・本・に・お・け・る・雇・用・安・定は，歴史を通して漸進的に築き上げられ，第一次石油ショックの後に強化された・労・使・合・意・の・核・心・に・属・す・る」（強調は原著者）と述べていた。
6) 第4章第1節を参照。
7) 雇用妥協をめぐる日米対比を「フレキシビリティ」という観点から再整理すれば，以下のようになろう。すなわち〈義務の無限定性－雇用保障〉（日本）にあっては，義務の無限定性によって職務編成・労働内容のフレキシビリティ（内的ないし機能的フレキシビリティ）が確保されるかわりに，雇用保障によって雇用者数のフレキシビ

リティ（外的ないし数量的フレキシビリティ）は制限される。これに対して，〈義務の限定性－解雇の自由〉（アメリカ）では，数量のフレキシビリティが確保されるかわりに機能のフレキシビリティが制限される。つまりどちらも〈フレキシブル－リジッド〉の組合せであるが，日本（大企業男子正社員層）では〈フレキシブルな職務内容－リジッドな雇用数量〉であるのに対して，アメリカでは〈リジッドな職務内容－フレキシブルな雇用数量〉となる。一般に企業は，国際経済環境・技術革新・景気変動など，外部的環境の変化に対応する必要があり，そのためにはフレキシブルに変化させうる変数を何か確保しなければならないが，その変数が日米では異なるということである。なお宮本（1998）は，こうした「雇用調整の硬直性と職務編成の柔軟性」（日本）と「雇用調整の柔軟性と職務編成の固定性」（アメリカ）との相違の背後に，経営者支配企業（日本）か株主支配企業（アメリカ）かという，企業統治（コーポレート・ガバナンス）の制度的相違を検出している。

8) 例えば熊沢誠の次のような指摘を参照されたい。「職業上の下層意識は，自己の所属する階級や階層を変える機会が開かれるとき，もともとそれにともなう意識であった階級脱出志向をいっそうつよめる。……労働者階級たることを『経過的』たらしめようとする志向は，まずは企業内では……『労役』からの脱出の努力としてあらわれるだろう。監督業務，管理職への昇進が真剣に追求される。だが，『先が見えてくる』にしたがって，つぎにこの志向は子供たちの世代に『繰延べられる』。……60年から75年までのあいだに大学進学率が17.2％から34％にまで直線的に上昇したことは，『労働者階級』たることを家庭の1経過点とさせようとする，右の志向がふかくかかわっているはずである。」（熊沢 1993: 114-5）

9) 年功給＝生活保障的要素と職能給＝能力主義的要素とでどちらがどう強かったのかをめぐっては，論者によって意見が異なる。例えば小野（1989）は前者を，石田（1990）は後者を強調している。なお，能力主義賃金が導入されたといっても，各人の「能力」を客観的かつ公正に評価することの困難さから，結局は「年功」に傾斜した賃金になっていたという点は，しばしば指摘されているところである。さらに前章の「資本原理と社会原理」という問題にからめて付言すれば，「雇用保障」であれ「年功賃金」であれ，日本企業がこのような生活保障的制度を取り入れたという事実は，企業という存在がたんに資本原理の担い手であるだけでなく，社会原理の担い手であったということの証である。

10) 成長主義妥協は高度成長期には格別に，そして1970～1980年代の経済大国期にあってもそれなりに，機能してきた。企業を取り巻く環境が企業成長を可能としていたからであり，要するに経済全体の成長率が高かったからである。だがしかし，1990年代以降の長期停滞のなかで準ゼロ成長が常態化したことによって，この成長主義妥協は崩壊していかざるをえない。そして成長主義妥協の崩壊は，その根底にある雇用妥協を脆弱なものにしてゆく。近年における成果給の拡大，非正規労働者の急増などは，それを反映していよう。

11) 法人企業の負債総額に占める（A）銀行借入と（B）有価証券の比率を日米比較してみると，日本の場合，1975年（A）55.4％（B）8.2％，1985年（A）58.3％（B）8.5％，

1995 年（A）59.2%（B）15.8% であるのに対して，アメリカではそれぞれ（A）25.6%（B）45.3%，（A）27.5%（B）37.4%，（A）21.1%（B）46.6% である（経済企画庁 1996: 第 3-1-1 表）。日本における銀行借入優位，アメリカにおける有価証券優位は変わらないが，1990 年代に入って日本における有価証券比率の上昇が注目される。とりわけ日本の主要企業（大企業）の資金調達構造をみると，1970 年代あたりまで顕著であった銀行借入が 90 年代に至ると急激に縮小し，かわって内部資金が主役を占め，外部資金においても間接金融（銀行借入）から直接金融（増資・社債）へとシフトしている（経済企画庁 1998: 第 2-5-1 表）。

12) 日本経済におけるコーポレート・ガバナンスの構造は，実はたんに企業間関係（株式持合いや系列），企業－銀行関係（メインバンク制）だけでなく，さらには銀行－政府関係（いわゆる護送船団行政）にも及んでいる。このように企業－銀行－政府と連なるコーポレート・ガバナンスの構造は，単独企業レベル（ミクロレベル）でも国民的・国家的レベル（マクロレベル）でもなく，まさにメゾレベル的なネットワークとしての企業といったところに企業統治の根幹があったということである。第 7 章で日本経済が「メゾ・コーポラティズム」と特徴づけられていたのは，こういう認識とかかわる。

13) 経営保障といっても，それは必ずしも経営陣の身分保障を意味せず，必要なら現経営陣の退陣と刷新を含む。その意味でここに「経営保障」「企業存続保障」とは，個々の経営者の人格性をこえた「法人」としての企業のアイデンティティの保障である。法人としての企業のアイデンティティが保障されてこそ，従業員の企業帰属意識ないし企業アイデンティティ意識も成立しうることは，容易に理解できよう。

14) 中谷（1982, 1983）参照。

15) 日本的な労使関係（とくに終身雇用制度）と企業間関係（株式持合い）ないし企業－銀行関係（メインバンク制度）との相互補完関係については，すでに多くの指摘がある。Aoki（1988），Aoki and Patrick eds.（1994），小佐野（1996），林田（1997）などを参照。

16) 本書第 6 章第 1 節を参照。

17) 高度成長期について大まかには「投資主導型」と見なされていると述べたが，細かくいうと論者によってかなりニュアンスがあり，何らかの意味の「消費主導型」を検出した研究もある（宇仁 1991, 1992; 平野 1993, 1996）。この点については第 10 章を参照。

18) **図表 9-2** では，簡単化のため政府部門は省略している。

19) 磯谷／植村によるそのロジックは，雇用保障が長期的に労働者の熟練形成，内的フレキシビリティ，イノベーションを促進するという意味での「動学的効率性」に着目したものである。一般に日本経済の分析に当たっては，「賃金」変数だけでなく「雇用」変数に格別の注目が必要だということは，平野（1996）もしばしば指摘するところである。

20) 民間資本形成（企業設備）の対前年度増加率は，年率 5.5%（1985/1980 年度平均），11.0%（1990/1985），－ 5.4%（1994/1990）……と推移し，1980 年代後半（バブル期）

に異常な高さを記録している。全年齢合計の有効求人倍率を 5 年おきに見ると，0.77 (1980 年)，0.67 (1985)，1.51 (1990)，0.63 (1995)，0.64 (2000) ……というように，バブル末期の 1990 年が傑出している。なお実質 GDP 成長率を 5 年ごとの算術平均でみると，3.1%（1981-85 年度），5.0%（1986-90），1.4%（1991-95），1.0%（1996-2000）……となり，1980 年代後半の平均 5%成長が突出している（中村 2006）。

21) 日経平均株価は 1986〜89 年の間に 3 倍，6 大都市商業地の地価は 1985〜91 年の間に 5 倍となった。のちのバブル不況期，2003 年前半の株価は 1986 年（約 1 万 3000 円）の半額（7000 円台）へと落ち込んだ（伊藤 2007）。

22) 国内企業物価の対前年上昇率をみると，1992 年より 2003 年までほぼ一貫して下落している。これに対して消費者物価が明確に下落トレンドに転ずるのは 1999 年以降である（内閣府 2006）。

23) 1998 年から 2002 年の GDP 成長率をフォローすると，名目では順に -1.8, -1.5, 1.2, -0.9, -1.4% であり，実質では同じく -1.8, -0.2, 2.9, 0.4, 0.1% である（内閣府 2006）。

24) **図表 9-4** 中に①②などの数字で示した経路について注記しておく。①（企業）収益悪化→債務返済不能→（金融）不良債権，②（金融）不良債権→（政府）公的資金注入→財政悪化，③（政府）財政悪化→福祉削減→（家計）将来不安，④（企業）収益悪化→倒産・解雇・非正規労働化→（家計）将来不安，⑤（金融）不良債権→信用収縮→（マクロ経済）デフレ不況，⑥（家計）将来不安→消費抑制→需要収縮→（マクロ経済）デフレ不況，⑦（マクロ経済）デフレ不況→（企業）売上減・債務負担増→収益悪化，⑧（マクロ経済）デフレ不況→（政府）国債利子負担増→財政悪化，⑨（企業）収益悪化→債務最小化・投資抑制→需要収縮→（マクロ経済）デフレ不況，⑩（企業）収益悪化→（政府）税収減→財政悪化。

25) 2007 年から顕在化した米国サブプライムローン問題を震源とする世界金融不安と米国景気の鈍化により，2008 年初頭の日本経済は景気の「踊り場」にあると言われた。踊り場の先，階段をさらに昇るのか降下に転ずるのか，政府判断も微妙な表現がつづいていたが，8 月には「後退局面」入りを認める形になった。

26) この点，企業別の労働組合に問題があろう。「過剰な円高克服プロセスで，『雇用』は大事にしてきたが，『個人（ひと）』を大事にしなくなった会社中心主義を，雇用維持の名の下で許容した労働組合にも責任の一端はある。そうでなければ，『過労死』などが世界的なジャーナリズムでとりあげられるわけがない。」（米倉 1995: 348）

27) 「1980 年代まで日本の企業は，雇用の確保やフリンジ・ベネフィットの提供を通じて，日本人の生活を安定化させる社会的機能をはたしてきた。そのため日本では，『失われた 10 年』以降の時期に顕在化した企業経営の低迷が，生活保障システムの動揺に直結することになった。動揺した生活保障システムを再構築するためには，政府・地域社会・NPO/NGO・家庭など企業以外の社会的な力に依拠せざるをえない。このような意味で，日本の企業中心社会は黄昏を迎えたのである。」（橘川 2005: 253）

28) 宮本光晴の実証分析によると，「従業員の 8 割以上は長期雇用を支持し，同じく 8 割以上の従業員は経験の評価を含んだ上での能力主義を支持し，その上で約 8 割の従業員は成果主義を支持している」（宮本 2007b: 124）。宮本（2007a）も参照。

29) 日本にかぎらず先進資本主義諸国全体で，高齢化や知識基盤化にもとづく福祉・医療・健康・教育・技能形成の必要は高まっているが，そのことは，こうした人間形成に直接かかわる領域（財およびサービスの提供）を中心とした成長体制の可能性を示唆する。この点，ボワイエが「人間主導型成長体制」régime de croissance anthropogénétique として注意を喚起してきたところである。「教育であれ，生涯学習であれ，あるいは健康であれ，社会保障にかんする新しい需要が出現する。各社会はまた，あらゆるレベルでの環境保護を考慮しなければならないし，人口の高齢化への準備をしなければならない。それほどに多くの構造変化によってイノベーションの新しい波を引き起こす必要があり，そのイノベーションは人間形成的な成長体制〔人間主導型成長体制〕をもたらす可能性があろう。／日本は今日，ゆたかでインフラストラクチャーもよく整った国だが，以上のことはまさにその日本の核心的問題のひとつではなかろうか」(Boyer et Souyri eds. 2001: 訳 8; Cf. Boyer 2002a: 訳 272-4)。日本にとって今後の「核心的問題」たる人間主導型成長を考えるとき，企業主義的レギュラシオンがもつ限界を見すえておかねばならない。

第 10 章 日本資本主義へのレギュラシオン・アプローチ——補論として

　第 9 章では国際比較のなかで「企業主義」として特徴づけられる日本資本主義の分析を試みたが，それは実は，これまでのレギュラシオン的研究の成果に立脚したものであった。レギュラシオン理論にもとづく日本資本主義分析は 1990 年頃から開始された。この章では第 9 章への補論として，1990 年前後から 2000 年代半ばあたりまでになされた「日本資本主義へのレギュラシオン・アプローチ」について，その研究成果をレビューし論点を整理する。戦後日本経済へのレギュラシオン・アプローチは，ほぼ三つの時期を対象として展開されてきた。すなわち高度成長期（1955 ～ 1973 年），「経済大国」期ないし安定成長期（1974 ～ 1990 年），そしてバブル不況期ないし長期停滞期（1990 年代以降）である。時期別にみると，最初の 1990 年代前半には高度成長論が，同じく後半には 1970 ～ 80 年代日本についての議論が，そして 2000 年代に入ってからは長期不況論が，それぞれ主要な研究対象となってきた。以下，それぞれについて節を分けて立ち入ってみよう。

1　高度成長日本はフォーディズムであったか

フォーディズム論争
　レギュラシオン理論は，当初，アメリカおよびフランスの経済を分析しつつ，戦後先進諸国の持続的高成長を「フォーディズム」の概念で説明した。ここにフォーディズムとは，ごく教科書的にいえば，「生産性インデックス賃金－テーラー主義」の調整様式に立脚する「大量生産－大量消費」の成長体制のことである。そして，フォーディズム概念による戦後資本主義のこうした分析は，従来の修正資本主義や国家独占資本主義の概念による戦後資本主義論を超えるものとして，広く普及することになった。とするならば当然に，世界に冠たる高

度成長を成しとげた戦後日本は果たしてフォーディズムであったのか否かが問われることになる。レギュラシオン導入当初の1990年代前半期，まずは「フォーディズム論争」めいたものが日本で展開されることになった。

最も早くには伊藤（1988）[1]が，生産性にインデックスされた実質賃金の上昇はなかったものの，春闘による賃金上昇，農家所得の上昇，強力な設備投資による内需主導型の成長を確認しつつ，高度成長日本を「フォード的蓄積体制」と見てよいのでないかと問題提起していた。またボワイエ（1990）も直感的ながら，日本を「ハイブリッド・フォーディズム」と見ていた。生産方式はフォード的大量生産だが，契約賃金，福祉国家，テーラー主義的単純労働などは十分に導入されたとはいえず，典型的フォーディズムとくらべて「遅れた」面と「進んだ」面が混在しているといったほどの認識である。

やがてフォーディズム説を本格的に展開したのは，宇仁と平野である。宇仁（1991, 1992）は，戦後日本に〈テーラー主義 対 インデックス賃金〉という労使妥協は存在しなかったとするとともに，1962〜1973年期にかんする綿密な統計・計量分析を通して，消費財部門の機械化と実質賃金の上昇を検出する。そこから蓄積体制にかんして「フォード主義的ループ」および「消費の同質化」の存在を確認して，この時期の日本を「フォード主義的労資妥協をともなわないフォーディズム」と規定した。同じく平野（1993, 1996）は，フォーディズムの概念やこれを定式化したボワイエ・モデルについて，これは何よりも中長期的なものとして理解すべきことをまず確認する。そのうえで戦後日本や各国の統計・計量分析を行い，短期的には投資主導型成長もあったが，中長期的には消費主導型成長であったことを検出する。結論的に，「戦後の日本経済は，その急速な成長の原因を設備投資需要におくが，長期的には，消費主導型成長への道を進んできた」（強調は原著者）という。

これらのフォーディズム説にあっては，調整様式よりも成長体制（蓄積体制）に焦点を当てつつ，また成長体制としては，おそらくボワイエ・モデルを念頭におきつつ消費主導型成長という点に重点を置いて議論されていた。これに対して遠山（1990a, b）は，非フォーディズム説をとる。すなわち高度成長期にあっては，資本に有利な生産性のシェアリングがなされ，その結果，投資は加速度原理型でなく利潤感応型となり，こうして消費需要よりも投資需要が主導する

成長体制が形成されていたという。他方，賃労働関係を中心とする調整様式としては，遠山によれば，高度成長期にはまだ農村領域という「非－資本主義的環境」が広範に残存し，それが労働力の再生産に介入して，賃金の上昇や社会保障の発達を抑制する効果をもったのであり，この時期の日本を「純粋のフォード主義体制」とは規定できないとする。

フォーディズム説と非フォーディズム説という形で整理すると，両説は正反対の主張をしているかに思われるかもしれないが，両者間には実はそれほど大きな認識の懸隔はない。両説とも，調整様式としては典型的なフォーディズム的労使妥協の不在を確認しており，また成長体制としては投資（利潤）主導型の何らかの存在を認めている。相違はこれに加えて消費（賃金）主導型の存在を認めるか否かにある。消費主導型の検出のうえに立ってフォーディズムと呼ぶか，その不在ないし弱さを指摘して非フォーディズムとするか。両説は，同じような定型化された事実を見ながらも，フォーディズムなるもののどの側面を強調するかの相違でしかなかったのかもしれない。

そしてここまでくると，もともとの「フォーディズム」という概念が再検討されねばならなくなる。フランス・レギュラシオニストは米仏経済分析のなかから賃金（消費）主導型回路を検出し，これをもってフォーディズムと規定する傾向が強かったが，日本をはじめ各国分析の成果が蓄積されるにつれて，利潤（投資）主導型をどう位置づけるかが問われることになった。この点で植村が利潤主導型成長と賃金主導型成長を理論的に整理し（植村1990, Uemura 1992），さらには典型的フォーディズムと戦後日本のマクロ経済的特徴とを対比してみせたが（植村1998：表3），これは生産的な議論のための重要な足場を築くものであった。いずれにしても「日本はフォーディズムであったか」の問いのもとに始まった実証的研究は，逆に「フォーディズムとは何か」という理論的問題へと行きつき，のちにフランス・レギュラシオニスト自身において，フォーディズム概念の特権化と標準化を反省するための事実的に最初の布石となった[2]。なお，以上の「フォーディズム論争」についてはInoue et Yamada (1994, 1995)，山田（1994a）も論点の整理を行っている。

ポスト・フォーディズム論争

1990年代前半の論争としては，もうひとつ，「ポスト・フォーディズム論争」がある。これは固有のレギュラシオニストの間での論争というよりは，どちらかというとその外部での論争であり，また議論の焦点も，マクロ経済というよりも経営方式（「日本型経営」）をめぐるものであった。対象としている時期も高度成長期というよりは1980年代日本であって，この節で取りあげるのは妥当でないかもしれない。しかし，上の「フォーディズム論争」と同じ時期に繰りひろげられたという点，また，論争の用語として「ポスト・フォーディズム」という準レギュラシオン的概念を使用していたという点で，付随的に触れておこう。

問題の出発点は Kenny and Florida (1988) にある。その名も「大量生産を超えて——日本における生産と労働過程」と題する論文のなかで，かれらは，日本は先駆的にフォーディズム的大量生産を超えてポスト・フォーディズムの段階に到達し，高いフレキシビリティと効率性を発揮する生産モデルを構築したという。そればかりでなく，この新しいモデルは労働者にとっても好ましいものであり，資本主義の新しい段階をなすような普遍性をもっているとする。要するに，日本的システムこそはポスト・フォーディズムの最先端を行くものとして高い評価をあたえた。これに対して加藤哲郎／ロブ・スティーヴンは，「日本資本主義はポスト・フォード主義か」を問い，日本資本主義がもついわば強搾取的側面を指摘しつつ，日本的経営は進歩的でも普遍的でもないという。要するに日本は，ポスト・フォーディズムどころか，プレ・フォーディズムないしウルトラ・フォーディズムだと反論する[3]。

一点のみコメントを加えるならば，論争は，日本モデルの効率性を強調してポスト・フォーディズムを語るケニー／フロリダと，その強搾取・不公正を指摘してプレ・フォーディズムだという加藤／ストーヴンとの，抽象的対立に終わっているかの観がある。ミクロの日本的経営の議論とマクロの日本資本主義の議論とが混同されている点も問題だが，いわゆる効率の一方的賛美でもいわゆる不公正の一方的非難でもなく，両者が不可分に接合したものとして日本資本主義があったのであり，それをもたらした成長体制と調整様式が問われるべきであった。同じ時期に Coriat (1991) は日本企業を分析して，「オオノイ

ズム」がもつ効率性と「オストラシズム」としての労働者管理との共存を指摘していたが，そういった視点がもっと生かされてしかるべきであったといえよう。

2　経済大国日本はどう調整されたか

日本資本主義の独自性

1990年代も後半になると，日本経済のレギュラシオン的分析もかなり本格化してくる。分析対象もかつての高度成長期だけでなく，石油ショック後の1970～80年代を含む時代へと広がってきた。レギュラシオン理論は現実に対するリアルタイム分析を志しているが，それにくらべれば，90年代後半期（すでに「失われた10年」のなかにあった）における1970～80年代論は，いかにも後手に回っていると言われても仕方ない。しかし研究の手順としては，70～80年代論を避けて通るわけにはいかない。石油ショック後のこの時代，日本経済にあってはかつての高度成長は終焉したものの，先進諸国のなかでは成長率をはじめとして最も高い経済パフォーマンスを示し，世界中から「日本モデル」「ジャパン・アズ・ナンバーワン」として注目された。日本人自身もいつしか「経済大国」として自国を意識するようになった。その「経済大国」日本にはいかなる成長体制が形成され，それはいかなる調整様式によって先導されたのか。それがレギュラシオニストの新しい挑戦課題であった。

対象とする時代はレギュラシオン的には「フォーディズムの危機」といわれる時代であり，また1990年代も半ばにさしかかると，フランス・レギュラシオニストの間でアフター・フォーディズム期における「国民的軌道の分岐」が注目され（それは2000年代になるとさらに「資本主義の多様性」論へとつながる），日本について「トヨティズム」「メゾ・コーポラティズム」なる名称も飛び交うようになった。そういった事情を反映してか，この時代になると日本でも，戦後日本資本主義はフォーディズムであったか否かといった，かつての問題関心は後景に退き，かわって日本はフォーディズムとは異なる独自な軌道や発展モデルを示していることが強く意識されるようになった。何がどう独自なのか。

この時期には，日本資本主義分析をめぐって日本人の間で共同研究が組織さ

れ，また，しばしば来日するフランス・レギュラシオニストとの共同討論や日仏シンポジウムの開催などを通して，日本モデルの独自性の解明が進展した。その成果は山田／ボワイエ編（1999）や Boyer and Yamada eds.（2000）に集約されていよう。加えて山田（1994a），平野（1996），井上（1996），宇仁（1998），Shimizu（1999）など，日本資本主義へのレギュラシオン・アプローチをめぐる単著書が出版されたのも，この時期の大きな収穫であろう。以下，1970～80年代日本経済のレギュラシオン的分析について，これを成長体制論と調整様式論に分けて検討しよう。

輸出主導型成長と連続的構造変化

　石油ショックからプラザ合意にいたる1970年代後半～80年代前半の日本経済について，これを成長体制の面からみれば「輸出主導型」と特徴づけられるということは，レギュラシオニストの間でほぼ一致した理解である。宇仁(1995, 1998)の分析が説得的である。すなわちこの間，日本経済は輸出主導型成長によって相対的に高いパフォーマンスを示したが，それを支えたのは，輸出財部門での高い生産性上昇，賃金上昇の抑制，円安（対ドルの自然為替レートは円高傾向にあったが実勢レートは円安に推移した）という要因にあった。このことは直接には，生産性上昇成果が日本国民に還元されずグローバルに漏出し分配されたことを意味し，したがって日本製品を購買する他国民の購買力を高めたことになる。しかしそれは回りめぐって日本経済に，需要創出（輸出需要），雇用維持，そして動学的収穫逓増効果による生産性上昇というプラスの作用をもたらした。この期間，多くの欧米諸国が需要低迷，失業，生産性停滞に悩んでいたなか，日本が高パフォーマンスを実現しえた背後には，輸出主導型成長がもつ上のような効果が存在したのであった。こうして日本経済は膨大な貿易黒字とともに高い成長を維持したが，しかしそれは裏を返せば，貿易相手国（特にアメリカ）における対日赤字の累積を意味する。こうした国際不均衡がいつまでも存続することはありえず，したがって輸出主導型成長は長期的持続力を欠いていた。それはフォーディズムに代わる新しい成長体制ではなく，アフター・フォーディズム時代における一時的なエピソードに終わるしかなかった。宇仁はこう分析する。

同じような分析は植村からも提起されている。すでに早くに Uemura（1992）がこの時期の成長パターンを「輸出主導型」と特徴づけていたが，Uemura（2000）は計量分析を補強しつつ，この時期，投資を説明する要因として利潤よりも輸出が重要性をましたことを検出する。つまり日本経済の成長体制は，高度成長期の利潤（投資）主導型から，途中 1970 年代半ばの屈折点をへて，主として 1980 年代には輸出主導型へとシフトしたという。なお，植村の議論の白眉は，理論面でも戦後日本経済の実証面でも，賃金主導型・利潤主導型・輸出主導型といった成長パターン（成長体制）の概念を設定し，その転換という形で日本資本主義の構造変化と歴史を捕捉している点である。議論はたんに経済大国期論を越えて戦後日本経済論へと広がってくる。そして従来の戦後日本経済論が，ともすると段階論的シェーマに押し込められたり，平板な歴史記述に終始していることに鑑みるとき，植村の成長パターン転換論という形の構造変化論は大いに注目されてよい。

　この視角とも共鳴しつつ独自な展開をはかったのが，宇仁の構造変化連続論である。さきに見たように，宇仁（1992，1995）は 1960 年代日本に消費主導型成長を，1980 年代日本に輸出主導型成長を検出していた。とするならば，その他の時期を含む戦後日本経済とは結局どういう形の成長をとげてきたのか。とりわけ 1950 年代から 1990 年あたりまでの日本は，紆余曲折はあれ，世界のなかで例外的に高い成長を持続させてきた国である。そうした長期持続的な成長は何によって可能となったのか。それに答えるのが宇仁（1998，1999），Uni（2000）の構造変化連続論である。

　宇仁の着眼点はストック財（投資財のみならず住宅・耐久消費財を含む）の相対価格にある。諸外国とくらべた戦後日本の特徴は，これが持続的に低下したこと，すなわちストック財の生産性が持続的に上昇したことである。価格低下は需要成長をもたらし，事実，最終需要に占めるストック財の比率は継続的に上昇し，こうして戦後日本は不断に最終需要の構造変化を経験することになった。それはどういうメカニズムによるのか。ここで宇仁は，「需要構造パラメータ」k（利潤所得に対するストック財需要総額の比率）という概念を設定する。最終需要は投資，消費，輸出からなるが，需要構造パラメータは，それぞれにおけるストック財の比重を問題とし，これらに加えて所得分配要因も

考慮される。具体的にはこれは，(1) 利潤所得に対する賃金所得の比率λ（分配要因），(2) 利潤所得に対する投資額の比率s（投資要因），(3) 総消費支出に対するストック財支出の比率β（消費要因），(4) 国内投資需要量に対するストック財輸出量の比率γ（輸出要因），として構成される[4]。

λ，s，β，γはともに各種条件の影響を受けて上下するのであり，したがって需要構造パラメータkは，一般にその上昇が保証されているわけではない。しかし戦後日本ではkは持続的に上昇した。その背後にはλ，s，β，γのいずれかが次々と上昇し，結果としてkが持続的に上昇するという事実があった。具体的には，1950年代におけるsの上昇（投資主導型構造変化），1960年代におけるβの上昇（消費主導型構造変化），1970年代前半におけるλの上昇（所得分配変化），1970年代後半〜80年代前半におけるγの上昇（輸出主導型構造変化），そして1980年代後半におけるsとβの上昇（バブル主導型構造変化）である。こうして戦後日本経済は，主導的な最終需要要因を次々と変化させつつ相対的な高成長をつづけてきたのであり，そして，それを支えるに十分なほどにストック財生産性の高い上昇があった。裏返せば戦後日本は，需要体制においても生産性体制においても構造変化を連続させてきたのであり，この構造変化の連続こそが資本蓄積にダイナミズムをあたえたのだという。

それにしてもアメリカとくらべて日本では，需要（産出）成長と生産性上昇の間には強い相関がある。いわゆるフェルドーン法則が強く作用したのであり，経済成長と生産性上昇が累積的な好循環を形成したのであるが，これはとりわけ成長部門について当てはまる。だからこそ上に見たように，主導的な需要要因が次々と変化しつつも，フェルドーン効果を通して高い生産性上昇が実現したのであった。なぜか。宇仁はその理由を「雇用保障」という制度的要因に見る。雇用保障制度は，企業側の労働節約努力や労働者における技能・知識の蓄積を通じて生産性上昇効果を発揮したのだという。ここに至ると議論はすでに，成長体制論を超えて調整様式論に分け入っている。経済大国日本はどう調整されたか。あらためてそれをめぐる研究に内在しよう。

企業主義的レギュラシオンと階層的市場−企業ネクサス

調整様式をめぐってはこの時期，二つの重要な仮説が提起された。第一は「企

業主義的レギュラシオン」のそれである。山田（1993b, 1994a）は早くから，企業（会社）を中心とする戦後日本社会の独自な編成について注目していたが，やがて山田（1999），Yamada（2000）においては，戦後日本的な労使妥協（さらに広くは調整様式）として，企業主義的レギュラシオンの概念を押し出した[5]。アメリカ・フォーディズムにあっては，労使間における〈テーラー主義（限定的職務）の受容 対 生産性インデックス賃金の提供〉という賃金妥協が大量生産－大量消費の成長体制を導いたとすれば，戦後日本の高度成長および輸出大国化を導いたものは，これとちがって〈無限定的職務の受容 対 雇用保障の提供〉という労使妥協であった。要するに労使妥協は賃金よりも雇用を焦点としていた。戦後日本の労働者（大企業正社員層）が会社への献身の代償として最も切実に要求したのは雇用確保なのであり，しかも同一企業での雇用維持であった。そうした要求は，試行錯誤の果てに経営側にも受容されるところとなり，こうしてやがて「終身雇用」が労使のゲームのルールとなり，社会的規範となっていった。

そのような賃労働関係に呼応するように，企業間関係（企業集団，系列），企業－銀行関係（メインバンク制），銀行－政府関係（護送船団方式）も，企業・銀行の存続を保障するような形で制度化されていった。企業における雇用保障と企業そのものの存続保障とが相同的かつ補完的な関係を形成しつつ，戦後日本の調整様式が形成されたと見てよい。これをして「企業主義的レギュラシオン」と呼ぶ。不況時の雇用保障は企業に「労働保蔵」を発生させ，生産性にマイナスに作用する要因となりかねないが，しかし戦後日本は，とりわけ石油ショック以降の日本は，この企業主義的雇用保障を生産性上昇要因に転化させてきたかに見える。すなわち，大企業男子正社員を中心とした層に限定されるとはいえ，雇用保障のもと，技能形成，能力主義的競争，そしてインセンティブ・メカニズムが促進されて，これが生産性体制を支えたのであった。この企業主義的レギュラシオンは高度成長期から徐々に形成され，やがてその後の輸出主導型成長を大いに先導し調整し，そして1990年代以降，動揺を示しているのである。

実は雇用保障の生産性効果については，さきの宇仁（1999）も指摘しているところであった。またボワイエ／ジュイヤール（1999）も，「企業主義的妥協」

「企業主義的賃労働関係」という形で日本を形容するようになる。それにとどまらず平野／花田（1999）や遠山（2002）などにおいても，「企業主義的レギュラシオン」仮説を前提とした展開が試みられている。その意味では，戦後日本の調整様式にかんするこの仮説は一定の通用性をもっていると見てよかろう。
　ただし，この仮説には限界がある。射程が大企業，そしてそのなかの中核労働者層にしか及んでいないことである。たしかに大企業や中核労働者層は日本経済の根幹部分をなし，そのかぎりでこの部分に焦点を当てるのは一定の妥当性はあろう。しかし，日本の経済社会を特徴づけるのは，この部分とセットになってそうではない部分が存在するという点である。中小企業，下請企業，女子労働者，非正規労働者といった，いわば「周辺」層である。それを含めて戦後日本はどう調整されたのか。
　これに答えるのが第二の仮説であり，つまりは磯谷／植村／海老塚による「階層的市場－企業ネクサス」仮説である。すでに早く1994年あたりに提起され（Uemura and Ebizuka 1994; 磯谷 1995），ヴァージョンアップを重ねつつ（Ebizuka, Uemura et Isogai 1997），20世紀末にとりあえず体系化されたといえよう（磯谷／植村／海老塚 1999; Isogai, Ebizuka and Uemura 2000）。しかしまた，今後に再展開や拡張の余地を残しているので（磯谷 2004, 2007; 植村 2007a），速断は慎むべきであろうが，大略，以下のような議論を展開する。
　まず「市場－企業ネクサス」という分析装置である。フランス・レギュラシオン理論や企業主義的レギュラシオンの仮説は，ともすると賃労働関係（賃金－労働ネクサス）を中心とした議論を展開してきたのであるが，磯谷らの問題提起は，それによって真に日本経済の調整様式を解明できるかにある。いわゆる労使関係だけでなく，まして大企業のそれだけでなく，これと不可分に接合している労働市場や企業間関係を視野に入れた調整様式論でないと戦後日本は解けないのだという。つまり，少なくとも企業組織，労働市場，企業間関係を包括したところで立論する必要があり，これらの接合総体を「市場－企業ネクサス」と呼ぶ。
　こう概念化するとき，戦後日本はこれらが「階層的」編成をなしている点に特徴がある。すなわち，企業組織におけるランク・ヒエラルキー，労働市場における分断的構造，企業間関係における下請システムがそれである。企業組織

における階層性はインセンティブ・メカニズムとして，労働市場における階層性は中途転職へのペナルティ（大企業における労働へのネガティブ・インセンティブ）として，下請システムは賃金格差構造として機能したのである。企業主義的レギュラシオン仮説にいう中核労働者の雇用保障や高生産性も，実はこうした「階層的市場－企業ネクサス」によって支えられていたのであり，したがってこれを抜きに日本の調整様式を語ることはできない。

例えば大企業正社員における高い労働インセンティブは，大企業内のランク・ヒエラルキーの存在だけでなく，大企業からの離職・転職が生涯所得の大幅な減少を不可避とするという労働市場構造の存在ぬきには説明できない。また，日本の労働者の高いフレキシビリティは，大企業正社員が発揮する内的フレキシビリティだけでなく，周辺労働者の不安定雇用と低賃金という外的フレキシビリティとセットをなしているのである。とりわけ労働市場の階層的・分断的構造は，男女の性別役割意識とも重なりつつ，女性のM字型就業曲線の存続や社会福祉制度の未発達と因果関係を形成している。そして，この階層的市場－企業ネクサスは高度成長期に初期的に形成され，1970～80年代を通じて確立・成熟し，そして90年代以降の長期不況のなかで見直しを迫られているという。

この階層的市場－企業ネクサスの概念は，さしあたり輸出－投資主導型の需要体制を前提としたとき，生産性体制を導いた制度構造は何であったかを摘出したものであり，そういうものとして高く評価されるべきであろう。要するに，日本経済の生産性（インセンティブとフレキシビリティ）を引き出したものは，何か特定の1制度でなく，企業組織，労働市場構造，企業間関係にまたがる諸制度のネクサスとしてあったというわけである。ここにはすでに，ひろく制度経済学にいう「制度補完性」（かれらは「構造的両立性」という）の発想が生かされており，制度経済学という観点からみても重要な問題提起となっている。であればこそ，このネクサス論のいっそうの完成・整備に向けて残された課題も大きい。第一に，ネクサスのうちに金融システムやイノベーション・システムを取り込むことであり[6]，第二に，ネクサスと生産性体制との関係のみならず，需要体制との関係を視野にいれて，総合的な観点から戦後日本の調整様式と成長体制のかかわりを解明することである。

以上の両仮説のほかに，調整様式を形成する個別の制度諸形態に焦点を当てた研究も輩出している。Shimizu（1999）はトヨタにおける労働および生産を分析し，遠山（1996, 1999, 2002）は，近年の日本における賃金コーディネーションの後退すなわち産業間・企業間の賃金格差の増大を摘出し，さらにTohyama（2000）は，これと連動した金融システムの変容を分析する。平野／花田（1999），Hanada and Hirano（2000）は，福祉制度における日本的特徴として「産業的福祉」が果たした役割に注目すると同時に，企業中心の労働力再生産システムが高齢化日本にとって足枷となる可能性を示唆する。さらにまた鍋島（1998, 1999），Nabeshima（2000）は，レギュラシオニストがこれまで論じてこなかった金融制度に焦点を当てて，戦後型の金融的調整様式を構成した補完性を，金融規制体系（低金利政策，護送船団行政）－企業金融（銀行依存型システム）－企業統治（メインバンク制）の三角形として取り出したうえで，それが1970年代以降の「二つのコクサイ化」（国際金融拡大，国債大量発行）を通して解体していることを指摘する。最後に井上（1996, 1999），Inoue（2000）は，これまたレギュラシオニストが論じることの少なかった国際体制に光を当て，とりわけ東アジアの勃興（および1990年代後半の動揺）という新しい現実のなかで日本資本主義を位置づけなおす。

　この節では，1970～80年代日本を主要対象としたレギュラシオン的分析を，成長体制論と調整様式論に分けて整理した。ここに見たかぎりにおいても，議論はたんに日本資本主義論に対する新しい視角を提供しているだけでなく，フランス生まれのレギュラシオン理論に対しても新しく理論的・方法論的に検討すべき論点を提起している。すなわち第一に，成長体制の転換は必ずしも中長期的（コンドラチェフ循環的）な振幅でなくても，戦後40年間の日本に投資主導・消費主導・輸出主導の成長体制が継起したことに示されるように，中短期的な交替がありうるのでないかということである。第二に，高度成長期から経済大国期にかけて成長体制が（投資主導および／あるいは消費主導から輸出主導へ）転換したことは大まかには了解されているが，他方，調整様式については，企業主義的レギュラシオンであれ階層的市場－企業ネクサスであれ，いわば不変のまま一貫していた。というよりも，同じ調整原理が次第に完成されてきたのである。ということは，戦後半世紀の日本においては，成長体制は転

換したが調整様式は転換しなかったということであり，要するにレギュラシオンの武器庫のうちに「調整様式の転換なき成長体制の転換」という分析視角をも追加しなければならないということである。

3 長期停滞日本はどういう危機にあったか

資本主義の1990年代的変容と日本

1990年代も後半に入るとともに，90年代は従来の資本主義と大きく一線を画す世界的な大変容を経験しつつあることが共通に認識されてきた。この時代，社会主義の崩壊と資本主義への移行に始まり，アジア・中国の勃興と動揺，ヨーロッパの統合（共通通貨ユーロの発足），アメリカ経済の復活，そして日本経済の長期停滞といった出来事が相継いだ。政治・軍事面では湾岸戦争に始まり，9・11やイラク戦争にいたる記憶が生々しい。そのなかでアメリカはIT化と金融経済化によって蘇り，逆に日本は，バブル崩壊後の「失われた10年」（そしてそれ以上）に低迷しつづけることになった。そしてアメリカの再生と呼応しつつ，イデオロギー的には新自由主義や市場原理主義が声高に叫ばれ，それは「グローバリゼーション」なる合言葉とともに世界の資本主義や経済社会を強力に変容させようとしている。おそらく1990年代は，第二次世界大戦後に次ぐ——そして石油ショック後にまさる——資本主義の大転換点を画することになろう。

そのことはとりわけ日本経済について当てはまる。輸出主導と企業主義（さらには階層的市場－企業ネクサス）によって「大国」へと登りつめた日本は，バブル経済化とその崩壊ののち，1990年代から2000年代初頭まで，15年近い長期停滞に落ち込んだ。もちろん途中，1995～6年を中心にして景気回復はあったが，そうした小波を含みつつも大きくは「低成長」「不況」の15年であることには間違いない。レギュラシオン理論の概念でいえば，これは「危機」であり，そして「大危機」（構造的危機）というほかなかろう。

危機の経過をたどれば，当初，バブル経済下での過剰投資が直接の原因となって不況への転化が開始されたが，その後，不良債権処理への無策（金融面）や消費税の引上げ（財政・家計面）という政策的失敗をとおして，信用収縮やデフレへと至ったということであろう。その結果，収益悪化（企業），不良債権（金

図表10-1 危機原因の説明にかんする簡単な分類

	実物的要因	貨幣的要因	制度的要因
短期	需要不足 財政政策・租税政策の過ち	金利運営における日銀の過ち	在来型政策の有効性への過信
中期	成長促進的な新製品の欠如 不確実性の否定的影響	不良債権・回収不能債権の危機を解決できないこと	キャッチアップ期に形成された制度的アーキテクチャーにおける緊張
長期	戦後的成長体制の枯渇	銀行・金融システムの劇的な非効率性	国際的・国内的文脈に対する調整様式の変調

出所：Boyer（2004c: 訳 262）

融），将来不安（家計），財政悪化（政府）が連鎖的な因果関係を形成して，いわゆるデフレ・スパイラル（フィッシャー型悪循環）に陥ったのが，世紀転換点をはさむ数年間の日本である[7]。その後において，不良債権処理が進み企業収益が改善したとも言われており，事実，景気循環上は2003年頃から景気上昇がつづいているとのことであるが，日本経済が新しい発展様式のもとに力強い歩みを始めたとはとても言えない。

それにしても，この危機はレギュラシオン的にはどういう危機なのか。たんなる循環性危機でなく構造的危機だといっても，どういう構造的危機なのか。レギュラシオニストはこの課題に挑戦しなければならない。**図表10-1**は危機原因をめぐる諸要因を整理したものである。危機の発生原因というよりも継続原因に焦点が当てられているので，例えばバブル期の「過剰投資」といった要因は除外されていようが，短期・中期・長期の諸要因と実物・貨幣・制度の諸要因とのマトリクスとして構成されている。中短期や実物・貨幣面を視野におさめつつも，日本経済は構造的危機にあるというレギュラシオニストの直感は，おのずと「長期」や「制度」の要因に注目することとなる。すなわち危機を「成長体制」や「調整様式」の面から問うことになる。

調整様式の不整合化と構造変化の失速

日本経済の危機について最初に分析のメスを入れたのは，ボワイエ／ジュイ

ヤール（1999），Boyer and Juillard（2000）である。文章化されたのは20世紀も末になってからだが，その元となる研究報告はすでに1995～96年あたりからなされていた。ここでかれらは，1990年代日本の不況を，同時期の諸外国の動向やかつての日本の各種不況期と比較する。GDP，生産性，雇用，賃金などのマクロ変数が比較される。それをとおして，今回の不況におけるこれらの推移がきわめて独自なことを摘出する。そこからとりあえず引き出されたのは，「レギュラシオン様式の危機，賃金－労働ネクサス（賃労働関係）の存続」という理解であった。

すなわち日本経済にあっては，従来の調整様式は明らかに危機に陥っているが，レギュラシオニストがこれまで重視してきた賃労働関係においては，戦後日本的なそれが解体されたというわけでなく，むしろ大きくは存続しているということである。慣性として存続する企業主義的な賃労働関係（さらには国家形態）が，グローバリゼーションの圧力下で変容した新しい金融関係（とりわけ国際金融関係）との両立性を失い，こうして賃労働関係（および国家）と金融（および国際体制）の間を中心にして，制度諸形態が相互に不整合化したのだという。制度諸形態が相互にきしみあうということは，結局，調整様式が変調をきたしているということであり，そこに日本経済の構造的危機への最初の分析的手がかりを置いたのであった。

グローバル金融の圧力のもと，1980年代以来，日本経済は金融の自由化，市場化，国際化など，金融面で大きな制度的変化を経験した。これに対して賃労働関係の方は，一方で終身雇用の崩壊，非正規労働の増加，成果主義賃金の導入など，各種の制度的改変の動きが報じられているが，しかしそうしたミクロ的変化はまだマクロ統計のうちには反映されてきていない。少なくとも1990年代後半の時点では，まだはっきりしない[8]。その意味で第一に，マクロの成長体制（輸出主導型成長体制）がどういう変化を遂げているのか，精密にはまだ不明であるが，おそらく従来型の輸出主導型成長が変調をきたしているのであろう（Boyer and Yamada 2000）。第二に，企業主義的な賃労働関係のもつ制度的慣性が大きいとしても，企業主義的調整様式の総体は明らかに内部的に離齬をきたしている。否むしろ，企業主義的諸関係の一貫性が強ければ強いほど，それと市場主義的金融との非両立性は大きくなり，また危機を長期化

させる要因ともなる。しかも日本においては，国民の政府への信頼は皆無に近く，また政府や政治は無能無策のかぎりを尽くしており，その意味でも危機は長期化している。ボワイエの分析は最近のもの（Boyer 2004c）に至るまで，以上のように，金融と労働を中心として，制度諸形態の補完性の喪失，同じことであるが調整様式の不整合化という点に，日本経済の長期停滞（構造的危機）の深因を見るものであった。

　ボワイエの危機論が主として調整様式論の側からの接近であったとすれば，宇仁（2002, 2003）は成長体制論の側から分析する。宇仁が戦後日本の持続的高成長を分析して構造変化連続論を提起していたことは，さきに見た。その同じ視点から1990年代以降の日本経済の危機はどう捉えられることになるか。日本のみならずスウェーデンやノルウェーも，1990年代初頭にひとしくバブル崩壊を経験したのであるが，北欧諸国はやがて早急に回復を遂げるのに対して，日本は長期停滞に落ち込んだ。その事実の背後に何があるのか。こう問いつつ，宇仁は構造変化の実態を提示する。

　一般に，製造業内部の構造変化が大きい（高成長部門への特化が著しい）と，製造業の雇用は増加傾向を示すことが知られているが，これに照らして各種統計を検討するとき，以下の事実が見られる。すなわち1960〜80年代の日本では，産出量成長率においても生産性上昇率においても，製造業内部における成長産業と衰退産業の差はきわめて大きく，つまりは構造変化が急速であり，製造業雇用も増加傾向にあった。ところが1990年代になると，成長産業においてすら産出量も生産性もごくわずかな伸びしか示さなくなり，衰退産業におけるそれらとの差は小さくなり，そして製造業雇用も減少した。さきに最終需要の連続的構造変化として見たように，1980年代までは異なる内容のディマンドサイドの構造変化が連続的に起きたので，仮にサプライサイドの構造変化を促進する仕組みがなくても，経済は成長した。しかし1990年代になると，ディマンドサイドの構造変化推進力は失速してしまった。輸出主導に持続力がないことは証明済みであるし，過剰能力に悩んでいる企業に投資需要を期待することはできず，家計に消費拡大を期待するのは生活スタイルや環境問題との両立性からいって問題であろう。とするならば，せめてサプライサイドの構造変化が促進されなければならない。

つまり，衰退産業から成長産業へ生産要素（とりわけ雇用）を移動させる仕組みが必要だということである。宇仁はその雛形をスウェーデンの「連帯主義的賃金」と「積極的労働市場政策」に見る。すなわち全国的に賃金を平等化することによって，企業別・産業別の利潤シェアの不均等化をもたらし，こうして低生産性部門から高生産性部門への資本移動を促進するとともに，積極的な職業訓練・再訓練によって労働移動をも促進するという仕組みである。現実の日本ではこれと反対に，低生産性部門は低賃金となっており，したがって高生産性部門と同等の利潤シェアが確保され，サプライサイドの構造変化が起きにくい状態にあり，それが危機脱出を困難にしている。

宇仁のこの構造変化失速論は，その後さらに「ネガティブな構造変化」論へと展開されていく（宇仁 2007a, b; Uni 2007）。ここにネガティブな構造変化とは，「生産性上昇率が低い商品に対する需要の成長率が相対的に大きい」といった需要・供給構造への傾斜を意味し，この場合にはマクロの経済成長率は低下する。反対に「ポジティブな構造変化」とは，「生産性上昇率が高い商品に対する需要成長率が相対的に大きい」ケースであり，マクロの成長率は維持ないし上昇する。問題の 1990 年代の停滞に関して宇仁は，この間，日本経済はポジティブな構造変化からネガティブな構造変化へと移行したのではないかという仮説を立てる。そして，労働生産性上昇と需要成長とのカルドア的因果関係論（Kaldor 1978），これを生産性レジームおよび需要レジームとして拡張したボワイエ・モデル（Boyer 1988），それにレギュラシオン理論にいう制度諸形態（とりわけ賃金・雇用制度，金融制度）の効果を導入して，統合的な累積的因果関係モデルを構築し，アメリカとの比較において日本の特徴を引き出す。

統計分析から，アメリカでは投資財の生産性上昇・価格低下が投資増加につながったのに対して，日本ではそれが逆に投資抑制に帰着したことが検出される。要するに日本では，投資需要の停滞という形で需要レジームが変化したのであり，生産性上昇を需要上昇へと媒介する需要レジーム内部に不整合が生じたのであった。投資抑制の背後には，バブル期の過剰投資のツケとフィッシャー型の負債デフレの重圧があった。いずれにしても 1990 年代，アメリカではポジティブな構造変化が促進されたのに対して，日本では，生産性上昇の大きい投資財で需要が減退し，生産性上昇の小さい消費財で需要が伸びるという，ま

さにネガティブな構造変化が生じたのであった。これが構造変化論からする危機診断である。したがって危機脱出の構造的条件は，労働生産性上昇率が高い商品に対する需要成長率を高めることという一点に尽きるが，そのためにはひとり成長体制の次元をこえて，制度諸形態および調整様式の問題へと分け入る必要がある。

つまり，構造変化や成長体制の問題は制度や調整様式のあり方と不可分に絡みあっている。生産要素（特に労働）の部門間移動に関わってさきにも指摘したように，日本では労働移動や技能形成は，それこそ企業内的ないし企業グループ内的になされてきたのであり，個別企業の枠をこえた産業や社会全体のレベルでの調整がなされにくいシステムとなっている。仮にそうした調整が試みられたとしても，それは既得権益による猛烈な反対や衝突に出会って失敗することが多い。要するに企業主義的レギュラシオンは，ありうる新しい成長体制を促進することができないでいるということであろう。ここには成長体制の危機に対する旧来的調整様式の機能不全ないし障害物化が示唆されている。

このような企業中心的なコーディネーションがもつ限界は，福祉サービスの問題を中心として平野（1996）からも，フレキシキュリティ（雇用－福祉－訓練の三角形）の視点に立って磯谷（2004）からも提起されている。新しい福祉や技能形成を促進するにあたって，企業主義的レギュラシオンという枠組みはプラス要因としてよりもマイナス要因に転化したのであろう。念のために言えば，こうした企業主義の限界は，企業主義的調整に代わる市場的調整の有効性を意味しない。それはあくまでも企業主義という特殊な非市場的調整形態の限界を意味しているのであって，非市場的調整一般の無効性を意味するものではないことは，宇仁（2003）も確認するところである。

4　危機からの出口はどこにあるか

結局，長期停滞日本はどういう構造的危機にあったのか。調整様式の内部で不整合が生じたのか，企業主義的調整が新しい成長体制を先導しえていないのか。それともそれ以外の何かなのか。加えて日本経済のこの構造的危機は，かつての大危機（19世紀末大不況，1930年代恐慌，フォーディズムの危機）とどこが共通し，どこが相違しているのか。19世紀末大不況は外延的蓄積体制

の枯渇のゆえだと言われ，30年代恐慌は勃興する内包的蓄積体制に対する競争的調整様式の不適合に起因するとされ，またフォーディズムの危機は大量生産－大量消費型蓄積体制とフォーディズム的労使妥協の双方が限界に到達した結果だと言われた。では，1990年代から2000年代初頭にかけての日本経済の不調は，それらとくらべてどういう特徴をもっているのか。

そしてまた，今日ではより重要な論点であるが，危機からの出口はどこにあるのか。素朴な市場原理的調整への脱出路がありえないのと同様，旧来の日本型企業主義への固執もまた非現実的であるとすれば，何らかのハイブリッド化の道というのはありうる選択のひとつであろう。だがその際，企業主義を資本原理（市場原理主義）と折り合わせるのでなく，企業主義を社会原理と折り合わせる道が探られてもよいだろう。その社会原理も旧来の企業主義的社会原理でなく，それを克服した新しい社会原理が探求されなければならない。それはいかにして可能か。

こうした諸問題にレギュラシオン理論はまだ確たる答えを見いだしていない。日本経済の構造的危機を正しく分析し，そこから脱出すべく新しい成長体制と調整様式を示すことが出来るか否か。われわれの試金石はそこにある。

1) 以下，文献は本章末の**図表10-2**（文献年表）を参照。そこでは日本資本主義に関するレギュラシオン的研究の文献が〈著者（発表年）「文献タイトル」〉という形で示されている。文献の詳しい情報については巻末の「参考文献」を参照。
2) 本書第4章第4節参照。
3) 論争は『窓』誌上で展開されたが，関連する論稿はのちに加藤／スティーヴン編（1993）に収録された。
4) 宇仁（1999）によれば，$k = (\gamma + 1)s + \beta (\lambda + 1 - s)$ であり，他を不変とすれば $s, \beta, \gamma, \lambda$ の上昇はいずれも k の上昇をもたらす。
5) 本書第9章を参照。
6) その初期的構想はすでに，磯谷（2004, 2007）に「金融システム」「技術システム」をも取り込んだ拡張図式として示されている。
7) 前章第4節を参照。
8) ボワイエたちのこういう診断からほぼ10年たった今日では，様相が異なるかもしれない。金融（株主権の復活など）に発する制度的変化は今日では賃労働関係（労働のフレキシブル化）にまで及んで，日本においても，非正規労働化や成果主義賃金など，いままでの日本的労使妥協の制度を崩壊させる動きが見られる。

図表 10-2 日本資本主義へのレギュラシオン・アプローチ　文献年表
（掲載文献は本文および注で指示したものに限定；詳細情報は巻末の「参考文献」参照）

1988　伊藤 (1988)『世界経済の中の日本』
　　　Kenny and Florida (1988) 'Beyond Mass Production'
1990　ボワイエ (1990)『入門・レギュラシオン』
　　　遠山 (1990a)「日本における高度成長と危機」
　　　――― (1990b)「高度経済成長期における賃労働形態」
　　　植村 (1990)「現代資本蓄積論と所得分配」
1991　Coriat (1991) *Penser à l'envers*
　　　宇仁 (1991)「戦後日本資本主義とフォーディズム」
1992　Uemura (1992) 'Growth and Distribution in the Post-war Regime of Accumulation'
　　　宇仁 (1992)「戦後日本の蓄積体制」
1993　平野 (1993b)「戦後日本の経済成長と賃労働関係」
　　　加藤／スティーヴン編 (1993)『国際論争　日本的経営はポスト・フォーディズムか？』
　　　山田 (1993b)「日本型資本主義と企業主義的調整」
1994　Inoue et Yamada (1994) 'La théorie de la régulation au Japon'
　　　Uemura and Ebizuka (1994) 'Incentives and Flexibility in the Hierarchical Market-Firm Nexus'
　　　山田 (1994a)『20世紀資本主義』
1995　Inoue et Yamada (1995) 'Japon: Démythifier la régulation'
　　　磯谷 (1995)「日本型企業システムとレギュラシオン理論」
　　　宇仁 (1995)「日本の輸出主導型成長」
1996　平野 (1996)『日本的制度と経済成長』
　　　井上 (1996)『〈世紀末大転換〉を読む』
　　　遠山 (1996)「賃金交渉制度と労働生産性シェアリング」
1997　Ebizuka, Uemura et Isogai (1997) 'L'Hypothèse de la « Relation hiérarchisée marché-firme » et l'économie japonaise d'après-guerre'
1998　鍋島 (1998)「金融システムの変容と現代危機」
　　　宇仁 (1998)『構造変化と資本蓄積』
　　　植村 (1998)「戦後蓄積体制における成長・分配・構造変化」
1999　Shimizu (1999) *Le toyotisme*
　　　山田／ボワイエ編 (1999)『戦後日本資本主義』
　　　（主要内容：）
　　　山田 (1999)「日本資本主義と企業主義的レギュラシオン」

磯谷／植村／海老塚（1999）「戦後日本経済の制度分析」
宇仁（1999）「戦後日本の構造変化と資本蓄積」
遠山（1999）「賃金交渉制度と労使間妥協の展開」
平野／花田（1999）「労働力再生産における産業的福祉の役割」
鍋島（1999）「戦後日本における金融のレギュラシオン」
井上（1999）「東アジア経済の成長と危機のレギュラシオン」
ボワイエ／ジュイヤール（1999）「レギュラシオン様式の危機　賃金－労働ネクサスの存続」。

2000　Boyer and Yamada eds.（2000）*Japanese Capitalism in Crisis*
（Main Contributions:）
Yamada（2000）'Japanese Capitalism and the Companyist Compromise'
Isogai, Ebizuka and Uemura（2000）'The Hierarchical Market-Firm Nexus as the Japanese Mode of *Régulation*'
Uni（2000）'Disproportionate Productivity Growth and Accumulation Regimes'
Tohyama（2000）'The Capital-Labour Compromise and the Financial System'
Hanada and Hirano（2000）'« Industrial Welfare » and « Companiy-ist » *Régulation*'
Nabeshima（2000）'The Financial Mode of *Régulation* in Japan and its Demise'
Boyer and Juillard（2000）'The Wage Labour Nexus Challenged'
Uemura（2000）'Growth, Distribution and Structural Change in the Post-war Japanese Economy'
Inoue（2000）'Beyond the East Asian Economic Crisis'
Boyer and Yamada（2000）'Conclusion: An Epochal Change …but Uncertain Futures'

2002　宇仁（2002）「日本経済の低成長の原因」
遠山（2002）「『企業主義的レギュラシオン』仮説と戦後日本経済における賃金決定」

2003　宇仁「バブル崩壊後の日本，スウェーデン，ノルウェーの比較」

2004　Boyer（2004c）'Japon: De la décennie perdue à un improbable New Deal'
磯谷（2004）『制度経済学のフロンティア』

2007　磯谷（2007）「『階層的市場－企業ネクサス』論の拡張に向けて」
植村（2007a）「『階層的市場－企業ネクサス』と動態的調整メカニズム」
宇仁（2007a）「90年代日本と米国の構造変化と資本蓄積」
──（2007b）「1990年代における日本と米国の成長体制」
Uni（2007）'Growth Regimes in Japan and the United States in the 1990s'

あとがき

　この本は資本主義のさまざまな姿について，これを比較論的に分析したものである。各国の経済社会を比較し，比較のさきに経済社会の多様性や類似性を捉え，それがもつ意味を考えてみることが本書の主題である。このようなテーマについて書いてみたいと思うようになったのは，近年，「グローバル化」「ボーダーレス化」といった合言葉のもと，世界各国の経済システムはますますアメリカ的な市場主義的システムに収斂し均一化していくであろうし，そうであるべきだ，といった発言が強くなってきたからである。またこの数年，私は外国に出かける機会がふえたが，そこで出会った世界各地の個性あふれる人間社会の姿とさきの市場的収斂説とのギャップも，こうした問題意識を育てるのに役立った。そのなかで，社会科学において「比較」という方法のもつ意味についても，あらためて考えてみたかった。

　同時にこの本は，われわれがそこで暮らしている「資本主義」という社会はいったい何なのかを考えてみる作業の一環でもある。「あとがき」を書いている今の時点ではじめて気づいたことだが，本書中のほとんどの章題に「資本主義」の語が登場する。考えてみれば，「資本主義と社会主義」「資本主義と市民社会」「資本主義と社会的調整」……と，時々の主要関心は変わってきたとはいえ，学生時代以来，「資本主義」は私の中心的テーマをなしてきた。今回はその資本主義を比較分析という角度から問うことになったが，この間，私の心の奥では，「人間にとって資本主義は何を意味するか。そして，この，『人間にとって資本主義は何を意味するか』を考えてゆく上に，経済学という学問は，いったい，いかにして，いかなる意味を持ちうるのであろうか」という，内田義彦の問いが響いていたように思う。40年以上前の言葉である。

　そんな思いのなかで本書『さまざまな資本主義——比較資本主義分析』を書き下ろしてみた。ベースになった論文はいくつかあり，発表の場をあたえていただいた関係各位にはこの場を借りて感謝したい。本書が下敷きにした元論文としては，山田（1994b, 1999, 2002, 2004b, 2005b, 2006, 2007a, 2007b, 2007c,

2008）を指摘できるが，ただし，そのほとんどは原型をとどめないほどに再編成され，改稿や削除・増補が施されている。論点の重複を避け，本書の全10章でもってひとつのまとまりある議論が展開されるようにした。

　文中の記号について注記しておく。引用・参照の文献は例えば Boyer（2004a: 訳121）のように著編者（発表年号：ページ数ないし該当章など）の形で示し，巻末の「参考文献」と対応している。原則として，邦訳書がある場合にはページ数の前に「訳」の字を付して邦訳書ページ数で示す。ただし訳文は邦訳書のそれに従わない場合もある。引用文中の〔　〕は引用者による補足を示す。

　私としては久しぶりの単著出版となった。この十数年，経済学・政治学やレギュラシオン理論にかかわる各種のシンポジウム・学会・研究会などで，また著作物を通して，みのり多い学的刺激をあたえていただいた多くの方々に，心から感謝したい。また，藤原書店編集部の山﨑優子さんには，さきの共訳書『五つの資本主義』につづいて，本書でもお世話になることになった。藤原良雄社長には，ずいぶん前から著書出版のお話をいただいておきながら，ここまで忍耐強く待っていただいた。ともに衷心より御礼申し上げたい。

　　2008年8月4日

山田　鋭夫

参考文献

Abramovitz, Moses (1986) 'Catching Up, Forging Ahead, and Falling Behind', *Journal of Economic History*, vol.46, no.2, June.

Aglietta, Michel (1976) *Régulation et crises du capitalisme: L'expérience des Etats-Unis*, Calmann-Lévy, Paris ; 2ᵉ éd., 1986 ; Nouvelle édition revue et corrigée, augmentée d'une postface inédite, Odile Jacob, 1997 ; (In English) *A Theory of Capitalist Regulation*, NLB, London, 1979. (若森章孝／山田鋭夫／大田一廣／海老塚明訳『資本主義のレギュラシオン理論——政治経済学の革新』大村書店, 1989 年 ; 増補新版, 2000 年)

—— (1986) *La fin des devises clés*, La Découverte, Paris, 1986. (斉藤日出治訳『基軸通貨の終焉』新評論, 1989 年 ; 斉藤日出治訳『通貨統合の賭け』藤原書店, 1992 年)

—— (1994) 'De « Régulation et crises du capitalisme » à la « Violence de la monnaie » et au-delà', in Sebaï et Vercellone éds. (1994) .

—— (1995) *Macroéconomie financière*, La Découverte, Paris. (坂口明義訳『成長に反する金融システム——パフォーマンスと今後の課題』新評論, 1998 年)

—— (1997) *Macro-économie internationale*, Montchrestien, Paris.

—— (1998) 'Le capitalisme de demain', *Notes de la Fondation Saint-Simon*, no.101.

—— (2000a) 'Nouvelle économie, nouvelles régulations', in Le cercle des économistes éd., *Espérances et menaces de la nouvelle économie*, Descartes & Cie, Paris.

—— (2000b) 'Shareholder Value and Corporate Governance: Some Tricky Questions', *Economy and Society*, vol.29, no.1.

Aglietta, Michel, et Anton Brender (1984) *Les métamorphoses de la société salariale: La France en projet*, Calmann-Lévy, Paris. (斉藤日出治ほか訳『勤労者社会の転換——フォーディズムから勤労者民主制へ』日本評論社, 1990 年)

Aglietta, Michel, and Régis Breton (2001) 'Financial Systems, Corporate Control and Capital Accumulation', *Economy and Society*, vol.30, no.4, November.

Aglietta, Michel, et Sandra Moatti (2000) *Le FMI: De l'ordre monétaire aux désordres financières*, Economica, Paris.

Aglietta, Michel, et André Orléan (1982) *La violence de la monnaie*, PUF, Paris ; 2e éd., 1984. (井上泰夫／斉藤日出治訳『貨幣の暴力——金融危機のレギュラシオン・アプローチ』法政大学出版局, 1991 年)

——éds. (1998) *La monnaie souveraine*, Odile Jacob, Paris.

—— (2002) *La monnaie entre violence et confiance*, Odile Jacob, Paris.

Aglietta, Michel, et Antoine Rebérioux (2004) *Dérives du capitalisme financier*, Albin Michel, Paris.

Albert, Michel (1991) *Capitalisme contre capitalisme*, Seuil, Paris. (小池はるひ訳『資本主

義 対 資本主義』竹内書店新社, 1992 年)
Albritton, Robert (1991) *A Japanese Approach to Stages of Capitalist Development*, Macmillan, London. (永谷清監訳『資本主義発展の段階論——欧米における宇野理論の一展開』社会評論社, 1995 年)
Allen, Matthew M. C. (2004) 'The Varieties of Capitalism Paradigm: Not Enough Variety?', *Socio-Economic Review*, 2.
—— (2006) *The Varieties of Capitalism Paradigm: Explaining Germany's Comparative Advantage?*, Palgrave Macmillan, London.
Amable, Bruno (1993) 'Catch-up and Convergence: A Model of Cumulative Growth', *International Review of Applied Economics*, vol.7, no.1.
—— (2000) 'Institutional Complementarity and Diversity of Social Systems of Innovation and Production', *Review of International Political Economy*, vol.7, no.4.
—— (2003) *The Diversity of Modern Capitalism*, Oxford University Press, Oxford; (En français) *Les cinq capitalismes: Divérsité des systèmes économiques et sociaux dans la mondialisation*, Seuil, Paris, 2005. (山田鋭夫／原田裕治ほか訳『五つの資本主義——グローバリズム時代における社会経済システムの多様性』藤原書店, 2005 年)
Amable, Bruno, Rémi Barré et Robert Boyer (1997) *Les systèmes d'innovation à l'ère de la globalisation*, Economica, Paris.
Amable, Bruno, and Robert Boyer (1992) 'The R&D-Productivity Relationship in the Context of New Growth Theories: Some Recent Applied Research', *CEPREMAP*, no.9211.
Amable, Bruno, Ekkehard Ernst et Stefano Palombarini (2002) 'Comment les marchés financiers peuvent-ils affecter les relations industrielles?: Une approche par la complémentarité institutionnelle', *L'Année de la régulation*, no.6.
Amable, Bruno, Donatella Gatti and Jan Schumacher (2006) 'Welfare-State Retrenchment: The Partisan Effect Revisited', *Oxford Review of Economic Policy*, vol.22, no.3.
Amable, Bruno, et Stefano Palombarini (2005) *L'économie politique n'est pas une science morale*, Editions Raisons d'Agir, Paris.
Amable, Bruno, and Pascal Petit (1999) 'Identifying the Structure of Institutions to Promote Innovation and Growth', *CEPREMAP*, no.9919.
—— (2001) 'The Diversity of Social Systems of Innovation and Production during the 1990's', *Paper presented for the Second Conference of the Centre Saint-Gobain pour la Recherche en Economie*, Paris.
Amin, Samir (1970) *L'Accumulation à l'échelle mondiale*, Editions Anthropos, Paris. (野口祐ほか訳『世界資本蓄積論』柘植書房, 1979 年 ; 野口祐／原田金一郎訳『周辺資本主義構成体論』柘植書房, 1979 年 ;『中心＝周辺経済関係論』柘植書房, 1981 年)
—— (1994) 'A propos de la « régulation »', in Sebaï et Vercellone éds. (1994) .
Aoki, Masahiko (1988) *Information, Incentives, and Bargaining in the Japanese Economy*, Cambridge University Press, Cambridge and New York. (永易浩一訳『日本経済の制度分析——情報・インセンティブ・交渉ゲーム』筑摩書房, 1992 年)

―――(2001) *Towards a Comparative Institutional Analysis*, Cambridge: MIT Press.（瀧澤弘和／谷口和弘訳『比較制度分析に向けて』NTT出版, 2001年）

Aoki, Masahiko, and Hugh Patrick eds.（1994）*The Japanese Main Bank System: Its Relevance for Developing And Transforming Economies*, Oxford University Press, New York.（白鳥正喜監訳『日本のメインバンク・システム』東洋経済新報社, 1996年）

Arai, Misako, and Sébastien Lechevalier（2005）'The Inequalities between Men and Women in the Japanes Labour Market: A Regulationist Approach', *The Economic Science*（Nagoya University）, vol.52, no.4, March.

Armstrong, Philip, Andrew Glyn and John Harrison（1991）*Capitalism since 1945*, Basil Blackwell, Oxford.

Barshay, Andrew E.（2004）*The Social Sciences in Modern Japan: The Marxian and Modernist Traditions*, University of California Press, Berkeley, Los Angels and London.（山田鋭夫訳『近代日本の社会科学――丸山眞男と宇野弘蔵の射程』NTT出版, 2007年）

Batifoulier, Philippe éd.（2001）*Théorie des conventions*, Economica, Paris.（海老塚明／須田文明監訳『コンヴァンシオン理論の射程――政治経済学の復権』昭和堂, 2006年）

Baumol, William J.（1986）'Productivity Growth, Convergence, and Welfare: What the Long-Run Data Show', *American Economic Review*, vol.76, no.5, December.

Baumol, William J., Sue A. Blackman and Edward N. Wolff（1989）*Productivity and American Leadership: The Long View*, Cambridge: MIT Press.

Baumol, William J., Richard R. Nelson and Edward N. Wolff eds.（1994）*Convergence of Productivity: Cross-national Studies and Historical Evidence*, Oxford University Press, Oxford.

Beaud, Michel（1997）*Le basculement du monde: De la terre, des hommes et du capitalisme*, La Découverte & Syros.（筆宝康之／吉武立雄訳『大反転する世界』藤原書店, 2002年）

Bell, Daniel（1973）*The Coming of Post-Industrial Society*, Basic Books, New York.（内田忠夫／嘉治元郎／城塚登／馬場修二／村上泰亮／谷嶋喬四郎訳『脱工業化社会の到来』上・下, ダイヤモンド社, 1975年）

Benko, Georges, et Alain Lipietz éds.（1992）*Les régions qui gagnent: Districts et réseaux: Les nouveaux paradigmes de la géographie économique*, PUF, Paris.

Berger, Suzanne（1996）'Introduction', in Berger and Dore eds.（1996）.

Berger, Suzanne, and Ronald Dore eds.（1996）*National Diversity and Global Capitalism*, Cornell University Press, Ithaca and London.

Berle, Adolf A., and Gardiner C. Means（1932）*The Modern Corporation and Private Property*, Macmillan, New York.（北島忠男訳『近代株式会社と私有財産』文雅堂出版, 1958年）

Bertoldi, Moreno（2002）'Chronique d'une décennie de politique économique: L'exemplarité du Japon', *L'Année de la régulation*, no.6.

Bidet, Jacques, et Jacques Texier éds.（1995）*Théorie de la régulation, théorie des conventions*（*Actuel Marx*, no.17）, PUF, Paris.

Billaudot, Bernard (1996) *L'ordre économique de la société moderne: Un réexamen de la théorie de la régulation*, L'Harmattan, Paris.

―― (2001) *Régulation et croissance: Une macroéonomie historique et institutionnelle*, L'Harmattan, Paris.

Blith, Mark (2003) 'Same as It Never Was: Tempotality and Typology in the Varieties of Capitalism', *Comparative European Politics*, vol.1, no.2.

Bloch, Marc (1928) 'Pour une histoire comparée des sociétés européennes', *Revue de Synthèse Historique*, tome XLVI (Nouvelle Série, tome XX), décembre.（高橋清徳訳『比較史の方法』創文社，1978 年）

Bohle, Dorothee, and Béla Greskovits (2007a) 'Neoliberalism, Embedded Neiliberalism and Neocorporatism: Towards Transnational Capitalism in Central-Eastern Europe', *West European Politics*, vol.30, no.3. May.

―― (2007b) 'The State, Internationalization, and Capitalist Diversity in Eastern Europe', *Competition & Change*, vol.11, no.2, Hune.

Boillot, Jean-Joseph, et Camille Baulant (1988) 'L'école de la régulation', in Maurice Baslé et al., *Histoire des pensées économiques: Les contemporains*, Sirey, Paris.

Bourdieu, Pierre (1980) *Le sens pratique*, Les Editions de Minuit, Paris.（今村仁司／港道隆訳『実践感覚』1・2，みすず書房，1988/1990 年）

―― (2000) *Les structures sociales de l'économie*, Seuil, Paris.（山田鋭夫／渡辺純子訳『住宅市場の社会経済学』藤原書店，2006 年）

Bowles, Samuel, David M. Gordon and Thomas E. Weisskopf (1983) *Beyond the Waste Land: A Democratic Alternative to Economic Decline*, Garden City, New York, Anchor Press/ Double Day.（都留康／磯谷明徳訳『アメリカ衰退の経済学――スタグフレーションの解剖と克服』東洋経済新報社，1986 年）

Bowles, Samuel, and Robert Boyer (1988) 'Labor Discipline and Aggregate Demand: A Macroeconomic Model', *American Economic Review*, vol.78, no.2.

―― (1990) 'A Wage-led Employment Regime: Income Distribution, Labour Discipline, and Aggregate Demand in Welfare Capitalism', in Marglin and Schor eds. (1990).

Bowles, Samuel, and Herbert Gintis, edited by Erik Olin Wright (1998) *Recasting Egalitarianism: New Rules for Communities*, States and Markets, Verso, London and New York.（遠山弘徳訳『平等主義の政治経済学――市場・国家・コミュニティのための新たなルール』大村書店，2002 年）

Boyer, Robert (1986a) *La théorie de la régulation: Une analyse critique*, La Découverte, Paris ; (In English) *The Regulation School*, Columbia University Press, New York, 1990.（山田鋭夫訳『レギュラシオン理論』新評論，1989 年；新版，藤原書店，1990 年）

――éd. (1986b) *Capitalismes fin de siècle*, PUF, Paris.（山田鋭夫ほか訳『世紀末資本主義』日本評論社，1988 年）

――éd. (1986c) *La flexibilité du travail en Europe: Une étude comparative des transformations du rapport salarial dans sept pays de 1973 à 1985*, Paris ; (In English)

The Search for Labour Market Flexibility, Clarendon Press, Oxford, 1988.（井上泰夫抄訳『第二の大転換――EC 統合下のヨーロッパ経済』藤原書店，1992 年）

―― (1988)'Formalizing Growth Regimes', in Giovanni Dosi, Christopher Freeman, Richard Nelson, Gerald Silverberg and Luc Soete eds., *Technical Change and Economic Theory*, Pinter Publishers, London.（遠山弘徳訳「レギュラシオン・アプローチによる成長体制の定式化」『法経論集』（静岡大学）69/70 号，1993 年 1 月）

―― (1990)'The Capital Labor Relations in OECD Countries: From the Fordist "Golden Age" to Contrasted National Trajectories', *CEPREMAP*, no.9020.（伊藤正純訳「OECD 諸国における資本－労働関係――フォーディズムの『黄金時代』から対照的な国民的軌道へ」ボワイエ／山田編（1993a）所収）

―― (1992)'D'une série de « National Labour Standard » à un « European Monetary Standard »?: Théorie et histoire économiques face à l'intégration monétaire européenne', *CEPREMAP*, No.9212.（井上泰夫訳「多様な『国民的労働本位制』から単一『ヨーロッパ通貨本位制』への移行は可能か」ボワイエ／山田編（1997）所収）

―― (1994a)'Do Labor Institutions Matter for Economic Development ?...: A « Régulation » Approach for the OECD and Latin America, with an Extension to Asia', in G. Rodgers ed., *Workers, Institutions and Economic Growth in Asia*, Geneva.（植村博恭訳「経済発展における労働制度の重要性――OECD ならびにラテンアメリカへのレギュラシオン的接近とそのアジアへの拡張」ボワイエ／山田編（1997）所収）

―― (1994b)'Persistence et changement des conventions: Deux modèles simples et quelques illustrations', in Orléan éd.（1994）.

―― (1996a)'State and Market: A New Engagement for the Twenty-First Century?', in Boyer and Drache eds.（1996）.

―― (1996b)'The Seven Paradoxes of Capitalism...: Or is a Theory of Modern Economies Still Possible?', *CEPREMAP*, no.9620.

―― (1996c)'The Convergence Hypothesis Revisited: Globalization but Still the Century of Nations?', in Berger and Dore eds.（1996）.

―― (1997)'The Variety and Unequal Performance of Really Existing Markets: Farewell to Doctor Pangloss?', in Hollingsworth and Boyer eds.（1997）.

―― (1998)'Evolution des modèles productifs et hybridation: Géographie, histoire et théorie', *CEPREMAP*, no.9804.

―― (1999a)'La politique à l'ère de la mondialisation et de la finance: Le point sur quelques recherches régulationnistes', *L'Année de la régulation*, no.3 ;（In English）'The Political in the Era of Globalization and Finance: Focus on Some Régulation School Research', *International Journal of Urban and Regional Research*, vol.24, no.2, 2000.

―― (1999b)'Will the Japanese and the German Innovation Systems Cope with the Challenges of the XXIst Century?', *Economic Research Center Discussion Paper*, Nagoya University, no.112.

―― (1999c)'The Variety and Dynamics of Capitalism', in John Groenewegen and Jack J.

Vromen eds., *Institutions and the Evolution of Capitalism: Implications of Evolutionary Economics*, Elgar, Cheltenham and Northampton.
—— (2000a) 'Deux défis pour le XXIe siècle: Discipliner la finance et organiser l'internationalisation', *CEPREMAP*, no.2000-08.
—— (2000b) 'Is a Finance-led Growth Regime a Viable Alternative to Fordism?: A Preliminary Analysis', *Economy and Society*, vol.29, no.1.
—— (2001a) 'La diversité des institutions d'une croissance tirée par l'information ou la connaissance', in Jean-Philippe Touffut et al., *Institutions et croissance: Les chances d'un modèle économique européen*, Albin Michel, Paris.
—— (2001b) 'L'après-consensus de Washington: Institutionnaliste et systémique ?', *L'Année de la régulation*, no.5.
—— (2001c) 'The Diversity and Future of Capitalisms: A Régulationist Analysis', in Geoffrey M. Hodgson, Makoto Itoh and Nobuharu Yokokawa eds., *Capitalism in Evolution: Global Contentions – East and West*, Elgar, Cheltenham/ Northampton.
—— (2001d) 'L'économiste face aux innovations qui font époque: Les relations entre historique et théorie', *CEPREMAP*, no.2001-12.
—— (2001e) 'La « nouvelle économie » au future antérieur: Histoire, théorie, géographie', *CEPREMAP*, no.2001-13.
—— (2001f) 'The Regulation Approach as a Theory of Capitalism: A New Derivation', in Labrousse and Weisz eds.（2001）.
—— (2002a) *La croissance, début de siècle: De l'octet au gène*, Albin Michel, Paris；（In English）*The Future of Economic Growth: As New Becomes Old*, Elgar, Cheltenham and Northampton.（井上泰夫監訳，中原隆幸／新井美佐子訳『ニュー・エコノミーの研究――21世紀型経済成長とは何か』藤原書店，2007年）
—— (2002b) 'Variété du capitalisme et théorie de la régulation', *L'Année de la régulation*, no.6.
—— (2003a) 'Les institutions dans la théorie de la régulation', *CEPREMAP*, no.2003-08.
—— (2003b) 'The Embedded Innovation Systems of Germany and Japan: Distinctive Features and Futures', in Yamamura and Streeck eds.（2003）.
—— (2004a) *Une théorie du capitalisme est-elle possible?*, Odile Jacob, Paris.（山田鋭夫訳『資本主義 vs 資本主義――制度・変容・多様性』藤原書店，2005年）
—— (2004b) *Théorie de la régulation: 1. Les fondamentaux*, La Découverte, Paris.
—— (2004c) 'Japon: De la décennie perdue à un impossible New Deal', *CEPREMAP*, no.2004-04.（宇仁宏幸／横田宏樹訳「日本の失われた10年と困難なニューディール」山田／宇仁／鍋島編（2007）所収）
—— (2005a) 'Coherence, Diversity, and the Evolution of Capitalisms: The Institutional Complementarity Hypothesis', *Evolutionary and Institutional Economics Review*, vol.2, no.1, October.
—— (2005b) 'How and Why Capitalisms Differ', *Economy and Society*, vol.34, no.4,

November.

—— (2006) 'Employment and Decent Work in the Era of « Flexicurity »', *DESA Working Paper*, no.32, September.

—— (2007) 'Capitalism Strikes Back: Why and What Consequences for Social Sciences ?', *Revue de la Régulation*, no.1.

Boyer, Robert, Mario Dehove et Dominique Plihon (2004) *Les crises financières*, Documentation Française, Paris.

Boyer, Robert, et Michel Didier éds. (1998) *Innovation et croissance*, La Documentation Française, Paris.

Boyer, Robert, and Daniel Drache eds. (1996) *States against Markets: The Limits of Globalization*, Routledge, London and New York.

Boyer, Robert, et Michel Freyssenet (2000) *Les modèles productifs*, La Découverte-Syros, Paris.

Boyer, Robert, and J. Rogers Hollingsworth (1997) 'From National Embeddedness to Spatial and Institutional Nestedness', in Hollingsworth and Boyer eds. (1997) .

Boyer, Robert, and Michel Juillard (2000) 'The Wage Labour Nexus Challenged: More the Consequence than the Cause of the Crisis', in Boyer and Yamada eds. (2000) .

Boyer, Robert, et Jacques Mistral (1978) *Accumulation, inflation, crises*, PUF, Paris; 2ème éd., 1983.

Boyer, Robert, et André Orléan (1991) 'Les transformations des conventions salariales entre théorie et histoire: D'Henry Ford au fordisme', *Economie et histoire*, vol.42, no.2.

Boyer, Robert, and Pascal Petit (1991) 'Kaldor's Growth Theories: Past, Present and Prospects', in Edward J. Nell and Willi Semmler eds., *Nicholas Kaldor and Mainstream Economics : Confrontation or Convergence ?*, Macmillan, London.

Boyer, Robert, et Yves Saillard éds. (1995) *Théorie de la régulation: Etat des saviors*, La Découverte, Paris; 2ème éd., 2002 ; (In English) *Régulation Theory: The State of the Art*, Routledge, London and New York, 2002. (井上泰夫抄訳『現代「経済学」批判宣言——制度と歴史の経済学のために』藤原書店，1996 年)

Boyer, Robert, et Pierre-François Souyri éds. (2001) *Mondialisation et régulations: Europe et Japon face à la singularité américaine*, La Découverte. (山田鋭夫／渡辺純子訳『脱グローバリズム宣言——パクス・アメリカーナを超えて』藤原書店，2002 年)

Boyer, Robert, and Toshio Yamada (2000) 'Conclusion: An Epochal Change…but Uncertain Future', in Boyer and Yamada eds. (2000) . (藤田菜々子訳「画期的な変化……しかし不確実な前途」『BULLETIN』(日仏経済学会) 第 23 号，2004 年 12 月)

Boyer, Robert, and Toshio Yamada eds. (2000) *Japanese Capitalism in Crisis: A Regulationist Interpretation*, Routledge, London.

Braudel, Fernand (1979) *Civilisation matérielle, économie et capitalisme*, Armand Colin, Paris. (村上光彦訳『〈物質文明・経済・資本主義Ⅰ〉日常性の構造』1・2 ほか，みすず書房，1985 年～)

―― (1997) *Les écrits de Fernand Braudel 2: Les ambitions de l'histoire*, Editions de Fallois, Paris.（浜名優美監訳『〈ブローデル歴史集成Ⅱ〉歴史学の野心』藤原書店, 2005年）
Bredgaard, Thomas, Flemming Larsen and Per Kongshøj Madsen（2005）'The Flexible Danish Labour Market: A Review', *CARMA Research Papers*, no.2005: 01, Aalborg University.
Bücher, Karl（1893）*Die Entstehung der Volkswirtschaft* ;16. Aufl., 1922.（権田保之助訳『増補改訂 国民経済の成立』栗田書店, 1942年）
Burton-Jones, Alan（1999）*Knowledge Capitalism: Business, Work, and Learning in the New Economy*, Oxford University Press.（野中郁次郎監訳『知識資本主義』日本経済新聞社, 2001年）
CEPREMAP-CORDES（1977）*Approches de l'inflation: L'exemple français*, ronéo., La Documentation Française, Paris.
Cerny, Philip G., Georg Menz and Susanne Soederberg（2005）'Different Roads to Globalization: Neoliberalism, the Competition State, and Politics in a More Open World', in Cerny, Menz and Soederberg eds.（2005）.
Cerny, Philip G., Georg Menz and Susanne Soederberg eds.（2005）*Internalizing Globalization: The Rise of Neoliberalism and the Decline of National Varieties of Capitalism*, Palgrave Macmillan, Basingstoke.
Chavance, Bernard（1983）*Le système économique soviétique*, Le Sycomore, Paris.
―― (1987) *Régulation, cycles et crises dans les systèmes socialistes*, Editions de l'Ecole des Hautes Etudes en Sciences Sociales, Paris.
―― (1989) *Le système économique soviétique: De Brejnev à Gorbatchev*, Nathan, Paris.（斉藤日出治訳『社会主義のレギュラシオン理論――ソ連経済システムの危機分析』大村書店, 1992年）
―― (1992) *Les réformes économiques à l'Est de 1950 aux années 1990*, Nathan, Paris.（斉藤日出治／斉藤悦則訳『システムの解体――東の経済改革史 1950-90年代』藤原書店, 1993年）
―― (2002) 'Why National Trajectories of Post-Socialist Transformation Differ?', Paper presented to the Symposium "Evolution/ Transition: Evolutionary Perspective on Transition Economies", held by Japan Association for Evolutionary Economics, at Kyoto University, March 28.
―― (2007) *L'économie institutionnelle*, La Découverte, Paris.（宇仁宏幸／中原隆幸／斉藤日出治訳『入門制度経済学』ナカニシヤ出版, 2007年）
Chavance, Bernard, and Eric Magnin（2006）'Convergence and Diversity in National Trajectories of Post-socialist Transformation', in Coriat, Petit and Schméder eds.（2006）.
Coase, Ronald H.（1988）*The Firm, the Market, and the Law*, University of Chicago Press, Chicago.（宮沢健一／後藤晃／藤垣芳文訳『企業・市場・法』東洋経済新報社, 1992年）
Coates, David ed.（2005）*Varieties of Capitalism, Varieties of Approaches*, Palgrave Macmillan, London.

Coriat, Benjamin (1979) *L'atelier et le chronomètre : Essai sur le taylorisme, le fordisme et la production de masse*, Bourgois, Paris.

―― (1991) *Penser à l'envers: Travail et organisation dans l'entreprise japonaise*, Bourgois, Paris.（花田昌宣／斉藤悦則訳『逆転の思考――日本企業の労働と組織』藤原書店，1992 年）

Coriat, Benjamin, and Giovanni Dosi (1998) 'The Institutional Embeddedness of Economic Change: An Appraisal of the « Evolutionary » and « Regulationist » Research Programmes', in Klaus Nielsen and Björn Johnson eds., *Institutions and Economic Change: New Perspectives on Markets, Firms and Technology*, Elgar, Cheltenham.

Coriat, Bejamin, Pascal Petit and Geneviève Schméder eds. (2006) *The Hardship of Nations: Exploring the Paths of Modern Capitalism*, Elgar, Cheltenham and Northampton.

Coriat, Benjamin, and Dominique Taddéi (1993) *Entreprise France: Made in France 2*, Livre de poche, Librairie Générale Française, Paris.

Coriat, Benjamin, et Olivier Weinstein (1995) *Les nouvelles théories de l'entreprise*, Livre de poche, Librairie Générale Française, Paris.

Cousins, Mel (2005) *European Welfare States: Comparative Perspectives*, SAGE Publications, London.

Crouch, Colin (2001) 'Welfare State Regimes and Industrial Relations Systems: The Questionable Role of Path Dependency Theory', in Ebbinghaus and Manow eds. (2001) .

―― (2005) *Capitalist Diversity and Change: Recombinant Governance and Institutional Entrepreneurs*, Oxford: Oxford University Press.

Crouch, Colin, and Henry Farrell (2004) 'Breaking the Path of Institutional Development?: Alternatives to the New Determinism', *Rationality and Society*, vol.16. no.1.

Crouch, Colin, and Wolfgang Streeck eds. (1997) *Political Economy of Modern Capitalism: Mapping Convergence and Diversity*, SAGE Publications, London.（山田鋭夫訳『現代の資本主義制度――グローバリズムと多様性』NTT 出版，2001 年）

De Long, J. Bradford (1988) 'Productivity Growth, Convergence, and Welfare: Comment', *American Economic Review*, vol.78, no.5, December.

Delorme, Robert, et Christine André (1983) *L'Etat et l'économie: Un essai d'explication de l'évolution des dépenses publiques en France (1870-1980)*, Seuil, Paris.

Delorme, Robert, and Kurt Dopfer eds. (1994) *The Political Economy of Diversity: Evolutionary Perspectives on Economic Order and Disorder*, Elgar, Hant and Vermont.

De Melo, Martha, Cevder Denizer and Alan Gelb (1996) 'Patterns of Transition from Plan to Market', *The World Bank Economic Review*, vol.10, no.3.

Dore, Ronald (1997) 'The Distinctiveness of Japan', in Crouch and Streeck eds. (1997) .

―― (2000) *Stock Market Capitalism: Welfare Capitalism. Japan and Germany versus the Anglo-Saxons*, Oxford University Press, Oxford.（藤井眞人訳『日本型資本主義と市場主義の衝突――日・独対アングロサクソン』東洋経済新報社，2001 年）

―― (2004) *New Forms and Meanings of Work in an Increasingly Globalized World*,

ILO.（石塚雅彦訳『働くということ――グローバル化と労働の新しい意味』中公新書，2005年）

Dore, Ronald, William Lazonick and Mary O'Sullivan（1999）'Varieties of Capitalism in the Twentieth Century', *Oxford Review of Economic Policy*, vol.15, no.4.

Drucker, Peter F.（1993）*Post-Capitalist Society*, Harper Business, New York.（上田惇生／佐々木実智男／田代正美訳『ポスト資本主義社会――21世紀の組織と人間はどう変わるか』ダイヤモンド社，1993年）

Durand, Jean-Pierre éd.（1993）*Vers un nouveau modèle productifs?*, Syros, Paris.

Ebbinghaus, Bernhard, and Philip Manow（2001）'Introduction: Studying Varieties of Welfare Capitalism', in Ebbingshaus and Manow eds.（2001）．

――eds.（2001）*Comparing Welfare Capitalism: Social Policy and Political Economy in Europe, Japan and USA*, Routledge, London and New York.

Ebizuka, Akira, Hiroyasu Uemura et Akinori Isogai（1997）'L'hypothèse de la « Relation hiérarchisée marché-firme » et l'économie japonaise d'après-guerre: Une analyse en termes d'incitation et de flexibilité', *L'Année de la régulation*, no.1.

Esping-Andersen, Gøsta（1990）*The Three World of Welfare Capitalism*, Polity Press, Cambridge.（岡沢憲芙／宮本太郎訳『福祉資本主義の三つの世界』ミネルヴァ書房，2001年）

――（1999）*Social Foundations of Postindustrial Economies*, Oxford University Press, Oxford.（渡辺雅男／渡辺景子訳『ポスト工業経済の社会的基礎――市場・福祉国家・家族の政治経済学』桜井書店，2000年）

Esping-Andersen, Gøsta ed.（1996）*Welfare States in Transition: National Adaptations in Global Economies*, Sage Publication, London.（埋橋孝文監訳『転換期の福祉国家――グローバル経済下の適応戦略』早稲田大学出版部，2003年）

European Commission（2006）*Employment in Europe 2006*, Directorate-General for Employment, Social Affairs and Equal Opportunities Unit D.1.

Eymard-Duvernay, François（2004）*Économie politique de l'entreprise*, La Découverte, Paris.（海老塚明／片岡浩二／須田文明／立見淳哉／横田宏樹訳『企業の政治経済学――コンヴァンシオン理論からの展望』ナカニシヤ出版，2006年）

Favreau, Olivier（1993）'Théorie de la régulation et économie des conventions: Canvas pour une confrontation', *La lettre de la régulation*, no.7.

Feldmann, Magnus（2006）'Emerging Varieties of Capitalism in Transition Countries: Industrial Relations and Wage Bargaining in Estonia and Slovenia', *Comparative Political Studies*, vol.39, no.7, September.

――（2007）'The Origin of Varieties of Capitalism: Lessons from Post-Socialist Transition in Estonia and Slovenia', in Hancké, Rhodes and Thatcher eds.（2007）．

Frank, Andre Gunder（1976）*Underdevelopment or Revolution*, Originally Collected for the Japanese Edition.（大崎正治ほか訳『世界資本主義と低開発――収奪の〈中枢－衛星〉構造』柘植書房，1976年）

Gatti, Donatella, and Andrew Glyn (2006) 'Welfare States in Hard Times', *Oxford Review of Economic Policy*, vol.22, no.3.

Geoffron, Patrice, et Marianne Rubinstein (1996) *La crise financière du modèle japonais*, Economica, Paris.

Gerschenkron, Alexander (1962) *Economic Backwardness in Historical Perspective*, Harvard University Press, Cambridge, Mass. (絵所秀紀／雨宮昭彦／峯陽一／鈴木義一訳『後発工業国の経済史──キャッチアップ型工業化論』ミネルヴァ書房, 2005 年)

Glyn, Andrew, Alan Hughes, Alain Lipietz and Ajit Singh (1990) 'The Rise and Fall of the Golden Age', in Marglin and Schor eds. (1990).

Goldthorpe, John. H. ed. (1984) *Order and Conflict in Contemporary Capitalism: Studies in the Political Economy of Western European Nations*, Clarendon Press, Oxford. (稲上毅／下平好博／武川正吾／平岡公一訳『収斂の終焉──現代西欧社会のコーポラティズムとデュアリズム』有信堂高文社, 1987 年)

Gordon, David M., Richard Edwards and Michael Reich (1982), *Segmented Work, Divides Workers: The Historical Transformation of Labor in the United States*, Cambridge University Press. (河村哲二／伊藤誠訳『アメリカ資本主義と労働──蓄積の社会的構造』東洋経済新報社, 1990 年)

Gray, John (1998) *False Dawn: The Delusion of Global Capitalism*, Granta Publication. (石塚雅彦訳『グローバリズムという妄想』日本経済新聞社, 1999 年)

Grahl, John, and Paul Teague (2000) 'The Régulation School, the Employment Relation and Financialization', *Economy and Society*, vol.29, no.1.

Guilpin, Robert (2000) *The Challenge of Global Capitalism: The World Economy in the 21st Century*, Princeton University Press, Princeton. (古城佳子訳『グローバル資本主義──危機か繁栄か』東洋経済新報社, 2001 年)

Hage, Jerald and J. Rogers Hollingsworth (2002) 'Institutional Pathways, Networks, and the Differentiation of National Economies', in Hollingsworth, Müller and Hollingsworth eds. (2002).

Hall, Peter A. (2002) 'Globalization and Economic Adjustment in Germany', in Hollingsworth, Müller and Hollingsworth eds. (2002).

── (2007) 'The Evolution of Varieties of Capitalism in Europe', in Hancké, Rhodes and Thatcher eds. (2007).

Hall, Peter A., and Daniel W. Gingerich, 'Varieties of Capitalism and Institutional Complementarities in the Macroeconomy: An Empirical Analysis', *Max-Plank-Institut für Gesellschaftsforschung Discussion Paper*, 04/5.

Hall, Peter A., and David Soskice (2001) 'An Introduction to Varieties of Capitalism', in Hall and Soskice eds. (2001).

Hall, Peter A., and David Soskice eds. (2001) *Varieties of Capitalism: The Institutional Foundations of Comparative Advantages*, Oxford: Oxford University Press. (遠山弘徳／安孫子誠男／山田鋭夫／宇仁宏幸／藤田菜々子訳『資本主義の多様性──比較優位

の制度的基礎』ナカニシヤ出版，2007年)

Hampden-Turner, Charles M., and Alfons Trompenaars (1993) *Seven Cultures of Capitalism: Value Systems for Creating Wealth in the United States, Japan, Germany, France, Britain, Sweden, and the Netherlands*, Doubleday, New York. (上原一男／若田部昌澄訳『七つの資本主義——現代企業の比較経営論』日本経済新聞社，1997年)

Hanada, Masanori, and Yasuro Hirano (2000) '"Industrial Welfare" and "Company-ist" Régulation: An Eroding Complementarity', in Boyer and Yamada eds. (2000) .

Hancké, Bob, Martin Rhodes and Mark Thatcher (2007) 'Introduction: Beyond Varieties of Capitalism', in Hancké, Rhodes and Thatcher eds. (2007) .

Hancké, Bob, Martin Rhodes and Mark Thatcher eds. (2007) *Beyond Varieties of Capitalism: Conflict, Contradictions, and Complemenrarities in the European Economy*, Oxford University Press, Oxford and New York.

Hay, Colin (2000) 'Contemporary Capitalism, Globalization, Regionalization and the Persistence of National Variation', *Review of International Studies*, 26.

—— (2004) 'Common Trajectories, Variable Paces, Divergent Outcomes?: Models of European Capitalism under Conditions of Complex Economic Interdependence', *Review of International Political Economy*, vo.11, no.2, May.

—— (2005) 'Two Can Play at That Game... or Can They? Varieties of Capitalism, Varieties of Institutionalism', in Coates ed. (2005) .

Hildebrand, Bruno (1864) 'Naturalwirtschaft, Geldwirtschaft und Kreditwirtschaft', *Jahrbücher für Nationalökonomie und Statistik*. (橋本昭一訳『実物経済，貨幣経済および信用経済』未來社，1972年)

Hodgson, Geoffrey M. (1988) *Economics and Institutions: A Manifesto for a Modern Institutional Economics*, Polity Press, Cambridge. (八木紀一郎／橋本昭一／家本博一／中矢俊博訳『現代制度派経済学宣言』名古屋大学出版会，1997年)

Hollingsworth, J. Rogers (1997) 'Continuities and Changes in Social Systems of Production: The Cases of Japan, Germany, and the United States', in Hollingsworth and Boyer eds. (1997) .

—— (2002a) 'On Institutional Embeddedness', in Hollingsworth, Müller and Hollingsworth eds. (2002) .

—— (2002b) 'Social Systems of Production and Beyond', in Hollingsworth, Müller and Hollingsworth eds. (2002) .

Hollingsworth, J. Rogers, and Robert Boyer eds. (1997) *Contemporary Capitalism: The Embeddedness of Institutions*, Cambridge University Press, Cambridge.

Hollingworth, J. Rogers, Karl H. Müller and Ellen Jane Hollingsworth eds. (2002) *Advancing Socio-Economics: An Institutionalist Perspective*, Rowman & Littlefield Publishers, Lanham.

Hollingsworth, J. Rogers, and Wolfgang Streeck (1994) 'Countries and Sectors: Concluding Remarks on Performance, Convergence, and Competitiveness', in J. Rogers Hollingsworth,

Philippe C. Schmitter and Wolfgang Streeck eds., *Governing Capitalist Economies: Performance and Control of Economic Sectors*, Oxford University Press, Oxford.

Horibayashi, Takumi (2008) 'Varieties of Post-communist Capitalism: A Survey and Comment', in Mizobata ed. (2008).

Howell, Chris (1992) *Regulating Labor: The State and Industrial Relations Reform in Postwar France*, Princeton University Press, New Jersey.

―― (2003) 'Varieties of Capitalism: And Then There Was One?', *Comparative Politics*, 36, October.

Inoue, Yasuo (2000) 'Beyond the East Asian Economic Crisis', in Boyer and Yamada eds. (2000).

Inoue, Yasuo, et Toshio Yamada (1994) 'La théorie de la régulation au Japon', *La Lettre de la régulation*, no.11, mai.

―― (1995) 'Japon: Démythifier la régulation', in Boyer et Saillard éds. (1995).

Isogai, Akinori, Akira Ebizuka and Hiroyasu Uemura (2000) 'The Hierarchical Marke-Firm Nexus as the Japanese Mode of *Régulation*', in Boyer and Yamada eds. (2000).

Jackson, Gregory, and Richard Deeg (2006) 'How Many Varieties of Capitalism?: Comparing the Comparative Institutional Analyses of Capitalist Diversity', *Max-Plank-Institut für Gesellschaftsforschung Discussion Paper*, 06/2.

Jessop, Bob (1989) 'Regulation Theories in Retrospect and Prospect', *Economies et sociétés*, Serié R, no.4.

―― (1994) 'French Regulation Theory', in Geoffrey M. Hodgson et al. eds., *The Elgar Companion to Institutional and Evolutionary Economics* L-Z, Elgar, Hants and Vermont.

――ed. (2001) *Regulation Theory and the Crisis of Capitalism*, 5 vols., Elgar, Cheltenham.

Kaldor, Nicholas (1978) *Further Essays on Economic Theory*, Duckworth, London.（笹原昭五／髙木邦彦訳『経済成長と分配理論――理論経済学統論』日本経済評論社, 1989 年）

Kébabdjian, Gérard (1998) 'La théorie de la régulation face à la problématique des régimes internationaux', *L'Année de la régulation*, no.2.

Kenny, Martin, and Richard Florida (1988) 'Beyond Mass Production: Production and the Labor Process in Japan', *Politics and Society*, vol.16, no.1.（小笠原欣幸訳「大量生産を超えて――日本における生産と労働過程」『窓』第 3 号，1990 年 3 月；加藤／スティーヴン編（1993）に再録）

Kenworthy, Lane (1997) 'Globalization and Economic Convergence', *Competition and Change*, vol.2；Reprinted in Whitley ed. (2002).

Kerr, Clark (1983) *The Future of Industrial Societies: Convergence or Continuing Diversity?*, Harvard University Press, Cambridge.（嘉冶元郎監訳『産業社会のゆくえ――収斂か拡散か』東京大学出版会，1984 年）

Kerr, Clark, John T. Dunlop, Frederick H. Harbison and Charles A. Myers (1960) *Industrialism and Industrial Man: The Ploblems of Labor and Management in Economic Growth*, Harvard University Press, Cambridge.（川田寿訳『インダストリアリ

ズム——工業化における経営者と労働』東洋経済新報社，1963 年）

King, Laurence P. (2002) 'Postcommunist Divergence: A Comparative Analysis of the Transition to Capitalism in Poland and Russia', *Studies in the Comparative International Development*, vol.37, no.3, Fall.

—— (2007) 'Central European Capitalism in Comparative Perspective', in Hancké, Rhodes and Thatcher eds. (2007).

Kitschelt, Herbert, Peter Lange, Gary Marks and John D. Stephens (1999) 'Convergence and Divergence in Advanced Capitalist Democracies', in Kitschelt et al. eds. (1999).

Kitschelt, Herbert, Peter Lange, Gary Marks and John D. Stephens eds. (1999) *Continuity and Change in Contemporary Capitalism*, Cambridge University Press, Cambridge.

Labrousse, Agnès, and Jean-Daniel Weisz eds. (2001) *Institutional Economics in France and Germany: German Ordoliberalism versus the French Regulation School*, Springer, Berlin.

Labrousse, Ernest (1944) *La crise de l'économie française à la fin de l'Ancien Régime et au début de la Révolution*, PUF, Paris.

Lane, David, and Martin Myant eds. (2007) *Varieties of Capitalism in Post-Communist Countries*, Palgrave Macmillan, Basingstoke and New York.

Lechevalier, Sébastien (2002) 'La montée contemporaine des inégalités au Japon: Une analyse en terme de segmentation du marché du travail et une mise en perspective historique', *CEPREMAP*, no.2002-02.

—— (2005) *Toyota peut-il sauver le Japon (et le reste du monde)?*, HEC Eurasia Institute, Paris.

—— (2007) 'The Diversity of Capitalism and Heterogeneity of Firms: A Case Study of Japan during the Lost Decade', *Evolutionary and Institutional Economics Review*, vol.4, no.1, September.

Lenin, Vladimir Il'ich (1899) *The Development of Capitalism in Russia*; in *Collected Works*, vol.3, Progress Publishers, Moscow, 1964. (副島種典訳『ロシアにおける資本主義の発展』国民文庫，全 3 冊，1976 年）

—— (1917) *Imperialism*; in *Collected Works*, vol.22, Progress Publishers, Moscow, 1968. (宇高基輔訳『帝国主義』岩波文庫，1956 年）

Lijphart, Arend (1999) *Patterns of Democracy: Government Forms and Performance in Thirty-Six Countries*, Yale University Press, New Haven. (粕谷祐子訳『民主主義対民主主義——多数決型とコンセンサス型の 36 ヶ国比較研究』勁草書房，2005 年）

Lipietz, Alain (1979) *Crise et inflation, pourquoi?*, Maspero, Paris.

—— (1982) 'Derrière la crise: La tendance à la baisse du taux de profit', *Revue économique*, no.2 ; (in English) 'Behind the Crisis: The Exhaustion of a Regime of Accumulation', *Review of Radical Political Economics*, vol.18, no.1/2, 1986. (海老塚明訳「危機の背後に——蓄積体制の枯渇」ボワイエ／山田編（1993a）所収）

—— (1983) *Le monde enchanté: De la valeur à l'envol inflationniste*, La Découverte-Maspero, Paris.

―――(1985) *Mirages et miracles: Problèmes de l'industrialisation dans le tiers monde*, La Découverte, Paris.（若森章孝／井上泰夫訳『奇跡と幻影』新評論，1987 年）

―――(1989) *Choisir l'audace: Une alternative pour le XXIe siècle*, La Découverte, Paris.（若森章孝訳『勇気ある選択』藤原書店，1990 年）

―――(1996) *La société en sablier: Le partage du travail contre la déchirure sociale*, La Découverte, Paris.

―――(1999) *Qu'est-ce que l'écologie politique ?: La grande transformation du XXIe siècle*, La Découverte-Syros, Paris.（若森文子訳『政治的エコロジーとは何か』緑風出版，2000 年）

List, Friedrich（1841）*Das nationale System der politischen Ökonomie*; in *Friedrich Lists Werke*, Bd.6, Artur Sommer, 1930.（小林昇訳『経済学の国民的体系』岩波書店，1970 年）

Lordon, Frédéric（1997）*Les Quadratures de la politique économique*, Albin Michel, Paris.

―――(1999) 'Croyances économiques et pouvoir symbolique', *L'Année de la régulation*, no.3.

―――(2000a) *Fonds de pension, piège à cons ?*, Editions Raisons d'Agir, Paris.

―――(2000b) 'La « création de valeur » comme rhétorique et comme pratique: Généalogie et sociologie de la « valeur actionnariale »', *L'Année de la régulation*, no.4.

―――(2002) *La politique du capital*, Odile Jacob, Paris.

Lütz, Susanne（2004）'Convergence within National Doversity: The Regulatory State in Finance', *Journal of Public Policy*, vol.24, no.2.

Lung, Yannick（2008）'Modèles de firme et formes du capitalisme: Penser la diversité comme agenda de recherche pour la TR', *Revue de la Régulation*, no.2, janvier.

Maddison, Angus（1982）*Phases of Capitalist Development*, New York: Oxford University Press.

―――(1991) *Dynamic Forces in Capitalist Development: A Long-Run Comparative View*, New York: Oxford University Press.

Mahoney, James, and Dietrich Rueschemeyer eds.（2003）*Comparative Historical Analysis in the Social Sciences*, Cambridge University Press, Cambridge.

Marglin, Stephen, and Juliet Schor eds.（1990）*The Golden Age of Capitalism: Reinterpreting the Postwar Experience*, Clarendon Press, Oxford.（磯谷明徳／植村博恭／海老塚明監訳『資本主義の黄金時代――マルクスとケインズを超えて』東洋経済新報社，1993 年）

Martinet, Gilles（1971）*Les cinq communismes*, Seuil, Paris.（熊田亨訳『五つの共産主義』上・下，岩波新書，1972 年）

Marx, Karl（1953）*Grundrisse der Kritik der politischen Ökonomie*（*Rohentwurf*）*1857-1858*, Dietz Verlag, Berlin.（高木幸二郎監訳『経済学批判要綱』全 5 冊，大月書店，1958-65 年）

―――(1859) *Zur Kritik der politischen Ökonomie*; in *Karl Marx-Friedrich Engels Werke*, Bd.13, Dietz Verlag, Berlin, 1961.（杉本俊朗訳『経済学批判』国民文庫，1966 年）

―――(1867, 1885, 1894), *Das Kapital: Kritik der politischen Ökonomie*, 3 Bde ; in *Karl*

Marx- Friedrich Engels Werke, Bde. 23-25, Dietz Verlag, Berlin, 1962-64. (岡崎次郎訳『資本論』全8冊, 国民文庫, 1972年)

―― (1881) 'Letter to Vera Zasulich' (with its manuscripts). (野口隆改訳「ヴェラ・ザスーリッチへの手紙」手嶋正毅訳『資本主義的生産に先行する諸形態』国民文庫, 1963年, 所収)

Mazier, Jacques (1997) 'L'Europe: Enlisement ou transition: Vers un nouveau régime de croissance ?', *L'Année de la régulation*, no.1.

―― (1999) *Les grandes économies européennes*, La Découverte-Syros, Paris.

Mazier, Jacques, Maurice Baslé et Jean-François Vidal (1984) *Quand les crises durent...*, Economica, Paris ; 2e éd., 1993. (山田鋭夫抄訳「賃金形成と消費ノルム」ボワイエ/山田編 (1996) 所収)

Menz, Georg (2003) *Varieties of Capitalism and Europeanization: National Response Strategies to the Single European Market*, Oxford University Press, Oxford.

Milgrom, Paul, and John Roberts (1992) *Economics, Organization & Management*, Prentice Hall, London. (奥野正寛/伊藤秀史/今井晴雄/西村理/八木甫訳『組織の経済学』NTT出版, 1997年)

Mizobata, Satoshi (2008) 'Introduction: Economic Transformation from the Varieties of Capitalism', in Mizobata ed. (2008).

Mizobata, Satoshi ed. (2008) *Varieties of Capitalism and Transformation*, Bunrikaku Publisher, Kyoto.

Montagne, Sabine (2000) 'Retraite complémentaire et marchés financiers aux Etats-Unis', *L'Année de la régulation*, no.4.

Nabeshima, Naoki (2000) 'The Financial Mode of Régulation in Japan and its Demise', in Boyer and Yamada eds. (2000).

Nadel, Henri, et Pascal Petit éds. (1990) *Autour de la régulation*, Documents du séminaire ARC2, ronéo., Paris.

Nelson, Richard R. (1993) *National Innovation Systems: A Comparative Analysis*, Oxford University Press, Oxford and New York.

Negri, Toni (1994) 'L'école de la régulation face à de nouveaux problèmes', in Sebaï et Vercellone éds. (1994).

North, Douglass C. (1990) *Institutions, Institutional Change and Economic Performance*, Cambridge University Press, Cambridge and New York. (竹下公視訳『制度・制度変化・経済成果』晃洋書房, 1994年)

Ohmae, Kenichi (1990) *The Borderless World: Power and Strategy in the Interlink*, Harper Collins, London. (田口統吾訳『ボーダーレス・ワールド』プレジデント社, 1990年)

Orléan, André (1999) *Le pouvoir de la finance*, Odile Jacob, Paris. (坂口明義/清水和巳訳『金融の権力』藤原書店, 2001年)

Orléan, André éd. (1994) *Analyse économique des conventions*, PUF, Paris.

Orrù, Marco, Nicole Woolsey Biggart and Gary G. Hamilton (1997) *The Economic*

Organization of East Asian Capitalism, Sage Publications, Thousand Oaks and London.

Palombarini, Stefano (1999) 'Ver une théorie régulationniste de la politique économique', *L'Année de la régulation*, no.3.

Perroux, François (1948) *Le capitalisme*, Collection QUE SAIS-JE ?, no.315, Presses Universitaires de France, Paris.（金山康喜訳『資本主義』クセジュ文庫, 白水社, 1952 年）

Petit, Pascal (1986) *Slow Growth and the Service Economy*, Pinter Publishers, London ; (En français) *La croissance tertiaire*, Economica, Paris, 1988.（平野泰朗訳『低成長下のサービス経済』藤原書店, 1991 年）

—— (1998) 'Formes structurelles et régimes de croissance de l'après fordisme', *L'Année de la régulation*, no.2 ; (In English) 'Structural Forms and Growth Regimes of the Post-Fordist Era', *Review of Social Economy*, vol. LVII, no.2, 1999.

—— (2004) *Croissance et richesse des nations*, La Découverte, Paris.

Pirenne, Henri (1923) 'De la méthode comparative en histoire', in *Compte rendu du cinquième Congrès International des Sciences Historiques*, Bruxelles.（佐々木克己訳「歴史学における比較の方法について」『創文』第 169, 170 号, 1978 年）

—— (1931) 'What are Historians Trying to Do ?', in Stuart A. Rice ed., *Method in Social Science: A Case Book*, University of Chicago Press, Chicago.

Polanyi, Karl (1957) *The Great Transformation: The Political and Economic Origins of Our Time*, Beacon Press, Boston.（吉沢英成／野口建彦／長尾史郎／杉村芳美訳『大転換──市場社会の形成と崩壊』東洋経済新報社, 1975 年）

Pontusson, Jonas (2005a) *Inequality and Prosperity: Social Europe vs. Liberal America*, Cornell University Press, Ithaca and London.

—— (2005b) 'Varieties and Commonalities of Capitalism', in Coates ed. (2005).

Porter, Michael E. (1990) *The Competitive Advantage of Nations*, The Free Press, New York.（土岐坤／中辻萬治／小野寺武夫／戸成富美子訳『国の競争優位』上・下, ダイヤモンド社, 1992 年）

Pryor, Frederic L. (2005) 'Market Economic Systems', *Journal of Comparative Economics*, 33.

Quemla, Miguel (2001) 'Théorie de la régulation et développement: Trajectoires latino-américaines', *L'Année de la régulation*, no.5.

Rostow, Walt W. (1960) *The Stages of Economic Growth: A Non-Communist Manifesto*, London: Cambridge University Press.（木村健康／久保まち子／村上泰亮訳『経済成長の諸段階──一つの非共産主義宣言』ダイヤモンド社, 1961 年）

Rowthorn, Robert E., and John R. Wells (1987) *De-industrialization and Foreign Trade*, Cambridge University Press, Cambridge.

Rueda, David, and Jonas Pontusson (2000) 'Wage Inequality and Varieties of Capitalism', *World Politics*, 52, April.

Ruggie, John G. (1982) 'International Regimes, Transactions, and Change: Embedded

Liberalism in the Postwar Economic Order', *International Organization*, vol.36, no.2.

Sapir, Jacques（1990）*L'économie mobilisée: Essai sur les économies de type soviétique*, La Découverte, Paris.（安孫子誠男抄訳「レギュラシオンとシステム転換」ボワイエ／山田編（1993b）所収）

―――（2005）*Quelle économie pour le XXIe siècle ?*, Odile Jacob, Paris.

Sato, Tsuneaki（2008）'Whither « Comparative Economic Systems » in the Broader Perspective of European Integration and Globalization ?: To What Extent Could the Enlarged EU be « Social »', in Yagi and Mizobata eds.（2008）．

Schmidt, Vivien A.（2002）*The Futures of European Capitalism,* Oxford University Press, Oxford.

Schmoller, Gustav von（1884）'Das Merkantilismus in seiner historischen Bedeutung: Städtische, territoriale und staatliche Wirtschaftspolitik'（in 'Studien über die wirtschaftliche Politik Friedrichs des Grossen'）, *Jahrbuch für Gesetzgebung, Verwaltung und Volkswirtschaft im deutschen Reiche*, Bd.1.（正木一夫訳『重商主義とその歴史的意義』未來社，1971年）

Sebaï, Farida, et Carlo Vercellone éds.（1994）*Ecole de la régulation et critique de la raison économique*, Numéro spécial du *Future Anterieur*, L'Harmattan, Paris.

Shimizu, Koïchi（1999）*Le toyotisme*, La Découverte, Paris.

Shonfield, Andrew（1965）*Modern Capitalism: The Changing Balance of Public and Private Power*, Oxford University Press, Oxford.（海老沢道進／間野英雄／松岡健二郎／石橋邦夫訳『現代資本主義』オックスフォード大学出版局，1968年）

Soskice, David（1999）'Divergent Production Regimes: Coordinated and Uncoordinated Market Economies in the 1980's and 1990's', in Kitschelt et al. eds.（1999）．

―――（2007）'Macroeconomics and Varieties of Capitalism', in Hancké, Rhodes and Thatcher eds.（2007）．

Streeck, Wolfgang, and Kathleen Thelen eds.（2005）*Beyond Continuity: Institutional Change in Advanced Political Economies*, Oxford University Press, Oxford.

Streeck, Wolfgang, and Kozo Yamamura（2003）'Introduction: Convergence or Diversity ?: Stability and Change in German and Japanese Capitalism', in Yamamura and Streeck eds.（2003）．

Streeck, Wolfgang, and Kozo Yamamura eds.（2001）*The Origins of Nonliberal Capitalism: Germany and Japan in Comparison*, Cornell University Press, Ithaca and London.

Taylor, Mark Zachary（2004）'Empirical Evidence against Varieties of Capitalism's Theory of Technological Innovation', *International Organization*, 58, Summer.

Taddéi, Dominique, et Benjamin Coriat（1993）*Made in France: L'industrie française dans la compétition mondiale*, Livre de poche, Librairie Générale Française, Paris.

Thelen, Kathleen（1994）'Beyond Corporatism: Toward a New Framework for the Study of Labor in Advanced Capitalism', *Comparative Politics*, vol.27, no.1.

―――（1999）'Historical Institutionalism in Comparative Politics', *Annual Review of Political*

Science, 2.
—— (2003) 'How Institutions Evolve: Insights from Comparative Historical Analysis', in Mahoney and Rueschemeyer eds. (2003).
—— (2004) *How Institutions Evolve: The Political Economy of Skills in Germany, Britain, the United States, and Japan*, Cambridge University Press, Cambridge.
Théret, Bruno (1992) *Régimes économiques de l'ordre politique: Esquisse d'une théorie régulationniste des limites de l'état*, PUF, Pris. (神田修悦／中原隆幸／宇仁宏幸／須田文明訳『租税国家のレギュラシオン——政治的秩序における経済体制』世界書院, 2001年)
—— (1997) 'Méthodologie des comparisons internationales, approches de l'effet sociétal et de la régulation: Fondements pour une lecture structuraliste des systèmes nationaux de protection sociale', *L'Année de la régulation*, no.1.
—— (1999) 'L'effectivité de la politique économique: De l'autopoïèse des systèmes sociaux à la topologie du social', *L'Année de la régulation*, no.3.
Thurow, Lester C. (1996) *The Future of Capitalism: How Today's Economic Forces Shape Tomorrow's World*, W. Morrow, New York. (山岡洋一／仁平和夫訳『資本主義の未来』TBSブリタニカ, 1996年)
—— (1999) *Building Wealth: The New Rules for Individuals, Companies, and Nations in a Knowledge-based Economy*, Harper Collins, New York. (山岡洋一訳『富のピラミッド——21世紀資本主義への展望』TBSブリタニカ, 1999年)
Tobin, James (1969) 'A General Equilibrium Approach to Monetary Theory', *Journal of Money, Credit and Banking*, vol. 1, no. 1, Feb.
Tohyama, Hironori (2000) 'The Capital-Labour Compromise and the Financial System: A Changing Hierarchy', in Boyer and Yamada eds. (2000).
Uemura, Hiroyasu (1992) 'Growth and Distribution in the Post-War Regime of Accumulation: A Theory and Realities in the Japanese Economy', *Mondes en développement*, no.79/80.
—— (2000) 'Growth, Distribution and Structural Change in the Post-war Japanese Economy', in Boyer and Yamada eds. (2000).
Uemura, Hiroyasu, and Akira Ebizuka (1994) 'Incentives and Flexibility in the Hierarchical Market-Firm Nexus: A Prelude to the Analysis of Productivity Regimes in Japan', *Japon in extenso*, no.31.
Uni, Hiroyuki (2000) 'Disproportionate Productivity Growth and Accumulation Regimes', in Boyer and Yamada eds. (2000).
—— (2007) 'Growth Regimes in Japan and the United States in the 1990s', *Revue de la Régulation*, no.1.
Vercellone, Carlo (1994) 'L'approche en termes de régulation: Richesse et difficulté', in Sebaï et Vercellone éds. (1994).
Vidal, Jean-François (2001) 'Birth and Growth of the Regulation School in the French Intellectual Context (1970-1986)', in Labrousse and Weisz eds. (2001).

―― (2002) 'Les bouleversements du régimes d'accumulation et les ajustements de la régulation: La croissance française sans mythes', *L'Année de la régulation*, no.6.
Wade, Robert (1996) 'Globalization and its Limits: Reports of the Death of the National Economy are Greatly Exaggerated', in Berger and Dore eds. (1996).
Weber, Max (1904) 'Die "Objektivität" sozialwissenschaftlicher und sozialpolitischer Erkenntnis', *Archiv für Sozialwissenschaft und Sozialpolitik*, Bd.19.（富永祐治／立野保男訳『社会科学と社会政策にかかわる認識の「客観性」』折原浩補訳，岩波文庫，1988年）
―― (1921) *Wirtschaft und Gesellschaft*; 2. Aufl., Mohl, Tübingen; 4. Aufl. 1956.（世良晃志郎訳『支配の諸類型』創文社，1970年，同訳『都市の類型学』創文社，1964年，ほか）
Whitley, Richard (1999) *Divergent Capitalisms: The Social Structuring and Change of Business Systems*, Oxford University Press, Oxford and New York.
――ed. (2002) *Competing Capitalisms: Institutions and Economies*, 2 vols., Elgar, Cheltenham and Northampton.
Williamson, Oliver E. (1975) *Markets and Hierarchies: Analysis and Antitrust Implications*, The Free Press, New York.（浅沼萬里／岩崎晃訳『市場と企業組織』日本評論社，1980年）
Yagi, Kiichiro (2007) 'Evolutionary Reading of Max Weber's Economic Sociology: A Reappraisal of « Marx-Weber Problem »', *Evolutionary and Institutional Economics Review*, vol.3, no.2, March.
―― (2008) 'European Economic Integration from the Viewpoint of Institutional Economics', in Yagi and Mizibata eds. (2008).
Yagi, Kiichiro, and Satoshi Mizobata eds. (2008) *Melting Boundaries: Institutional Transformation in the Wider Europe*, Kyoto University Press, Kyoto.
Yamada, Toshio (1992) 'Heurs et malheurs du mode de régulation japonais', *Mondes en développement*, no.79/80.
―― (2000) 'Japanese Capitalism and the Companyist Compromise', in Boyer and Yamada eds. (2000).
―― (2006) 'What is the Comparison of Economic Systems?', *Journal of Comparative Economic Studies*, vol.2, July.
Yamamura, Kozo, and Wolfgang Streeck eds. (2003) *The End of Diversity?: Prospects for German and Japanese Capitalism*, Cornell University Press, Ithaca and London.

青木昌彦（1995）『経済システムの進化と多元性――比較制度分析序説』東洋経済新報社．
――編（1977）『〈経済体制論第Ⅰ巻〉経済学的基礎』東洋経済新報社．
青木昌彦／奥野正寛編（1996）『経済システムの比較制度分析』東京大学出版会．
青木昌彦／奥野正寛／岡崎哲二編（1999）『市場の役割 国家の役割』東洋経済新報社．
安孫子誠男（1990）「レギュラシオン理論の問題構成――資本主義像の現在」1，『千葉大

学教養部研究報告』A-23.
――（2002）「M.アグリエッタの〈資産形成成長レジーム〉論について」『千葉大学経済研究』第 17 巻 3 号.
――（2003）「〈イノベーションと生産の社会的システム〉論――レギュラシオニストの新試行」『千葉大学経済研究』第 18 巻 1 号.
――（2004/05）「〈資本主義の多様性〉論と〈社会的生産システム〉論」上・下,『千葉大学経済研究』第 18 巻 4 号, 第 19 巻 4 号.
――（2005）「レギュラシオニストの比較経済制度論――B.Amable, *The Diversity of Modern Capitalism* を読む」『千葉大学経済研究』第 20 巻 3 号.
――（2008a）「福祉・生産レジーム論をめぐる争点」『千葉大学公共研究』第 4 巻 4 号, 3 月.
――（2008b）「比較制度論の視点と〈労働－福祉ネクサス〉」『千葉大学公共研究』第 4 巻 4 号, 3 月.
阿部望（1991）『経済システムの国際比較』東海大学出版会.
アマーブル，ブルーノほか（2008）「座談会『五つの資本主義』とその後」『環』第 32 巻.
新井美佐子（1998）「労働市場分断論の形成と展開――SSA とレギュラシオンの両アプローチを中心にして」『経済科学』（名古屋大学）第 46 巻 2 号.
有泉哲（1991）「レギュラシオン学派のマクロ経済モデルと『累積的因果連関』――ボワイエ・モデルの批判的検討」『経済学雑誌』（大阪市立大学）第 92 巻 2 号.
池田毅（2006）『経済成長と所得分配』日本経済評論社.
石川滋（1990）『開発経済学の基本問題』岩波書店.
石田光男（1990）『賃金の社会科学』中央経済社.
磯谷明徳（1994）「日本型経済システムの『制度』分析――レギュラシオン理論の視点から」『経済学研究』（九州大学）第 59 巻 3/4 号.
――（1995）「日本型企業システムとレギュラシオン理論――『企業主義的レギュラシオン』の分析枠組を求めて」『経済学研究』第 60 巻 5/6 号.
――（2004）『制度経済学のフロンティア――理論・応用・政策』ミネルヴァ書房.
――（2007）「『階層的市場－企業ネクサス』論の拡張に向けて」山田／宇仁／鍋島編（2007）所収.
磯谷明徳／植村博恭（1996）「『制度の経済学』と貨幣・労働のダイナミクス」『経済学研究』第 63 巻 2 号.
磯谷明徳／植村博恭／海老塚明（1999）「戦後日本経済の制度分析――『階層的市場－企業ネクサス』論の観点から」山田／ボワイエ編（1999）所収.
伊藤修（2007）『日本の経済――歴史・現状・論点』中公新書.
伊藤誠（1988）『世界経済の中の日本――ポスト・フォーディズムの時代』社会評論社.
――（1994）『現代の資本主義』講談社学術文庫.
伊藤正純（1991）「職業教育の社会的意義について――フォーディズム・トヨティズム・ボルボイズム」『桃山学院大学教育研究所報』第 1 号.
井上泰夫（1996）『〈世紀末大転換〉を読む――レギュラシオン理論の挑戦』有斐閣.
――（1999）「東アジア経済の成長と危機のレギュラシオン」山田／ボワイエ編（1999）所

収.
――（2008）「ユーロリベラリズムの地平を超えて――ユーロ導入 10 年の現状と展望」『環』
　　第 33 巻.
井上義朗（1999）『エヴォルーショナリー・エコノミクス――批判的序説』有斐閣.
今村仁司（2007）『社会性の哲学』岩波書店.
岩田昌征（1971）『比較社会主義経済論』日本評論社.
――（1993）『現代社会主義・形成と崩壊の論理』第 2 版，日本評論社.
――（2008）「（書評論文）山田鋭夫・宇仁宏幸・鍋島直樹編『現代資本主義への新視角――
　　多様性と構造変化の分析』」『比較経済研究』第 45 巻 1 号.
岩田龍子（1977）『日本的経営の編成原理』文眞堂.
上垣彰（2008）「経済学から――比較の意義について」比較経済体制学会第 48 回大会報告
　　フルペーパー.
植村博恭（1990）「現代資本蓄積論と所得分配――利潤主導型成長と賃金主導型成長」『経
　　済評論』第 39 巻 3 号.
――（1991a）「レギュラシオン／ SSA 理論のマクロ経済動学の解析」『経済理論学会年報』
　　第 28 集.
――（1991b）「脱工業化と資本蓄積の構造変化――サービス経済への蓄積論的アプローチ」
　　『経済評論』第 40 巻 11 号.
――（1997）「動態的調整の制度分析――市場的調整と制度的調整の重層性」『経済科学』
　　第 45 巻 2 号.
――（1998）「戦後蓄積体制における成長・分配・構造変化」平成 7-9 年度科学研究費補助
　　金研究成果報告書『国際環境と産業構造が変化する中での日本型資本主義の調整様式
　　の変容に関する研究――社会制度的・計量的分析』（課題番号 07303015；研究代表者＝
　　山田鋭夫）所収.
――（2004）「『選択と集中』と雇用システム――バリューチェーン変化のもとでの雇用と
　　内部労働市場の職種別分析」都留／電機連合総合研究センター編（2004）所収.
――（2007a）「『階層的市場－企業ネクサス』と重層的調整メカニズム――制度変化が進
　　行する日本的経済システム」山田／宇仁／鍋島編（2007）所収.
――（2007b）「社会経済システムの再生産と所得分配の不平等――剰余アプローチによる
　　分析」『季刊 経済理論』第 43 巻 4 号.
植村博恭／磯谷明徳／海老塚明（1998）『社会経済システムの制度分析――マルクスとケ
　　インズを超えて』名古屋大学出版会；新版，2007 年.
埋橋孝文（1997）『現代福祉国家の国際比較――日本モデルの位置づけと展望』日本評論社.
埋橋孝文編（2003）『〈講座・福祉国家のゆくえ 2〉比較のなかの福祉国家』ミネルヴァ書房.
内田義彦（1974）『学問への散策』岩波書店；『内田義彦著作集』第 6 巻，岩波書店，1988 年，
　　所収.
宇仁宏幸（1991）「戦後日本資本主義とフォーディズム」『経済評論』第 40 巻 11 号，11 月.
――（1992）「戦後日本の蓄積体制」『経済学雑誌』（大阪市立大学）第 92 巻 5/6 号，3 月.
――（1993a）「消費様式変化と生産の有機的構成」『経済理論学会年報』第 30 集.

―― (1993b)「日本の蓄積体制と就業構造変化」竹中恵美子編『グローバル時代における労働と生活』ミネルヴァ書房,所収.
―― (1995)「日本の輸出主導型成長」『経済理論学会年報』第32集.
―― (1998)『構造変化と資本蓄積』有斐閣.
―― (1999)「戦後日本の構造変化と資本蓄積」山田／ボワイエ編(1999)所収.
―― (2000)「先進諸国の市場調整パターン」『経済論叢』(京都大学)第165巻1/2号.
―― (2002)「日本経済の低成長の原因」『経済理論学会年報』第39集.
―― (2003)「バブル崩壊後の日本,スウェーデン,ノルウェーの比較」『経済理論学会年報』第40集.
―― (2007a)「90年代日本と米国の構造変化と資本蓄積」山田／宇仁／鍋島編(2007)所収.
―― (2007b)「1990年代における日本と米国の成長体制」『進化経済学論集』第11集.
―― (2007c)「賃金の不平等化と労働制度の変化」『現代思想』第35巻8号,7月.
―― (2008a)「ミュルダールとカルドアの累積的因果連関論の展開」『進化経済学論集』第12集.
―― (2008b)「日本における賃金格差拡大とその要因」『季刊 経済理論』第45巻1号.
宇野弘蔵 (1962)『経済学方法論』東京大学出版会;『宇野弘蔵著作集』第9巻,岩波書店,1974年,所収.
―― (1971)『経済政策論 改訂版』弘文堂;『宇野弘蔵著作集』第7巻,岩波書店,1974年,所収.
海老塚明／磯谷明徳／植村博恭 (1996)「戦後日本経済へのレギュラシオン・アプローチ――『階層的市場－企業ネクサス』論」1・2,『経済学雑誌』第96巻5/6号,第97巻2/3号.
エスピン=アンデルセン,ゲスタ (2001)『福祉国家の可能性――改革の戦略と理論的基礎』渡辺雅男／渡辺景子訳,桜井書店.
大沢真理 (1993)『企業中心社会を超えて――現代日本を〈ジェンダー〉で読む』時事通信社.
―― (2007)『現代日本の生活保障システム――座標とゆくえ』岩波書店.
大塚久雄 (1951)『増訂・近代資本主義の系譜』上,弘文堂;『大塚久雄著作集』第3巻,岩波書店,1969年,所収.
―― (1965)『国民経済』弘文堂;『大塚久雄著作集』第6巻,岩波書店,1969年,所収.
―― (1972)「比較史的な研究視角を」『火焔樹』第3号;『大塚久雄著作集』第11巻,岩波書店,1986年,所収.
―― (1980)「比較史的方法の目指すもの」『エコノミックス』第9号;『大塚久雄著作集』第11巻,岩波書店,1986年,所収.
岡崎哲二／奥野正寛編 (1993)『〈シリーズ現代経済研究6〉現代日本経済システムの源流』日本経済新聞社.
岡沢憲芙／宮本太郎編 (1997)『比較福祉国家論――揺らぎとオルタナティブ』法律文化社.
岡本哲史 (2000)『衰退のレギュラシオン――チリ経済の開発と衰退化1830-1914年』新

評論.
岡本英男（2007）『福祉国家の可能性』東京大学出版会.
奥村宏（1991a）『法人資本主義──「会社本位」の体系 改訂版』朝日文庫.
──（1991b）『新版 法人資本主義の構造』現代教養文庫.
──（1992）『会社本位主義は崩れるか』岩波新書.
小佐野広（1996）「日本の金融労働システム──制度的補完性・多様性と進化」伊藤秀史編『日本の企業システム』東京大学出版会, 所収.
小野旭（1989）『日本的雇用慣行と労働市場』東洋経済新報社.
小幡道昭（2004）「グローバリズムと原理論」『季刊 経済理論』第41巻1号.
加藤榮一（1989）「現代資本主義の歴史的位相」『社会科学研究』（東京大学）第41巻1号；加藤『現代資本主義と福祉国家』ミネルヴァ書房, 2006年, 所収.
加藤哲郎／ロブ・スティーヴン編（1993）『国際論争／日本型経営はポスト・フォーディズムか？』窓社.
金子勝（1997）『市場と制度の政治経済学』東京大学出版会.
──（1999）『反グローバリズム』岩波書店.
──（2002）『長期停滞』ちくま新書.
北原勇／伊藤誠／山田鋭夫（1997）『現代資本主義をどう視るか』青木書店.
吉家清次（2005）『比較経済社会システム論──その課題と方法』白桃書房.
橘川武郎（2005）「企業の社会的役割とその限界」東京大学社会科学研究所編『〈「失われた10年」を超えて［Ⅰ］〉経済危機の教訓』東京大学出版会, 所収.
金泳鎬（1994）「日本経済の改革と東アジア」『世界』第593号, 4月.
久場嬉子（1997）「レギュラシオン理論と労働力の社会的再生産」『東京学芸大学紀要』第3部門社会科学, 第48集.
熊沢誠（1993）『新編 日本の労働者像』ちくま学芸文庫.
栗田健（1994）『日本の労働社会』東京大学出版会.
経済企画庁（1996）『平成8年版 経済白書』大蔵省印刷局.
──（1998）『平成10年版 経済白書』大蔵省印刷局.
小池和男（1991）『仕事の経済学』東洋経済新報社.
斎藤修（1997）『比較史の遠近法』NTT出版.
──（2008）『比較経済発展論──歴史的アプローチ』岩波書店.
斎藤謹造（1983）『比較経済発展論──歴史的動学理論の形成』東洋経済新報社.
斉藤日出治（2003）「グローバル時代の国民国家とナショナリズム」『大阪産業大学経済論集』第4巻3号.
佐伯啓思（1991）『市場社会の経済学』新世社.
──（2000）『貨幣・欲望・資本主義』新書館.
佐伯啓思／松原隆一郎編（2002）『〈新しい市場社会〉の構想──信頼と公正の経済社会像』新世社.
榊原英資編（1995）『日米欧の経済・社会システム』東洋経済新報社.
坂口明義（2001）:『現代貨幣論の構造』多賀出版.

――(2005)「レギュラシオン派の貨幣金融論――概念的成果とその課題」『季刊 経済理論』第42巻2号.
向坂逸郎（1958）『日本資本主義の諸問題』至誠堂.
佐口和郎（1991）『日本における産業民主主義の前提』東京大学出版会.
佐藤良一編（2003）『市場経済の神話とその変革――〈社会的なこと〉の復権』法政大学出版局.
佐野誠（1998）『開発のレギュラシオン――負の奇跡・クリオージョ資本主義』新評論.
シェアード，ポール（1997）『メインバンク資本主義の危機――ビッグバンで変わる日本型経営』東洋経済新報社.
塩沢由典（1986）「マルクス経済学の作風」『思想』第747号；塩沢『マルクスの遺産』藤原書店，2002年，所収.
清水耕一（1996）「制度の経済学とレギュラシオン理論」『経済学史学会年報』第34号.
――（2005）「レギュラシオン理論における生産モデル分析の到達点と展望」『季刊 経済理論』第42巻2号.
進化経済学会編（2006）『進化経済学ハンドブック』共立出版.
新川敏光（2005）『日本型福祉レジームの発展と変容』ミネルヴァ書房.
新川敏光／井戸正伸／宮本太郎／眞柄秀子（2004）『比較政治経済学』有斐閣.
世良晃志郎（1975）『歴史学方法論の諸問題』第2版，木鐸社.
宋磊（2002）「長期的ビジョンなき漸進型移行経済の限界――制度的基礎の不安定性を中心に」『経済科学』第50巻1号.
――（2007）「政府能力と企業能力――高度成長期日本の産業政策を例に」山田／宇仁／鍋島編（2007）所収.
武川正吾（1999）『社会政策のなかの現代――福祉国家と福祉社会』東京大学出版会.
――（2007）『連帯と承認――グローバル化と個人化のなかの福祉国家』東京大学出版会.
竹田茂夫（2001）『信用と信頼の経済学』NHKブックス.
谷本寛治（1997）「社会経済システムにおける調整と変革」『思想』第872号.
鶴光太郎（1994）『日本的市場経済システム――強みと弱みの検証』講談社現代新書.
都留康（1992）「春闘における産業間賃金波及効果の変化」『経済研究』（一橋大学）第43巻3号.
――（2002）『労使関係のノンユニオン化――ミクロ的・制度的分析』東洋経済新報社.
都留康／電機連合総合研究センター編（2004）『選択と集中――日本の電機・情報関連企業における実体分析』有斐閣.
鶴田満彦編（2005）『現代経済システム論』日本経済評論社.
遠山弘徳（1990a）「日本における高度成長と危機――レギュラシオン・アプローチにもとづいて」『経済評論』第39巻4号.
――（1990b）「高度成長期における賃労働形態――レギュラシオン・アプローチにもとづいて」『経済学雑誌』第91巻1号.
――（1992）「1970年代における賃金形成と労働生産性」『法経論集』（静岡大学）第67/68号.

—— (1996)「賃金交渉制度と労働生産性シェアリング――1970 年代以降の分析を中心に」『法経論集』第 75/76 号.
—— (1999)「賃金交渉制度と労使間妥協の展開」山田／ボワイエ編 (1999) 所収.
—— (2002)「『企業主義的レギュラシオン』仮説と戦後日本における賃金決定」『経済研究』(静岡大学) 第 7 巻 2 号.
—— (2005)「諸制度の補完性とヒエラルキー――『資本主義の多様性』と経済的効果」『経済研究』第 9 巻 4 号.
—— (2007)「諸制度の補完性，資本主義の多様性および経済パフォーマンス」山田／宇仁／鍋島編 (2007) 所収.
内閣府 (2006)『平成 18 年版 経済財政白書』国立印刷局.
中江幸雄 (1997)『比較経済システム論――中ソ比較から 21 世紀を展望して』晃洋書房.
—— (2008)「比較経済体制研究の視座」『立教経済学研究』第 61 巻 3 号.
中兼和津次 (2002)『〈シリーズ現代中国経済 1〉経済発展と体制移行』名古屋大学出版会.
中谷巌 (1982)「リスク・シェアリングからみた日本経済――企業集団の経済合理性に関する一考察」『大阪大学経済学』第 32 巻 2 号.
—— (1983)「日本経済の『秘密』を解くカギ――企業集団と日本的経営」『エコノミスト』2 月 15 日号.
中原隆幸 (2003)「レギュラシオン・アプローチにおける国家論の射程――ブルーノ・テレの理論を中心に」『四天王寺国際仏教大学紀要』人文社会学部第 35 号.
—— (2005)「構造からレギュラシオンへ――レギュラシオン・アプローチの方法的革新性とは何か」『季刊 経済理論』第 42 巻 2 号.
中村厚史監修 (2006)『2006 年版 活用労働統計――生産性・賃金・物価関連統計』社会経済生産性本部・生産性労働情報センター.
中山智香子 (2007)「リベラル・インターナショナリズム批判――ポラニーとシュンペーター」平井編 (2007) 所収.
鍋島直樹 (1998)「金融システムの変容と現代危機――日本における金融のレギュラシオン」『富大経済論集』第 43 巻 2 号.
—— (1999)「戦後日本における金融のレギュラシオン――金融的調整様式の解体と現代危機」山田／ボワイエ編 (1999) 所収.
—— (2001)『ケインズとカレツキ――ポスト・ケインズ派経済学の源泉』名古屋大学出版会.
—— (2007)「資本主義経済の不安定性と構造変化――現代政治経済学の視点」山田／宇仁／鍋島編 (2007) 所収.
西川潤 (1990)「世界システム論からレギュラシオン理論へ」『経済セミナー』第 423 号.
仁田道夫 (1995)「労使関係の変容と『二つのモデル』」橋本寿朗編『20 世紀資本主義 (I)』東京大学出版会，所収.
野村正實 (1993)『熟練と分業――日本企業とテイラー主義』御茶の水書房.
—— (2001)『知的熟練論批判――小池和男における理論と実証』ミネルヴァ書房.
花田昌宣 (1996)「労資妥協と賃金決定――日本における資本と労働のレギュラシオン」ボ

ワイエ／山田編（1996）所収.
馬場宏二（1989）「経済政策論と現代資本主義論」『社会科学研究』第41巻2号.
―――（1991）「現代世界と日本会社主義」東京大学社会科学研究所編『〈現代日本社会 1〉課題と視角』東京大学出版会，所収.
―――（1997）『新資本主義論――視角転換の経済学』名古屋大学出版会.
林田修（1997）「企業分析に不可欠な制度補完性の視点」『経済セミナー』第514号，11月.
原洋之介（2000）『アジア型経済システム』中公新書.
原田裕治（1997）「『脱工業化』の理論モデル的考察――不均等発展と累積的因果連関を中心に」『経済科学』第45巻3号.
―――（2005）「制度理論としてのレギュラシオン理論――レギュラシオニスト第2世代の試み」『季刊 経済理論』第42巻2号.
―――（2007）「産業構造の変化の多様性――多変量解析による類型化の試み」山田／宇仁／鍋島編（2007）所収.
平井俊顕編（2007）『市場社会とは何か――ヴィジョンとデザイン』上智大学出版.
平田清明（1993）『市民社会とレギュラシオン』岩波書店.
平田清明／山田鋭夫／加藤哲郎／黒沢惟昭／伊藤正純（1994）『現代市民社会と企業国家』御茶の水書房
平田清明／山田鋭夫／八木紀一郎編（1987）『現代市民社会の旋回』昭和堂.
平野泰朗（1993）「戦後日本の経済成長と賃労働関係」ボワイエ／山田編（1993a）所収.
―――（1996）『日本的制度と経済成長』藤原書店.
―――（2007）「社会保障改革における制度諸形態の問題――年金問題を中心に」山田／宇仁／鍋島編（2007）所収.
平野泰朗／花田昌宣（1999）「労働力再生産における産業的福祉の役割――日本における企業主義的レギュラシオン仮説の検討に向けて」山田／ボワイエ編（1999）所収.
深田祐介／ロナルド・ドーア（1993）『日本型資本主義なくしてなんの日本か』光文社.
福島清彦（2002）『ヨーロッパ型資本主義――アメリカ市場原理主義との決別』講談社現代新書.
藤田真哉（2004）「労働市場の制度的調整をともなうグッドウィン型循環成長モデル」『季刊 経済理論』第41巻2号.
―――（2006）「ポスト・ケインズ派金融不安定化モデルに対する制度論的アプローチ」『季刊 経済理論』第42巻4号.
藤田菜々子（2003）「ミュルダールにおける累積的因果関係の理論」『経済科学』第51巻2号.
―――（2004）「累積的因果関係論の諸潮流とミュルダール」『季刊 経済理論』第41巻2号.
―――（2007a）「資本主義の多様性と福祉国家――VOCとレギュラシオンの比較検討」山田／宇仁／鍋島編（2007）所収.
―――（2007b）「ミュルダールの低開発経済論――累積的因果関係論の検討を中心に」『経済学史研究』第49巻1号.
法政大学比較経済研究所／佐藤良一編（2003）『〈比較経済研究所研究シリーズ 18〉市場経

済の神話とその変革——〈社会的なこと〉の復権』法政大学出版局.
堀林巧 (2006)「市場経済と社会防衛——戦後資本主義・共産主義及びその体制転換・EU 統合と社会との関係」日本比較経営学会編『会社と社会——比較経営学のすすめ』文理閣, 所収.
—— (2007a)「比較政治経済学と中東欧の資本主義」『金沢大学経済学部論集』第 27 巻 1 号, 1 月.
—— (2007b)「比較政治経済学とポスト共産主義諸国の資本主義の多様性」『金沢大学経済学部論集』第 28 巻 1 号, 12 月.
ホリングスワース, ロジャーほか (2000)『制度の政治経済学』長尾伸一／長岡延孝編監訳, 木鐸社.
ボワイエ, ロベール (1990)『入門・レギュラシオン』山田鋭夫／井上泰夫編訳, 藤原書店.
—— (1992)『レギュラシオン——成長と危機の経済学』清水耕一編訳, ミネルヴァ書房.
—— (1998)『世界恐慌 診断と処方箋——グローバリゼーションの神話』井上泰夫訳, 藤原書店.
—— (1999)「グローバリゼーション時代の資本主義——レギュラシオン的解釈」中原隆幸訳, 横川信治／野口真／伊藤誠編『進化する資本主義』日本評論社, 所収.
ボワイエ, ロベール／ミシェル・ジュイヤール (1999)「レギュラシオン様式の危機 賃金－労働ネクサスの存続——1990 年代の日本」原田裕治／池田毅訳, 山田／ボワイエ編 (1999) 所収.
ボワイエ, ロベール／山田鋭夫編 (1993a)『〈レギュラシオン・コレクション 1〉危機－資本主義』藤原書店.
—— (1993b)『〈レギュラシオン・コレクション 2〉転換－社会主義』藤原書店.
—— (1996)『〈レギュラシオン・コレクション 3〉ラポール・サラリアール』藤原書店.
—— (1997)『〈レギュラシオン・コレクション 4〉国際レジームの再編』藤原書店.
眞柄秀子／井戸正伸 (2000)『改訂版 比較政治学』放送大学教育振興会.
槙満信 (2008)『循環的・累積的因果関係論と経済政策——カルドア, ミュルダールから現代へ』時潮社.
溝端佐登史 (2005)「ロシア・東欧における市場経済移行の教訓」『季刊 経済理論』第 42 巻 3 号.
三戸公 (1981)『日本人と会社』中央経済社.
宮沢健一／新野幸次郎／斎藤謹造編 (1973)『現代経済体制論——経済の発展と体制の未来を探る』有斐閣.
宮町良広 (2000)「アフター・フォーディズムとレギュラシオンの経済地理学・序説」『大分大学経済論集』第 52 巻 3 号.
宮本太郎 (1999)『福祉国家という戦略——スウェーデンモデルの政治経済学』法律文化社.
—— (2000)「経済グローバル化と福祉国家レジーム——『新しい収斂』か『分岐の持続』か」日本比較政治学会編『グローバル化の政治学』早稲田大学出版部, 所収.
—— (2003)「福祉レジーム論の展開と課題——エスピン・アンデルセンを越えて」埋橋編 (2003) 所収.

宮本光晴（1998）「日本型雇用システムに問われているもの——国際比較の視点から」富永健一／宮本光晴編『モビリティ社会への展望——変動する日本型雇用システム』慶應義塾大学出版会，所収.
—— (1999)『日本の雇用をどう守るか——日本型職能システムの行方』PHP新書.
—— (2000)『変貌する日本資本主義——市場原理を超えて』ちくま新書.
—— (2007a)「コーポレート・ガバナンスの変化と人材マネジメントの変革：展望」労働政策研究・研修機構編『日本の企業と雇用——長期雇用と成果主義のゆくえ』労働政策研究・研修機構，所収.
—— (2007b)「コーポレート・ガバナンスの変化と日本企業の多様性——人材マネジメントの4類型」労働政策研究・研修機構編『日本の企業と雇用——長期雇用と成果主義のゆくえ』労働政策研究・研修機構，所収.
村上泰亮／熊谷尚夫／公文俊平（1973）『〈現代経済学10〉経済体制』岩波書店.
森岡真史（2005）「資本主義の多様性と経済理論」『季刊 経済理論』第42巻3号.
八木紀一郎（1992）「レギュラシオン・アプローチと極東の資本主義」『調査と研究』（京都大学）第2号.
—— (2007)「世界市場の統合とガバナンス問題——『全般的危機』から『埋め込まれた自由主義』へ？」山田／宇仁／鍋島編（2007）所収.
山口重克（2006）『類型論の諸問題』御茶の水書房.
山田鋭夫（1991）『レギュラシオン・アプローチ——21世紀の経済学』藤原書店；増補新版，1994年.
—— (1993a)『レギュラシオン理論——経済学の再生』講談社現代新書.
—— (1993b)「日本型資本主義と企業主義的調整」『現代思想』第21巻13号，12月.
—— (1994a)『20世紀資本主義——レギュラシオンで読む』有斐閣.
—— (1994b)「（書評）ミシェル・アルベール著『資本主義 対 資本主義』」『経済科学』第41巻2号.
—— (1996a)「企業主義的調整様式と新しい差別化——レギュラシオン理論による」栗原彬編『〈講座 差別の社会学1〉差別の社会理論』弘文堂，所収.
—— (1996b)「現代資本主義分析の方法と理論——レギュラシオンの視点から」『経済理論学会年報』第33集.
—— (1999)「日本資本主義と企業主義的レギュラシオン」山田／ボワイエ編（1999）所収.
—— (2002)「グローバリズムと資本主義の変容——レギュラシオン・アプローチから」『経済科学』第50巻3号.
—— (2003a)「グローバリゼーションと資本主義の多様性——レギュラシオン理論から見る」『ECO-FORUM』（統計研究会）第21巻4号.
—— (2003b)「資本主義の多様性と日本の針路」『21世紀フォーラム』（政策科学研究所）第89号.
—— (2004a)「グローバル化と資本主義モデルの諸相」『生活経済政策』第92号.
—— (2004b)「レギュラシオンの経済学——フォーディズムからグローバリズムへ」塩沢由典編『〈経済思想1〉経済学の現在1』日本経済評論社.

―― (2005a)「レギュラシオンと市民社会」『経済科学』第 52 巻 4 号.
―― (2005b)「日本資本主義へのレギュラシオン・アプローチ――論点の整理」『季刊 経済理論』第 42 巻 2 号.
―― (2006)「現代資本主義の多様性と『社会』的調整」『季刊 経済理論』第 43 巻 1 号.
―― (2007a)「まえがき」山田／宇仁／鍋島編（2007）所収.
―― (2007b)「資本主義社会の収斂性と多様性――経済学はどう見てきたか」山田／宇仁／鍋島編（2007）所収.
―― (2007c)「資本主義経済における多様性」『比較経済研究』第 44 巻 1 号，1 月.
―― (2008)「比較資本主義分析とは何か」『東京経大学会誌（経済学）』第 259 号，3 月.
山田鋭夫／宇仁宏幸／鍋島直樹編（2007）『現代資本主義への新視角――多様性と構造変化の分析』昭和堂.
山田鋭夫／ロベール・ボワイエ編（1999）『戦後日本資本主義――調整と危機の分析』藤原書店.
山田盛太郎（1934）『日本資本主義分析――日本資本主義における再生産過程把握』岩波書店；改版，1949 年；『山田盛太郎著作集』第 2 巻，岩波書店，1984 年.
山之内靖（1969）『マルクス・エンゲルスの世界史像』未來社.
梁峻豪（2005）「金大中政権の経済改革とマクロ経済の不安定性――レギュラシオンの変容と景気循環パターンの変化を中心に」『季刊 経済理論』第 42 巻 2 号.
吉川洋（1984）『マクロ経済学研究』東京大学出版会.
―― (1992)『日本経済とマクロ経済学』東洋経済新報社.
吉田和男（1993)『日本的経営システムの功罪』東洋経済新報社.
米倉誠一郎（1995）「共通幻想としての日本型システムの出現と終焉」森川英正／米倉誠一郎編『〈日本経営史 5〉高度成長を超えて』岩波書店，所収.
李泰王（2004）『ヒュンダイ・システムの研究――韓国自動車産業のグローバル化』中央経済社.
リピエッツ，アラン（1993）『レギュラシオン理論の新展開――エコロジーと資本主義の将来』井上泰夫／若森章孝編訳，大村書店.
―― (2002)『レギュラシオンの社会理論』若森章孝編監訳，青木書店.
労働省（1998）『平成 10 年版 労働白書』日本労働研究機構.
若森章孝（1996）『レギュラシオンの政治経済学――21 世紀を拓く社会＝歴史認識』晃洋書房.
―― (1997)「レギュラシオン理論とマルクス＝ポラニー的『制度の社会経済学』の構想」『経済論集』（関西大学）第 47 巻 5 号.
―― (2002)「フォーディズム・ポストフォーディズム・女性労働――社会的レギュラシオンの視点から」久場嬉子編『〈叢書 現代の経済・社会とジェンダー 1〉経済学とジェンダー』明石書店，所収.
和田洋典（2007）「日本型資本主義論の新たな視座（1）――資本主義の多様性とグローバリゼーションの観点から」『一橋法学』第 6 巻 2 号，7 月.

人名索引

A
Abramovitz M.　15
Aglietta M.　38-41, 43-44, 48, 56, 70, 76, 88, 90, 92-94, 96, 102, 144, 158
Albert M.　27, 34, 87, 101, 103-110, 112, 128, 154, 170-171, 180
Albritton R.　27, 30
Allen M.M.C.　119-120
Althusser L.　43
Amable B.　16, 22-23, 27, 34, 44-45, 73-75, 89, 104, 118-119, 130, 136, 138, 142-155, 159, 162-163, 171, 173, 180
Amin S.　27, 33
Armstrong P.　61

B
Barshay A.　37, 204
Baulant C.　47
Baumol W.　15
Beaud M.　101
Bell D.　80
Berger S.　34
Berle A.A.　98
Beveridge W.H.　89, 99
Billaudot B.　43, 50
Blackman S.A.　15
Bloch M.　10, 165, 175
Bohle D.　129
Boillot J.-J.　47
Bourdieu P.　42
Bowles S.　42, 56, 159
Boyer R.　12-14, 16, 22, 27, 34, 36, 38-46, 50, 54, 56, 59, 66-67, 69-70, 73-74, 76, 78, 81, 84, 86-90, 92-94, 96, 99, 104, 118-119, 136-144, 153, 160-162, 166, 168, 171-172, 174-175, 180, 194-195, 199, 204, 208, 210, 214, 217, 222-225, 228-229
Braudel F.　42, 156
Bredgaard T.　174
Brender A.　76
Bücher K.　26-27
Burton-Jones A.　81

C
Cerny P.G.　37
Chavance B.　21, 43, 64, 129
Coriat B.　43, 79, 212, 228
Crouch C.　16, 27, 32, 34, 87, 119

D
Deeg R.　17, 118-120
De Long J.B.　15
Dore R.　37, 92, 102-104, 109-111, 115, 128, 175-176, 180, 193
Drucker P.F.　81

E
Edwards R.　56
Ernst E.　56
Esping-Andersen G.　104, 128, 131-135, 167-168

F
Feldmann M.　129
Fisher I.　222, 225
Florida R.　212, 228
Ford H.　58, 62
Frank A.G.　27, 33

G
Gatti D.　56

262

Gerschenkron A.   25
Gingerich D.W.   129
Gintis H.   56, 159
Goldthorpe J.H.   27, 33, 112, 128
Gordon D.M.   56
Gray J.   87
Greskovits B.   129
Guilpin R.   73

H

Hall P.A.   16-17, 22, 27, 34, 104-105, 112-118, 120, 126, 129-130, 142, 145, 152, 154, 180
Hancké B.   123-125
Hay C.   119-120
Hildebrand B.   26-27
Hollingsworth J.R.   42, 45, 175
Howell C.   118-119

J

Jackson G.   17, 118-120
Jessop B.   46-47
Juillard M.   56, 204, 217, 222, 229

K

Kaldor N.   39, 58, 76, 96, 195-196, 225
Kalecki M.   39
Kenny M.   212, 228
Kerr C.   27, 32
Keynes J.M.   39, 47, 54, 57, 89, 98-99
King L.P.   129
Kitschelt H.   104, 120-123, 125-127, 129
Kondratieff N.D.   52, 91, 220

L

Labrousse E.   42
Lane D.   129
Larsen F.   174
Lechevalier S.   56
Lenin V.I.   27-28
Lipietz A.   38, 41, 43, 56, 64-65
List F.   26-27, 35
Lordon F.   44

M

Maddison A.   14, 60-61
Madsen P.K.   174
Magnin E.   129
Martinet G.   21
Marx K.   18-20, 23, 26-28, 31, 40, 43, 47, 71, 91, 156, 159
Mazier J.   43
Means G.C.   98
Menger C.   26
Mistral J.   41
Myant M.   129
Myrdal G.   76

O

Orléan A.   42, 92

P

Patrick H.   190, 206
Perroux F.   174-175
Petit P.   43, 59, 70, 80, 96, 144, 153, 195
Pirenne H.   164-165
Polanyi K.   36, 156, 169, 171, 176
Pontusson J.   103, 118-120, 125-128
Proudhon P.-J.   159
Pryor F.L.   104, 154

R

Reagan R.W.   82, 171, 176
Reich M.   56
Rhodes M.   123, 125
Robinson J.   39
Rostow W.W.   27, 33
Rowthorn R.   80
Ruggie J.G.   169

S

Sapir J.   43
Schmoller G. von   26-27
Sheard P.   190
Shonfield A.   27, 31-32, 112
Smith A.   9, 58
Soskice D.   16-17, 22, 27, 34, 104-105,

263

112-118, 120, 126, 129-130, 135, 142, 145, 152, 154, 180
Steven R. 212, 227-228
Streeck W. 16, 27, 34, 87

T
Taddéi D. 43
Taylor F.W. 62
Taylor M.Z. 119
Thatcher M. 123, 125, 127, 171, 176
Thatcher M.H. 82
Théret B. 43, 45
Thurow L.C. 81
Tobin J. 93, 96

V
Veblen T.B. 76
Verdoorn P.J. 96, 195, 216
Vidal J.-F. 40, 50

W
Wade R. 73
Weber M. 23, 26-27
Weisskopf T.E. 56
Wolff E.N. 15

あ　行
青木昌彦　14, 16, 22, 27, 70, 75, 88, 128-129, 181, 190, 206
安孫子誠男　93, 143
阿部望　22
石川滋　156
石田光男　205
磯谷明徳　46, 88, 203-204, 206, 218, 226-229
伊藤修　190, 207
伊藤誠　210, 228
井戸正伸　32, 175
井上泰夫　211, 214, 220, 228-229
井上義朗　76
今村仁司　174
岩田昌征　21, 174

岩田龍子　182, 188
上垣彰　37
植村博恭　46, 80, 88, 194, 204, 206, 211, 215, 218, 228-229
埋橋孝文　22, 134-135
内田義彦　167, 230
宇仁宏幸　46, 76, 196-197, 203, 206, 210, 214-217, 224-229
宇野弘蔵　27, 29-30, 37
海老塚明　46, 88, 204, 218, 228-229
大沢真理　204
大塚久雄　20, 27, 31, 165, 168
大前研一　27, 34
岡沢憲芙　22, 175
奥野正寛　22, 88
奥村宏　191, 204
小佐野広　206
小野旭　205

か　行
加藤榮一　27, 30
加藤哲郎　212, 227-228
金子勝　91
吉家清次　22
橘川武郎　207
金泳鎬　197
熊沢誠　205
栗田健　184
小池和男　80, 101, 188

さ　行
斎藤修　22, 175
佐伯啓思　22
榊原英資　22
向坂逸郎　27, 29
佐藤良一　159
塩沢由典　71
清水耕一　214, 220, 228
新川敏光　32, 134-135, 175-176

た　行
武川正吾　134-135, 153

鶴田満彦　22
遠山弘徳　194, 210, 218, 220, 228-229
な　行
中江幸雄　22
中兼和津次　21
中谷巖　206
中村厚史　207
中山智香子　175
鍋島直樹　220, 228-229
仁田道夫　181
野村正實　101
は　行
花田昌宣　186, 218, 220, 229
馬場宏二　27, 30, 204
林田修　206
原洋之介　156
原田裕治　80
平井俊顕　22
平野泰朗　187, 203, 206, 210, 214, 218, 220, 226, 228-229

深田祐介　109
藤田菜々子　76
堀林巧　118, 174
ま　行
眞柄秀子　32, 175
槇満信　76
松原隆一郎　22
三戸公　188
宮本太郎　22, 32, 129, 134, 135, 175
宮本光晴　90, 205, 207
や　行
八木紀一郎　23, 175
山口重克　37
山田鋭夫　12, 21, 37, 42, 54, 69, 84, 204, 211, 214, 217, 223, 228-229
山田盛太郎　27, 29
山之内靖　27, 31, 37
吉川洋　96, 197
吉田和男　189
米倉誠一郎　207

事項索引

alphabet

CMEs（コーディネートされた市場経済）　34, 120-122, 124, 152, 180
EMEs（新興市場経済）　124-125, 129
LMEs（自由な市場経済）　34, 124, 126, 152
　──と CMEs　112-118
MMEs（混合市場経済）　124-125
SMEs（社会的市場経済）　126-8
SSA（社会的蓄積構造）学派　42
VOC（資本主義の多様性）アプローチ／VOC 学派　16, 42, 105, 111-118, 142

あ 行

アイスランド　104, 114
アイルランド　104, 114, 127, 151-152
アジア型　148, 150, 152, 163, 180
アナール学派　42, 165
アメリカ（米）　10, 19-20, 22, 24, 28, 30-34, 40, 42, 44-45, 47, 54-55, 61, 66-69, 71, 74, 77-78, 80-85, 87-88, 91-93, 95, 99-106, 108-109, 112-117, 126-129, 132-137, 140, 142, 144-145, 148-149, 151-155, 162, 169-171, 176, 180-187, 189-190, 192-193, 205-207, 209, 211, 214, 216-217, 221, 225
アングロサクソン型　34, 152
　──対 ライン型　105-109

イギリス（英）　18-20, 26, 28, 31, 35, 46, 54-55, 67-68, 71, 81-83, 85, 92, 104-105, 109, 113-114, 125-127, 137-138, 141, 149, 151, 154, 176, 180, 184-187
イタリア（伊）　67-68, 84, 104, 113, 117, 121, 124-125, 128-130, 133, 135, 138, 140, 142, 149-152, 154, 169, 172

ヴィンテージ（熟成）・レギュラシオン　43-44, 74, 144

宇野学派　30, 71

エタティスム　124-125

オーストラリア（豪）　104, 113-114, 127-128, 132, 151, 154
オーストリア（墺）　32, 67, 104, 114, 127, 129, 135, 149, 151
オランダ（蘭）　104, 114, 135, 151

か 行

階層化／社会的階層化　131, 133-134
階層的市場－企業ネクサス　204, 218-219
家計所得の金融化　92
カナダ（加）　30, 104, 113-114, 127-128, 132, 151, 154
株価　93-96
株式市場資本主義 対 福祉資本主義　109-111
韓国　21, 45, 104, 120-121, 148-149, 151

機関投資家の躍進　92
危機　41, 50, 52-53, 177, 221
　構造的──　52-53, 62-64, 72, 177, 179,

266

199, 202, 221-222, 227
　循環性―― 52, 177
　小―― 52-53, 177
　大―― 52-53, 177, 179, 221, 226
企業
　――存続保障　192, 196
　関係としての――　112, 117
企業主義　178-204
　――的妥協　181, 187, 217
　――的レギュラシオン　79, 84, 181,
　　194, 196, 203-204, 216-218, 226
　――的労使妥協　189
企業主導型　139-140, 163, 180
軌道／国民的軌道
　――の分岐　65-68, 73, 82, 213
　　社会民主主義型――　66, 83, 138
　　ハイブリッド型――　68, 83-84, 138
　　分散的・逆コース型――　66, 83, 137
　　ミクロ・コーポラティズム型――　66,
　　　83-84, 137
規模の経済　58, 96, 195-196
ギリシャ（希）　104, 150-151, 154
均衡　47-48
　政治的――　75, 89
金融主導型　77-78
　――経済　81
　――モデル　82

グローバリズム　77-78, 170, 176
グローバリゼーション　9, 24, 34, 44, 69,
　　73, 77-79, 91, 99, 100, 168, 176, 221

経営保障　181, 190-193, 206
経路依存性　119
ケインズ主義　47, 169
ケインズ派　57, 61, 69
　ポスト・――　39
ゲームのルール　51, 60-61, 97, 99, 217

公共的／欧州統合型　139-141, 163, 171
講座派　29
構造変化　35-36, 53-54, 72, 172, 174, 202,
　　215-216, 224
　――の失速　222, 224-227
　――連続論　215-216
コーディネートされた市場経済　→CMEs
　を参照
コーポラティズム　32, 66
　マクロ・――　83
　ミクロ・――　68
　メゾ・――　68, 84, 139-141, 163, 171,
　　206, 213
コーポレート・ガバナンス　97-99, 117,
　　190, 206
国際的金融本位制　88, 90, 99
国民的賃金本位制　88-89, 99
国家主導型　84, 139-140
国家独占資本主義　28, 57, 72, 209
　――論　47, 71
雇用保障　178-190, 193, 196, 202, 216
混合経済　32, 34
コンバンシオン学派　42

　　　　　　さ　行

サービス経済化　80
再生産　40, 47-49, 51

資産大国　200
市場経済　11-14, 20
　――アプローチ　13, 18
　混合――　→MMEs　を参照
　社会的――　→SMEs　を参照
　新興――　→EMEs　を参照
　自由な――　→LMEs　を参照
市場原理主義　175, 221
市場軸　150, 155, 159
市場社会　22
市場主導型　34, 78, 87, 103, 139-141, 162

市場ベース型　　148-150, 152, 162, 171
支配的社会ブロック　　173
資本原理　　155-173, 202-203, 205, 227
　　——と社会原理の対抗と補完　　156-157
資本主義　　11-14, 20, 48-49, 54, 157
　　——アプローチ　　13, 18
　　——の社会的調整　　157-159
　　——の多様性　　9, 16, 34, 42, 69, 73, 117, 141, 159, 172
　　アジア型——　　146-148
　　金融主導型——　　77-103
　　資産——　　44, 55, 77, 88
　　市場型——　　73
　　市場主導型——　　142
　　市場ベース型——　　146-147
　　社会民主主義型——　　147
　　即応型——　　82-88, 100
　　大陸欧州型——　　147
　　福祉——　　111, 128, 131, 180
　　二つの——　　103-129, 155
　　三つの——　　133
　　四つの——　　136-141
　　五つの——　　136, 144, 146-153
社会原理　　155-173, 202, 204-205, 227
社会政治的ブロック　　89, 98
社会的イノベーション・生産システム　　44-45, 75, 142-145, 153, 171
社会的調整の多様性　　163
社会民主主義型　　139-141, 148-150, 152, 162, 171
収穫逓増　　58-59, 96, 195, 214
19世紀の特権化　　71
従属理論　　33
自由な市場経済　　→LMEsを参照
収斂論　　25, 32, 34-35, 69, 76, 155
証券
　　金融資産の——化　　91
　　国際的——投資の拡大　　92

情報経済化　　80
新古典派　　36, 39-40, 47, 49, 57, 61-62, 69, 72, 76, 158
新自由主義　　82-83, 87, 122, 170, 175-176, 221

スイス（瑞）　　22, 104, 106, 113-114, 120, 127, 151, 154
スウェーデン　　20, 44, 66-68, 82-84, 104, 111, 113-114, 126-127, 130, 133-135, 138, 140, 149, 151, 154, 224-225, 229
趨勢転換　　36, 168, 170-171, 174
スタグフレーション　　62, 195
スペイン（西）　　104, 119, 124-125, 129, 149-151, 154

生活小国　　197, 200-201
生産性インデックス賃金　　59, 61-63, 79, 97, 217
成長
　　賃金主導型——　　211
　　利潤主導型——　　211
成長体制　　41, 50-51, 54, 222
　　金融主導型——　　79, 88, 91, 93-96, 101
　　資産的——　　77, 102
　　輸出主導型——　　194, 199, 223
制度
　　——諸形態　　15, 41, 44, 50-51, 53, 60, 141
　　——変化　　172-173
制度補完性　　15, 25, 70, 75, 88, 113, 117, 145-148, 153, 219
制度階層性　　70, 75, 88
　　——とその逆転　　74-76, 89, 98, 144, 173

相対史観　　35-36

た 行

大陸欧州型　　148-150, 152, 163
大量生産－大量消費　　57-59, 65, 79, 217
妥協
　　階級――の制度化　　126-127, 130
　　企業存続をめぐる――　　191
　　金融――　　192-193, 203
　　雇用――　　204
　　成長主義――　　189, 205
　　能力主義――　　188-189
多元的産業社会論　　25, 32, 34
脱家族化　　132-134
脱商品化　　131-134
多様性　　36, 54-55, 172, 174
　　――論　　25, 32, 35, 69, 76, 155
段階論　　24-37, 72, 76, 136, 138, 168
団体交渉　　59-60, 63, 98, 126, 169
団体主導型　　139, 141, 163

蓄積体制　　15, 41, 50-51, 53, 72, 172
　　外延的――　　54, 226
　　内包的――　　54, 61, 227
知識ベース経済　　81
地中海型（南欧型）　　148, 150, 152
中国　　21, 33-34, 221
長期的コミットメント　　110, 193
調整　　49, 51
調整様式　　15, 41, 50-51, 54, 60, 97, 140-141, 172, 222, 226
　　――の多様性　　138-141
　　――の不整合化　　222-223
　　管理された――　　54, 61, 141
　　競争的――　　54, 141, 227
賃労働関係　　44, 45, 50-51, 60, 69, 72, 74, 90

テーラー主義　　60-64, 79, 83, 98, 183, 217
デフレ不況　　198

典型国アプローチ　　18-19
デンマーク　　104, 114, 127, 151, 154

ドイツ（独；旧西独を含む）　　19-20, 26, 28, 31, 34-35, 66-67, 69, 83, 92, 104, 106, 109-117, 119-120, 124-130, 133-135, 137-138, 140, 142, 144, 149, 151-152, 154, 169, 180
投資主導型　　194
動態論　　122, 175
トヨティズム　　44, 84-85, 213

な 行

内部代謝　　172, 179, 199, 202
南欧型　→地中海型　を参照

日本　　10-11, 16, 20-22, 29-31, 34, 42, 44-46, 53, 56, 61, 66-69, 71, 73, 75, 79, 82, 84-85, 87, 92, 104, 106, 109-111, 113-114, 117, 119-120, 126-130, 134-135, 137-138, 140, 142, 148-149, 151-152, 154, 163, 165, 167, 169, 173, 176, 178-193, 195-200, 202-227
　　――資本主義　　178-204, 209-227
　　――資本主義論争　　29
ニュー・エコノミー　　55, 81-82, 85, 87, 170, 176
ニュージーランド　　104, 113-114, 127

ネオアメリカ型　　101, 106, 108
ネガティブな構造変化　　225-226
　　→構造変化の失速　も参照

ノルウェー　　104, 113-114, 127, 151-154, 171, 224, 229

は 行

ハイブリッド化　　173

事項索引　269

発展
　——様式　　50, 52-54, 72, 172
　　単線的——論　25
　　低開発の——　33
　　複線的——論　25
バブル　198
　　——経済　196, 198, 200, 221
　　——崩壊　82
比較
　　——アプローチ　18-19
　　——経済史　10, 20, 166
　　——経済システム　9, 11
　　——経済体制論　10-11
　　——制度分析　10, 16, 128
　　——制度優位　16, 113, 115, 117
　　——という方法（手続き）　164-166
　　——福祉国家論　10, 130-136
　　——論的方法　167
比較資本主義分析／比較資本主義論　9, 16, 21, 68-69, 103, 105, 112, 115, 136, 144, 155, 163, 174, 179

フィリップス曲線　39
フィンランド　104, 114, 149, 151
フォーディズム　41, 54-55, 57-76, 79, 85, 136-137, 169, 183, 194, 211
　　——型資本主義　57-76, 89, 141
　　——の非標準化　73-74, 138
　　——論争　209-211
　　アフター・——　63-68, 79-80, 137, 213
　　ネオ・——　83-84
　　ポスト・——論争　212
福祉国家　60, 68, 124, 130-136, 150, 152
　　——類型　132, 135
　　——類型論　130, 167
　　——レジーム　132
福祉軸　150, 155, 159
福祉レジーム　132

フランス（仏）　31, 39, 41-42, 44-47, 57, 67-69, 71, 82, 84, 91-93, 104-105, 113, 117, 119, 121, 124-125, 128-130, 136-138, 140, 142, 149, 151-152, 154, 165, 180, 209, 211, 213-214, 218, 220
フレキシキュリティ　174
フレキシブル大量生産　79

ベルギー（白）　104, 114, 151

補償国家　124-125
ポルトガル（葡）　104, 129, 150-151, 154
ボルボイズム　44, 84-85

ま 行

マルクス主義　25, 28, 32, 40, 49, 158
　　構造主義的——　47
マルクス派　36, 40, 57, 61-62, 69, 71-72

目的史観　35-36

や 行

輸出主導型　79, 194
　　——成長　82, 214-215

ら 行

ライン型　34, 152, 179
ラテンアメリカ　10

類型化　167-168
類型論　24-37, 122, 136, 138, 168, 175
累積的因果関係　60, 76, 96, 225

歴史的制度的マクロ経済学　47-53
レギュラシオン（régulation：調整）　39-40, 48
　　——・アプローチ　16, 38-55
　　——学派　25, 34, 45-47, 76, 130

——理論　36, 38-55, 62, 85, 87, 138, 220
——（調整）様式　→調整様式　を参照

労農派　29
ロシア（露）　28, 30, 169

図表一覧

1-1　市場経済と資本主義——概念的内包の相違　12
1-2　制度領域別の代表的分類と主要なパフォーマンス効果　17
2-1　学説史における段階論的視角と類型論的視角　27
3-1　レギュラシオンの基礎概念　50
4-1　フォーディズムの発展様式　59
4-2　四つの国民的軌道　67
4-3　レギュラシオン学派による方法視角の批判と革新——成果と問題点　70
5-1　国際化圧力のもとでの資本主義の変容　86
5-2　資産的成長体制　94
5-3　金融主導型成長体制とその制度的条件　94
5-4　金融主導型成長体制——フォーディズムとの比較において　95
5-5　フォーディズムと金融主導型の制度比較　98
6-1　資本主義多様性論の多様性　104
6-2　ネオアメリカ型とライン型における市場の位置づけ　107
6-3　自由な市場経済とコーディネートされた市場経済の経済パフォーマンス　114
6-4　アメリカでの技術クラスごとのパテント特化　116
6-5　ドイツでの技術クラスごとのパテント特化　116
6-6　資本主義類型と政治組織　121
6-7　現代資本主義の収斂・分岐に関する諸説　123
6-8　拡大されたコーディネーション類型　125
6-9　ポントゥソンの資本主義類型化　127
7-1　三つの福祉レジーム　133
7-2　福祉国家の諸類型　135
7-3　ボワイエにおける資本主義の多様性　139
7-4　社会的イノベーション・生産システム　143
7-5　五つの資本主義における制度補完性　147
7-6　現代資本主義の5モデル　149
7-7　アマーブルによる諸国の定量的位置　151
7-8　市場軸・福祉軸からみた5モデルの位置　151
8-1　各種コーディネーション原理の分類　160
8-2　支配的社会編成原理と資本主義類型　162
9-1　労使妥協の日米比較　183
9-2　戦後日本の成長体制と調整様式——大企業を中心として　195

9-3　輸出主導－企業主義の成功とその帰結　　200
9-4　デフレ不況の構図　　201
10-1　危機原因の説明にかんする簡単な分類　　222
10-2　日本資本主義へのレギュラシオン・アプローチ　文献年表　　228

著者紹介

山田鋭夫（やまだ・としお）

1942年生。名古屋大学名誉教授。名古屋大学大学院経済学研究科博士課程満期退学。名古屋大学経済学部教授，九州産業大学経済学部教授を歴任。

専攻　理論経済学。

著書　『レギュラシオン・アプローチ』（増補新版，藤原書店）『レギュラシオン理論』（講談社現代新書）『20世紀資本主義』（有斐閣）ほか。

共編書　『レギュラシオン・コレクション』（全4巻）『戦後日本資本主義』（以上藤原書店）『現代資本主義への新視角』（昭和堂）ほか。

訳書　R.ボワイエ『レギュラシオン理論』（新版），『資本主義vs資本主義』，B.アマーブル『五つの資本主義』（共訳，以上藤原書店），A.バーシェイ『近代日本の社会科学』（NTT出版）ほか。

さまざまな資本主義──比較資本主義分析

2008年9月30日　初版第1刷発行Ⓒ
2013年3月30日　初版第2刷発行

著　者　山　田　鋭　夫
発行者　藤　原　良　雄
発行所　株式会社　藤　原　書　店

〒162-0041　東京都新宿区早稲田鶴巻町523
　　　　　　電　話　03（5272）0301
　　　　　　ＦＡＸ　03（5272）0450
　　　　　　振　替　00160-4-17013
　　　　　　info@fujiwara-shoten.co.jp

印刷・製本　中央精版印刷

落丁本・乱丁本はお取替えいたします　　Printed in Japan
定価はカバーに表示してあります　　ISBN978-4-89434-649-9

資本主義は一色ではない

資本主義 vs 資本主義
（制度・変容・多様性）

R・ボワイエ　山田鋭夫訳

各国、各地域には固有の資本主義があるという視点から、アメリカ型の資本主義に一極集中する現在の傾向に異議を唱える。レギュラシオン理論の泰斗が、資本主義の未来像を活写。

四六上製　三五二頁　三三〇〇円
（二〇〇五年一月刊）
◇978-4-89434-433-4

UNE THÉORIE DU CAPITALISME EST-ELLE POSSIBLE?
Robert BOYER

政策担当者、経営者ビジネスマン必読！

ニュー・エコノミーの研究
（21世紀型経済成長とは何か）

R・ボワイエ
井上泰夫監訳
中原隆幸・新井美佐子訳

肥大化する金融が本質的に抱える合理的誤謬と情報通信革命が経済に対してもつ真の意味を解明する快著。

四六上製　三五二頁　四二〇〇円
（二〇〇七年六月刊）
◇978-4-89434-580-5

LA CROISSANCE, DÉBUT DE SIÈCLE : DE L'OCTET AU GÈNE
Robert BOYER

日本経済改革の羅針盤

五つの資本主義
（グローバリズム時代における社会経済システムの多様性）

B・アマーブル
山田鋭夫・原田裕治ほか訳

市場ベース型、アジア型、大陸欧州型、社会民主主義型、地中海型——五つの資本主義モデルを、制度理論を背景とする緻密な分類、実証をふまえた類型化で、説得的に提示する。

A5上製　三六八頁　四八〇〇円
（二〇〇五年九月刊）
◇978-4-89434-474-7

THE DIVERSITY OF MODERN CAPITALISM
Bruno AMABLE

新たな「多様性」の時代

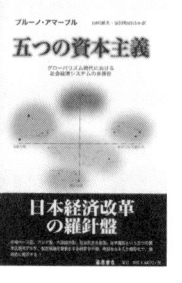

脱グローバリズム宣言
（パクス・アメリカーナを越えて）

R・ボワイエ＋P・F・スイリ編
青木昌彦　榊原英資他
山田鋭夫・渡辺純子訳

アメリカ型資本主義は本当に勝利したのか？　日・米・欧の第一線の論客が、通説に隠された世界経済の多様性とダイナミズムに迫り、アメリカ化とは異なる21世紀の経済システム像を提示。

四六上製　二六四頁　二四〇〇円
（二〇〇二年九月刊）
◇978-4-89434-300-9

MONDIALISATION ET RÉGULATIONS
sous la direction de
Robert BOYER et Pierre-François SOUYRI

共和主義か、多文化主義か

普遍性か差異か
（共和主義の臨界、フランス）

三浦信孝編

一九九〇年代以降のグローバル化・欧州統合・移民問題の渦中で、「国民国家」の典型フランスを揺さぶる「共和主義vs多文化主義」論争の核心に、移民、家族、宗教、歴史観、地方自治など多様な切り口から肉薄する問題作！

A5並製 三二八頁 三三〇〇円
(二〇〇一年一二月刊)
◇978-4-89434-264-4

自由・平等・友愛を根底から問う

来るべき〈民主主義〉
（反グローバリズムの政治哲学）

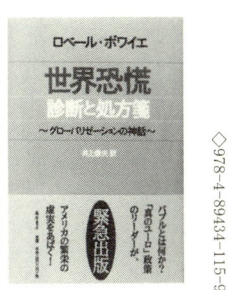

三浦信孝編

グローバル化と新たな「戦争」状態を前に、来るべき〈民主主義〉とは？　西谷修／ベンサイド／バリバール／糟塚良成／北川忠明／小野潮／祥一／糟塚康江／井上たか子／荻野文隆／桑田禮彰／長谷川秀樹／櫻本陽一／中野裕二／澤田直／久米博／ヌーデルマン

A5並製 三八四頁 三八〇〇円
(二〇〇三年一二月刊)
◇978-4-89434-367-2

バブルとは何か

世界恐慌 診断と処方箋
（グローバリゼーションの神話）

R・ボワイエ
井上泰夫訳

ヨーロッパを代表するエコノミストである「真のユーロ政策」のリーダーが、世界の主流派エコノミストが共有する誤った仮説を抉り出し、アメリカの繁栄の虚実を暴く。バブル経済の本質に迫り、現在の世界経済を展望。

四六上製 二四〇頁 二四〇〇円
(一九九八年一二月刊)
◇978-4-89434-115-9

現代資本主義の"解剖学"

現代「経済学」批判宣言
（制度と歴史の経済学のために）

R・ボワイエ
井上泰夫訳

混迷を究める現在の経済・社会・政治状況に対して、新古典派が何ひとつ有効な処方箋を示し得ないのはなぜか。マルクス、ケインズ、ポランニーの系譜を引くボワイエが、現実を解明し、真の経済学の誕生を告げる問題作。

A5変並製 二三二頁 二四〇〇円
(一九九六年一一月刊)
◇978-4-89434-052-7

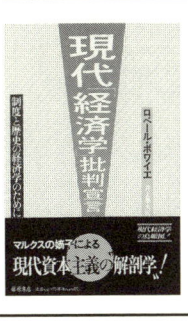

初の資本主義五百年物語

資本主義の世界史
（1500-1995）

M・ボー
筆宝康之・勝俣誠訳

ブローデルの全体史、ウォーラーステインの世界システム論、レギュラシオン・アプローチを架橋し、商人資本主義から、アジア太平洋時代を迎えた二十世紀資本主義の大転換までを、統一的視野のもとに収めた画期的業績。世界十か国語で読まれる大冊の名著。

A5上製 五一二頁 五八〇〇円
品切（一九九六年六月刊）

HISTOIRE DU CAPITALISME
Michel BEAUD

◇978-4-89434-041-1

無関心と絶望を克服する責任の原理

大反転する世界
（地球・人類・資本主義）

M・ボー
筆宝康之・吉武立雄訳

差別的グローバリゼーション、新しい戦争、人口爆発、環境破壊……この危機状況を、人類史的視点から定位。経済・政治・社会・エコロジー・倫理を総合した、学の"新しいスタイル"から知性と勇気に満ちた処方箋を示す。

四六上製 四三二頁 三八〇〇円
（二〇〇二年四月刊）

LE BASCULEMENT DU MONDE
Michel BEAUD

◇978-4-89434-280-4

日仏共同研究の最新成果

戦後日本資本主義
（調整と危機の分析）

山田鋭夫＋R・ボワイエ編

山田鋭夫／R・ボワイエ／磯谷明徳／植村博恭／海老塚明／宇仁宏幸／遠山弘徳／平野泰朗／花田昌宣／鍋島直樹／井上泰夫／B・コリア／P・ジョフロン／M・リュビンシュタイン／M・ジュイヤール

A5上製 四一六頁 六〇〇〇円
（一九九九年二月刊）

◇978-4-89434-123-4

全く新しい経済理論構築の試み

金融の権力

A・オルレアン
坂口明義・清水和巳訳

地球的規模で展開される投機経済の魔力に迫る独創的新理論の誕生！市場参加者に共有されている「信念」を読み解く「コンベンション理論」による分析が、市場全盛とされる現代経済の本質をラディカルに暴く。

四六上製 三三八頁 三六〇〇円
（二〇〇一年六月刊）

LE POUVOIR DE LA FINANCE
André ORLÉAN

◇978-4-89434-236-1

あらゆる切り口で現代経済に迫る最高水準の共同研究

〈レギュラシオン・コレクション〉(全四巻)

ロベール・ボワイエ+山田鋭夫=共同編集

初の日仏共同編集による画期的なコレクション。重要論文の精選に加え、激動の現時点に立った新稿を収録。不透明な世界システムの再編下、日仏をはじめ世界の第一級のエコノミスト・論客を総結集した、最高かつ最先端の成果で21世紀の羅針盤を呈示。

1 危 機──資本主義
A5上製 320頁 3689円 (1993年4月刊) ◇978-4-938661-69-4
(執筆者) R・ボワイエ、山田鋭夫、G・デスタンヌ=ド=ベルニス、H・ベルトラン、A・リピエッツ、平野泰朗

2 転 換──社会主義
A5上製 368頁 4272円 (1993年6月刊) ◇978-4-938661-71-7
(執筆者) R・ボワイエ、グルノーブル研究集団、B・シャバンス、J・サピール、G・ロラン

3 ラポール・サラリアール
A5上製 384頁 5800円 (1996年6月刊) ◇978-4-89434-042-8
(執筆者) R・ボワイエ、山田鋭夫、C・ハウェル、J・マジエ、M・バーレ、J・F・ヴィダル、M・ピオーリ、B・コリア、P・プチ、G・レイノー、L・A・マルティノ、花田昌宣

4 国際レジームの再編
A5上製 384頁 5800円 (1997年9月刊) ◇978-4-89434-076-3
(執筆者) R・ボワイエ、J・ミストラル、A・リピエッツ、M・アグリエッタ、B・マドゥフ、Ch-A・ミシャレ、C・オミナミ、J・マジエ、井上泰夫

レギュラシオン派の日本分析

逆転の思考
(日本企業の労働と組織)

B・コリア　花田昌宣・斉藤悦則訳

「トヨタ」式の経営・組織革新の総体を、大野耐一の原理のなかから探り、フォード主義・テーラー主義にかわる日本方式の本質にせまる。また日本的な生産方式の西欧への移転可能性を明らかにする。ウォルフレンらリヴィジョナリストに対する明確な批判の書。

四六上製 二九六頁 二八〇〇円 (一九九二年三月刊)
◇978-4-938661-45-8

PENSER À L'ENVERS
Benjamin CORIAT

経済史方法論の一大パラダイム転換

世界経済史の方法と展開
（経済史の新しいパラダイム 一八二〇—一九一四年）

入江節次郎

一国経済史観を根本的に克服し、真の世界経済史を構築する"方法"を、積年の研鑽の成果として初めて呈示。十九世紀から第一次世界大戦に至る約百年の分析を通じ経済史学を塗り替える野心的労作。

A5上製 二八〇頁 四二〇〇円
（二〇〇二年二月刊）
◇978-4-89434-273-6

渾身の書き下し、新経済学入門

経済学道案内〔基礎篇〕

阿部照男

マルクス経済学や近代経済学にも精通した著者が、人類学、社会学などの最新成果を取り込み、科学としての柔軟性と全体性を取り戻す新しい〈人間の学〉としての経済学を提唱。初学者に向けて、その原点と初心を示し、経済のしくみ、価値体系の謎に迫る。

A5並製 三六八頁 三一〇〇円
（一九九四年四月刊）
◇978-4-938661-92-2

現代経済事情を道案内

日本経済にいま何が起きているのか

阿部照男

いま、日本経済が直面している未曾有の長期不況の原因と意味を、江戸時代以来の日本の歴史に分かりやすく位置づける語りおろし。資本主義の暴走をくいとめるために、環境を損なわない経済活動、資源を浪費しない経済活動を提唱する「希望の書」。

四六上製 二五六頁 二四〇〇円
（二〇〇〇年三月刊）
◇978-4-89434-171-5

「大東亜共栄圏」の教訓から何を学ぶか？

脱デフレの歴史分析
（「政策レジーム」転換でたどる近代日本）

安達誠司

明治維新から第二次大戦まで、失政の連続により戦争への道を進み、国家の崩壊を招いた日本の軌跡を綿密に分析し、「平成大停滞」以降に向けた指針を鮮やかに呈示した野心作。第1回「河上肇賞」受賞

四六上製 三三〇頁 三六〇〇円
（二〇〇六年五月刊）
◇978-4-89434-516-4